NOMOKEN extra edition HANDBOOK OF "GUNPLA" MODELING

# 건프라입문

AK HOBBY BOOK

## 1. 우선 키트를 조립해 보자 ······ 5
1:144 HG더블오건담

여기가 포인트/여기서 사용하는 도구는? ····· 6
1. 키트 내용물을 살펴보자 ····· 8
2. 부품 잘라내기 ····· 10
3. 부품 조립 ····· 12
4. 씰 붙이기 ····· 14
5. 부품의 관리 ····· 15
6. 완성 ····· 16

## 2. 스트레이트 빌드는 이만큼만 하면 OK ······ 19
1:100 MG건담엑시아

여기가 포인트/여기서 사용하는 도구는? ··· 20
1. 게이트 자국의 처리 ····· 22
2. 파팅 라인을 없애보자 ····· 25
3. 먹선 넣기 ····· 26
4. 마킹 씰을 붙이자 ····· 29
5. 완성 ····· 32
6. 완성 후의 취급 ····· 34

## 3. Step-up 테크닉 / 마무리 편 ······ 37
1:100 MG양산형자쿠Ver.2.0, 1:144 HGUC앗가이

여기가 포인트/여기서 사용하는 도구는? ··· 38
1. 광택을 바꿔보자 ····· 40
2. 부분 도색을 해보자 ····· 42
3. 금속 테이프의 활용 ····· 45
4. 웨더링 ····· 46
5. 완성 ····· 50

## 4. Step-up 테크닉 / 공작 편 ······ 53
1:100 MG건담Ver.2.0 외

여기가 포인트/여기서 사용하는 도구는? ··· 54
1. 부품 가공 ····· 56
2. 부품 접착 ····· 58
3. 접합선 없애기 ····· 60
4. 표면 처리 ····· 62
5. 결합 부위의 조정 ····· 64
6. 관절 조정 ····· 65

## 5. 전체 도색으로 완성 하자 ······ 67
1:100 MG건담Ver.2.0

여기가 포인트/여기서 사용하는 도구는? ··· 68
1. 캔 스프레이로 도색 해보자 ····· 70
2. 에어브러시 도색의 기본 ····· 72
3. 에어브러시 도색 실습 ····· 74
4. 구분 도색 ····· 78
5. 그라데이션을 활용한 도색 ····· 80
6. 완성 ····· 82

## 조금 오래된 건프라를 만들어 보자 ······ 85
1:100 샤아전용 즈고크

구 1:144 즈곡크 제작 ····· 86
가조립/부품의 접착과 다듬기 ····· 86
관절의 자작/표면 처리 ····· 88
도색 ····· 90
완성 ····· 91

## 실패했을 때의 대처법 ······ 92
trouble shooting

부품의 트러블 ····· 92
조립・접착시의 트러블 ····· 94
씰 작업시의 트러블 ····· 95
붓 도색시의 트러블 ····· 95
스프레이・에어브러싱에서의 트러블 ····· 96

## NOMOKEN's GUNPLA WORKS
노모토켄이치의 건프라 작례

1:144 HGUC 제타 건담 ····· 18
1:144 HGUC 즈크 ····· 36
1:144 HGUC 지온그 ····· 52
1:100 MG 자쿠 데저트 타입 ····· 66
1:100 MG 시난주 ····· 84

「기동전사 건담」시리즈의 프라모델, 즉「건프라」가 최초로 발매된 때로부터 벌써 30년이라는 세월이 지났습니다.

심플한 스타일로 시작됐던 건프라도 시리즈를 거듭하면서 진화하여, 지금은 그야말로 금형기술의 최첨단, 스냅 핏(Snap-pit)화에 의해 접착제 없이 조립할 수 있고 다색 성형이나 분할의 연구로 도색 하지 않아도 컬러링된 모습이 재현되며, 프레임 기구와 다양한 소재의 이용, 고도의 설계에 의해 관절과 가동 기믹을 재현, 어쨌거나 잘 움직여줍니다.

키트를 조립하기만 해도 캐릭터 모델로서 완성되는 것은 물론 TOY나 가동식 피규어로서 즐기는 것도 가능합니다. 이러한 시대에 맞춘 진화, 풍부한 플레이 밸류가, 오랜 세월 동안 변하지 않는 인기를 지탱해 온 것이겠죠.

이 책은 그런 '현재의 건프라'를 처음 접하신 분이나 앞으로 즐겨보고자 하는 분들을 위한 가이드 북입니다.

키트를 설명서대로 조립하는 것부터 시작하여 조금 더 손을 대서 완성도를 높이는 테크닉, 웨더링이나 리얼함을 더해주는 방법, 에어브러시를 사용한 본격적인 도색까지를 소개하고 있습니다. 거기에, 오래된 키트를 현대풍으로 제작하는 것까지.

갑자기 복잡한 것을 하는 것은 어렵지만 좀 더 높은 경지를 알아두는 것 만으로도 도움이 되는 경우도 있겠지요. 건프라의 즐거움은 정말 다양합니다. 어떻게 만들어서 즐길지는 만드는 사람의 취향에 달려있습니다.

이 책이 여러분 '각자의 건프라'를 즐기시는데 도움이 되었으면 좋겠습니다.

노모토 켄이치

STEP 1

# 우선 키트를 조립해 보자

GN-0000
00 GUNDAM
BANDAI 1:144 scale plastic kit "HG"

# 프라모델 만들기의 첫걸음, 스트레이드 빌드.

### 이것이 STEP1의 포인트!

프라모델은, 조립에 필요한 부품이 한 세트로 갖춰진 「키트」라 불리는 상태로 구성되어 있다. 이것을 설명서에 따라서 그대로 조립하는 것이 「스트레이트 빌드」. 현재, 대부분의 건프라는 부품을 결합시키기만 하면 그만인 「스냅 핏(Snap-pit) 모델」 인지라 어려운 공작은 그다지 필요 없지만, 조립에 있어서 여러 가지 요령이라던가, 주의해야 할 점이 있다. 본 스텝에서는 1:144 HG 더블오 건담의 키트를 교재삼아 그 내용을 소개하려고 한다.

## 1. 키트 내용물을 살펴보자

● 프라모델의 상자 안에는 어떤 것이 들어있는가. 각각의 명칭과 설명서 보는 법 등, 제작 전에 알아둘 내용을 체크하자.

## 2. 부품 떼어내기

●조립할 부품을, 틀에서 하나씩 떼어낸다. 부품에 상처를 내거나, 파손시키지 않도록 진행하자.

## 3. 부품 조립

●스냅 핏 방식의 특징을 이해해서 떼어낸 부품을 조립한다. 잘 끼워지지 않거나 잘못 조립했을 경우의 대처 방법도 소개.

## 4. 씰 붙이기

●색 표현을 도와주는, 부속 씰. 딱 맞게 붙이기 위한 요령과 붙이기 전에 주의해야 할 점을 소개.

## 5. 부품의 관리

● 조립 중인 부품의 취급, 도중에 조립을 중단했을 때의 보관 등 부품을 잃어버리거나 작품이 파손되는 것을 막기 위한 요령.

## 6. 완성

●조립이 끝나고 완성된 키트. 완성 형태의 소개와 동시에 건프라의 특징인 관절 가동을 살려 여러 포즈를 잡아 보자.

# 여기서 사용하는 도구는?

▶ 일반적인 프라모델용 니퍼는 600~2,000엔 정도로 구입할 수 있다. 사진의 제품은 1,500엔 정도. 황동선 등 금속으로 된 선을 자르면 날이 상하기 십상이니 주의할 것!

▼프라모델용 니퍼의 특징은 날의 형태에 있다. 날이 서로 만나는 면이 평평하기 때문에 절단면이 깨끗한 평면이다. 또한 끝이 얇아, 좁은 곳에 사용하기도 편리.

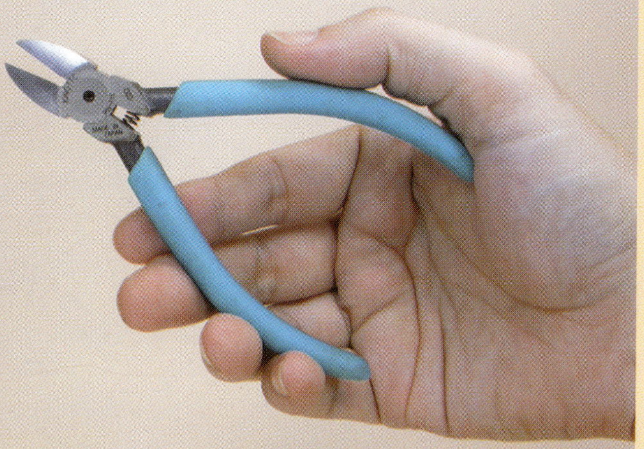

## ●니퍼

프라모델 제작에 있어 우선적으로 준비해야 할 도구가 니퍼. 이것은, 부품을 런너라고 불리우는 「틀」에서 분리하기 위한 것이다. 일반적인 니퍼라는 공구는 금속선 등을 자르는 것이지만 「프라모델용」은 날이 얇고, 잘린 부분이 평평하게 되는 등 사용상의 편의와 완성도를 고려한 것이므로 가능하면 프라모델 전용을 준비하는 것이 좋다.

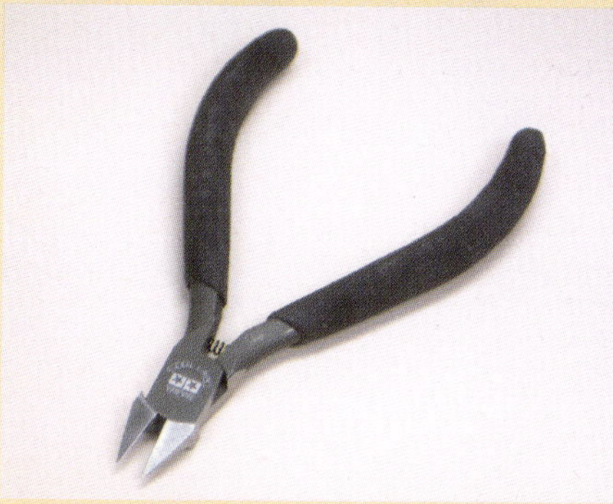

▲잘 잘리기로 유명한, 타미야의 「얇은 날 니퍼」(2,520엔). 조금 비싸지만, 깔끔하게 잘리고 뒤틀림도 적다.

▲ 100엔 샵에서도 니퍼를 구할 수 있다. 이것은 모형용이 아닌, 일반용. 잘린 면이 깨끗하지는 않지만 부품을 절단하는데는 별 지장이 없다.

▲ 주변에서 어떻게든 대용품을 조달한다고 하면 손톱깎이를 대용품으로 사용하는 것도 가능. 줄도 달려있으니 잘라내고 갈아내서 다듬어 보자.

## ●핀셋

작은 부품을 다룰 때 편리한 것이 핀셋. (호일)씰 처럼 직접 손으로 만지지 않는 쪽이 좋은 것을 집을 때도 사용한다. 끝까지 일직선인 모델과, 끝 부분이 조금 휘어진 것이 있다. 굳이 한쪽을 고른다면, 직선인 제품을 추천.

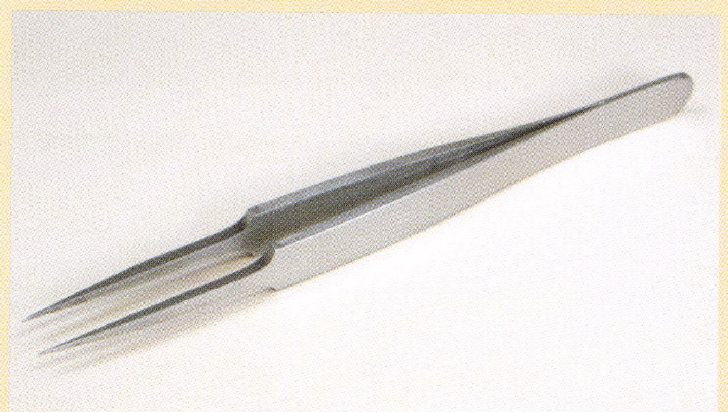

▲핀셋은 300~1,000엔 정도로 구할 수 있다. 이것은 일직선인 스트레이트 형. 싸면서도 편리하니 하나쯤은 준비하자. 사진은 1,000엔짜리. 끝이 딱 맞아서 작은 부품을 확실하게 잡아준다.

## ●이쑤시개

이쑤시개는 어떤 가정에나 있는, 가늘고 끝이 뾰족한 나무 꼬챙이. 부품 뒤에 꽂아 지탱하거나, 씰을 문질러서 정착시키는 등 조립의 여러 공정에서 도움이 되는 경우가 많다. 나무 특유의 부드러움과, 적당한 굵기가 그야말로 안성맞춤이다.

## ●면봉

면봉의 부드러움을 살려서 씰이나 데칼 등을 붙이고, 밀착시키는데 사용하면 편리. 또한 도색을 할 때는, 닦아내는데도 자주 사용한다. 일반 가정용으로도 충분하지만 끝이 잘 뭉개지지 않는 것이 사용하기 편하다.

# 1. 키트 내용물을 살펴보자

프라모델을 구입하면, 바로 만들고 싶어지기도 하겠지만, 그 전에 키트가 어떤 것인지 내용을 잘 확인해두자.

먼저 키트가 들어있는 상자(패키지). 여기에는 모델이 된 캐릭터의 일러스트와 완성 후의 사진, 키트의 특징 등이 표시되어 있다. 조립 전에 완성 후의 이미지를 떠올리게 해 주는 중요한 포인트이다. 「1/144스케일」등의 표시는 실제 크기에 대한 축척을 나타내는 것이며 분모가 클수록 사이즈가 작은 모델이라는 의미이다.

상자 안에는 플라스틱제의 부품과 설명서가 겹쳐진 채 들어있는데, 키트에 따라서는 씰이나 데칼, 금속 부품이 포함되는 경우도 있다. 조립하기 전에 내용물이 모자라거나, 파손되지는 않았는지 만약에 대비해 확인해 두자.

## 설명서를 잘 읽어보자

설명서에는 부품 리스트, 조립 순서부터, 주의사항, 컬러 가이드 등, 다양한 정보가 기재되어 있다. 잘 모르는 곳이 있어도 잘 읽어보면 적혀있으니 끝까지 읽고 조립하면 실패할 가능성이 줄어든다.

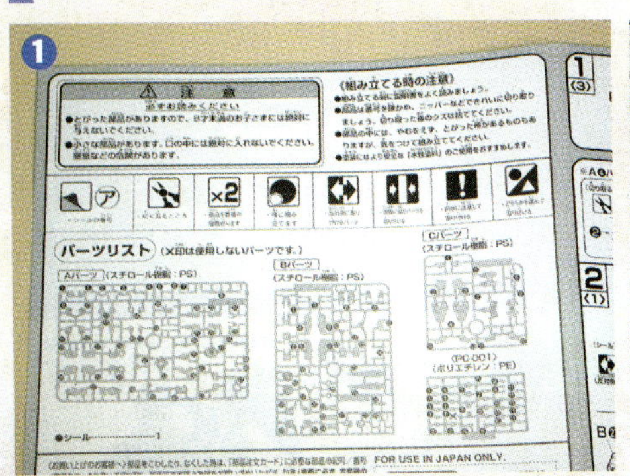

▲설명서에는 처음에 주의사항이 적혀있다. 늘어서 있는 마크는, 조립도에서 나오는「아이콘」과 그 의미. 부품 리스트는 부품의 체크, 재질을 확인할 수 있다. 확실히 봐 두자.

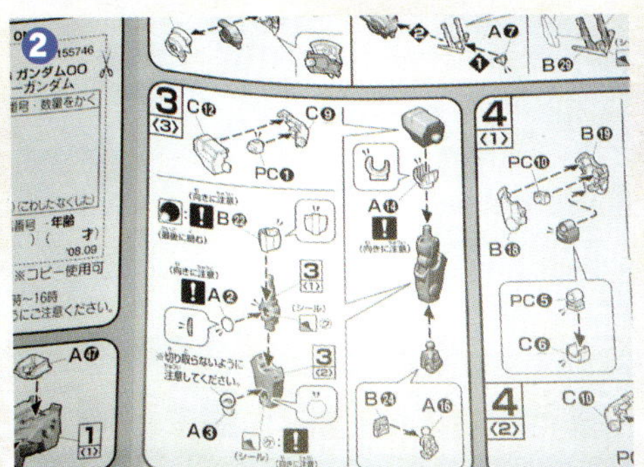

▲ 부품의 조립도. 각 부품과 그 조립 방법이 선으로 연결되어 있다. 화살표는 점선이 끼우기, 실선이 접착이다. 먼저 조립해야 할 곳과 아이콘에도 주의하며 읽자.

▲ 완성 후의 모습도 기재되어있다. 우선 목표로 할 곳은 이곳. 부품의 방향 조립하면 어떻게 되는지 등은 이곳에서 체크할 수 있다. 또한, 관절의 움직임과 포즈를 취하는데도 참고가 된다.

**CHECK POINT**

### ●설명서를 보기 쉽게

▶설명서의 조립도에는 다양한 정보가 들어있는데, 실수로 빠뜨리고 진행하는 경우도 있다. 잊어버리기 쉬운 곳에 색을 칠하거나, 표시를 해서 알기 쉽게 해 두면 실수를 막을 수 있다.

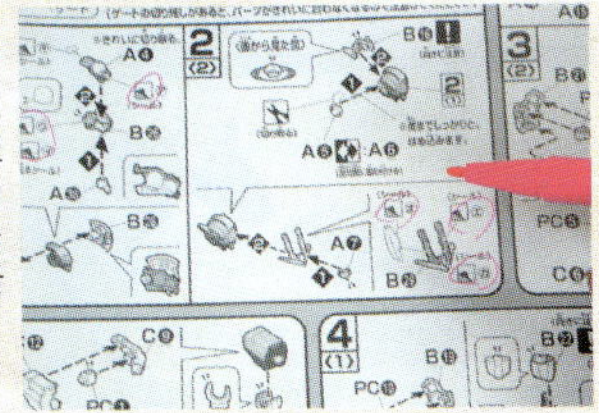

### ●컬러 가이드

▶현재의 건프라는 제조 단계에서 색 구분이 되어있지만 보다 완성도를 높이고 싶다면, 도색하는 방법도 있다. 때문에 컬러 가이드에는 색의 조합 비율이 표기되어 있다. 이것을 참고로 조색하면 편리.

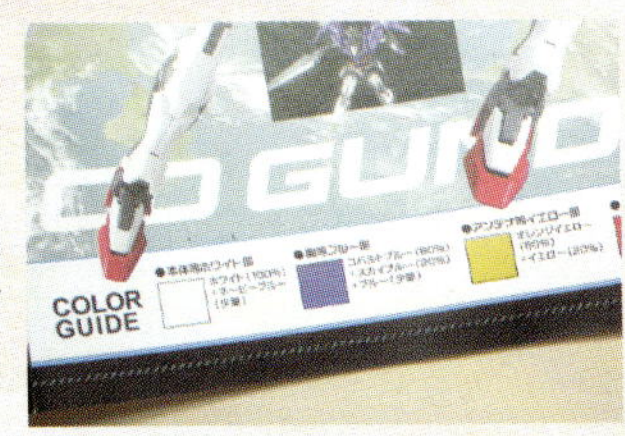

# 키트의 내용

다시 한번 키트의 내용을 자세히 살펴보자. 각각의 명칭과 소재의 특징, 역할 등을 알아두면, 원활하게 조립할 수 있을 것이다.

▲ 1:144 HG 건담 더블오의 모든 부품. 색이 나뉘어져 있는 플라스틱 부품과, 조금 부드러운 소재의 폴리 부품, 그리고 씰이다. 도색하지 않고도 색 분할을 재현할 수 있도록, 플라스틱 부품에는 6가지 색을 사용했다.

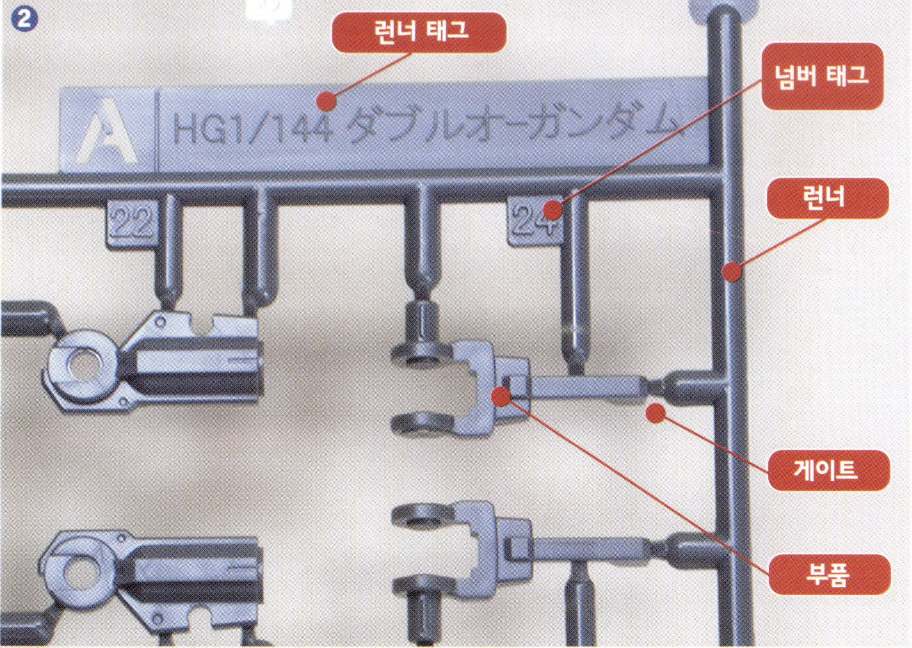


▲ 플라스틱 부품은 각 장의「런너」별로, 「A」「B」로 구별되어 있다. 각각의 부품에는 번호가 붙어있어, 「A①」이라는 식으로 부른다. 각 부품은「게이트」라고 부르는 가는 막대로 런너에 연결되어 있다.

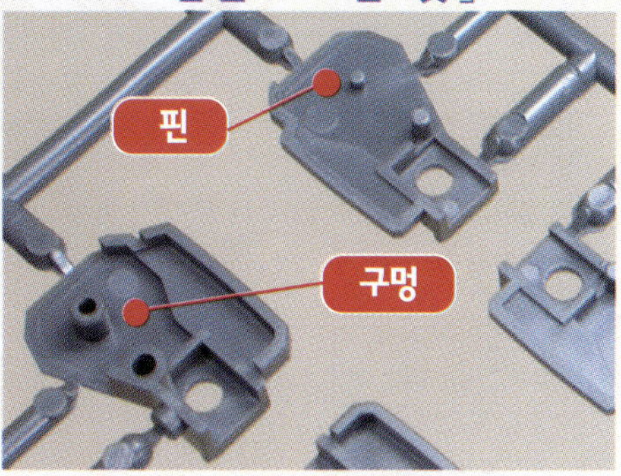


▲ 조립은 「스냅 핏」이라고 불리는, 「끼우기」식. 부품 뒷면에 있는「핀」과「구멍」을 끼워 맞춰서 조립하는 것이 기본으로 접착제를 필요로 하지 않는다.

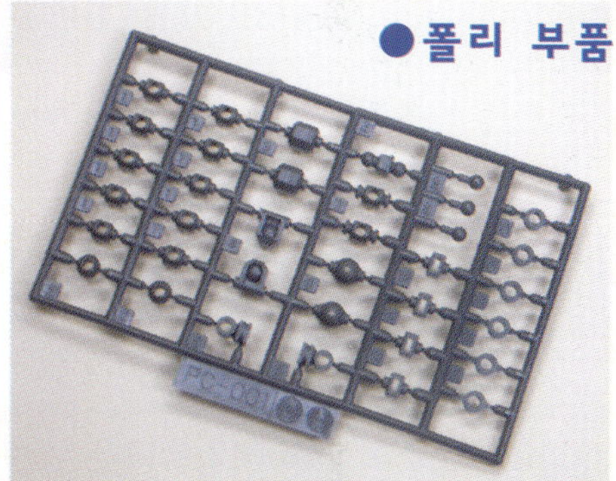


▲ 유연성이 높은 폴리에틸렌제 부품. 플라스틱보다 마모에 강해서 관절 등의 축 고정에 사용되고 있다. 런너 태그에는 「PC~」로 표시되어 있어 구별하기 쉽다. 탄력이 있기 때문에, 끼울 때에는 주의가 필요.

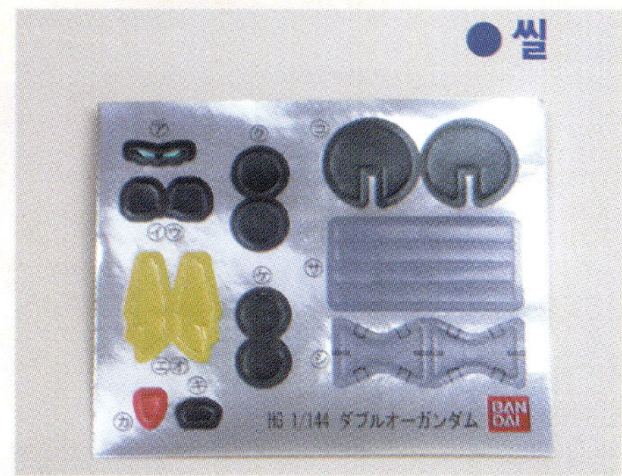


▲ 자잘한 색 표현을 재현하기 위한 점착 씰. 은색 위에 각 색이 인쇄되어 있어, 「호일 씰」이라고도 부른다. 부품에 맞춰서 재단되어 있어서, 간단히 붙일 수 있다.

**CHECK POINT**

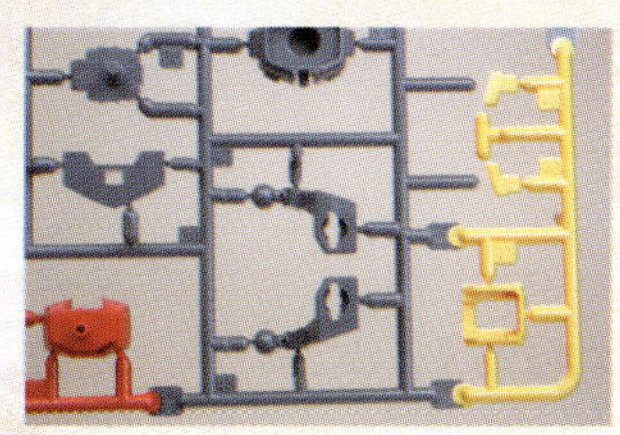

### ●색 프라

◀ 다색 성형은 건프라만의 특징. 플라스틱 부품은 보통 한 장의 런너에 한 가지 색이지만, 건프라는「시스템 인젝션」이라는 특별한 기술로, 한 장의 런너에 여러 색(또는 소재)이 들어 있다.

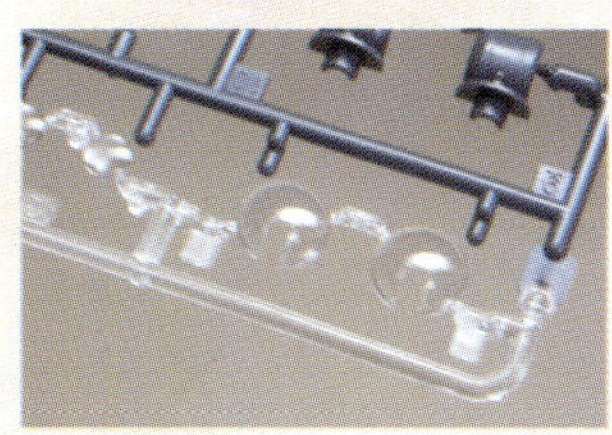

### ●투명한 부품도 있다

◀ 플라스틱 부품에는 투명한 부품(클리어 부품)도 있다. 클리어 부품은 색이 들어있는 부품보다 깨지기 쉽고, 오염되거나 흠집이 나면 복구하기 어려우니 조심해서 취급하자. 흠집이 났을 때의 복구 방법은 P.93에서 소개.

# 2. 부품 잘라내기

키트 제작의 첫 단계는 런너에서 부품을 떼어내는 것이다. 앞서 소개한 것처럼, 부품과 런너 사이의 게이트를 잘라내는 작업으로, 이것을 「게이트 컷」이라고 한다. 여기서는 프라모델용 니퍼를 사용해서 부품의 형태에 따라 게이트를 깨끗하게 잘라내는 것을 목표로 하자.

작업은 2단계로 나눠서 하는 것이 좋다. 우선 런너에서 조금 간격을 둔 채로 부품을 잘라낸 뒤, 부품 표면에 게이트가 남지 않도록 다시 깨끗하게 잘라낸다. 부품 쪽의 게이트를 잘라낸 자리를 「게이트 자국」이라고 부르는데 여기에 게이트가 남아서 튀어나와 있거나 하면 부품이 잘 끼워지지 않거나, 완성 후에 그리 보기 좋지 않게 되어버리니 깔끔하게 잘라내도록 하자.

## 두 번에 걸쳐 나눠 자르는 것이 기본

런너에 연결된 부품을 니퍼로 자르면, 수지에 부하가 걸리면서, 잘린 부분이 뭉개지거나 하얗게 변색되는 경우가 있다. 그래서, 처음에는 부품에서 조금 떨어진 곳에서 게이트를 잘라내고, 다음으로 게이트의 남은 부분을 잘라내면 깨끗하게 마무리할 수 있다.

▲ 부품을 자를 때는 부품의 번호를 체크하여 실수하지 않도록 확인할 것. 그 다음에 게이트의 형상을 잘 보고 어느 위치를 자를지 그리고 니퍼의 방향은 어떻게 할지를 생각한다.

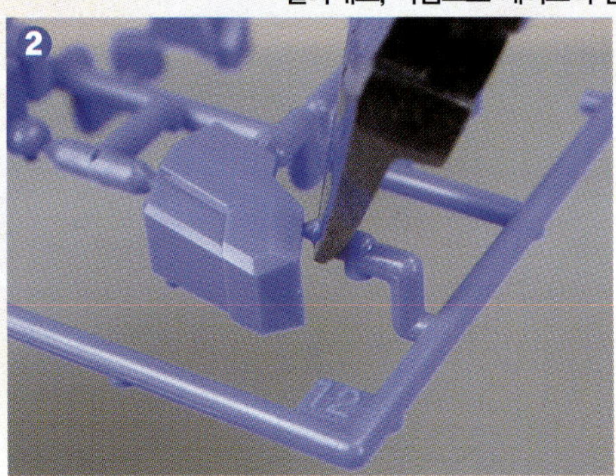

▲ 잘라내기 개시. 니퍼의 날이 평평한 면을 부품에 향하게 하고, 부품에서 조금 떨어진 위치에서 게이트를 자른다. 사진의 경우는, 게이트의 단면이 상하 방향으로 긴 형상이었기에, 니퍼를 세워서 자르고 있다.

▲ 런너에서 떼어낸 부품. 게이트의 절단면이 거칠게 갈라진 것을 알 수 있다. 처음부터 부품 가장자리를 자르려고 하면, 갈라진 부분이 더욱 지저분해진다.

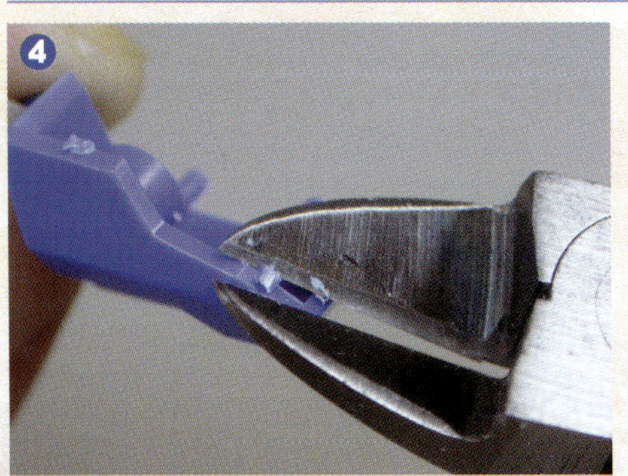

▲ 남은 게이트를 다시 한 번 니퍼로 잘라낸다. 거추장스러운 런너가 없기에 날을 대기 쉽고, 얇게 잘라내는 만큼 표면의 변형도 적다.

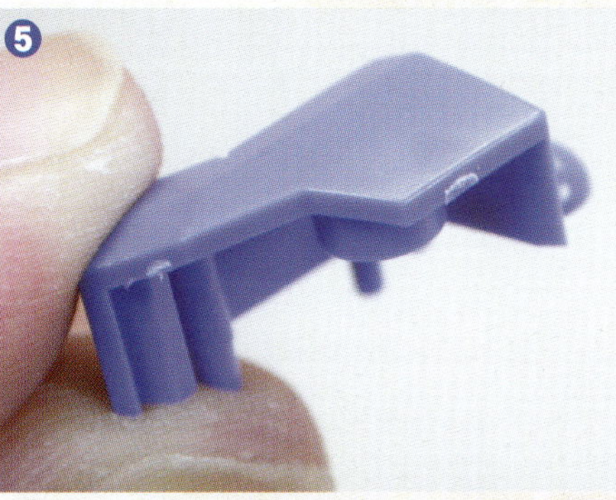

▲ 게이트의 튀어나온 부분을 제거한 상태. 우선 여기까지가 부품 잘라내기의 기본이다. 게이트 자국이 조금 하얗게 된 부분의 대처 등 좀 더 완성도를 높이기 위한 방법은 「STEP2」에서 소개하도록 하겠다.

▲ 게이트가 부품의 모서리에 있는 경우, 부품까지 잘라내고 마는 경우도 있다 사진은 실패한 사례. 이렇게 되지 않도록, 니퍼의 방향에 주의하도록 하자.

### CHECK POINT

#### ●게이트와 니퍼의 방향

▶게이트를 자를 때는, 게이트 단면의 두께가 얇은 쪽을 니퍼 사이에 끼워서 자르도록 하자. 보다 적은 힘을 들여 절단하기에 일그러짐이나 변색이 적다.

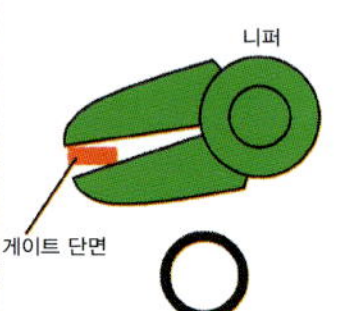


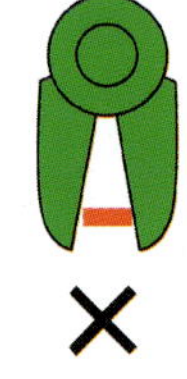


#### ●한번 자르는 것으로 끝나는 곳도 있다

▶ 완성 후에 보이지 않게 되는 부분이나, 끼우는데 영향이 없는 곳이라면, 처음부터 부품에 아슬아슬한 곳에 니퍼를 대고 잘라도 무방하다.

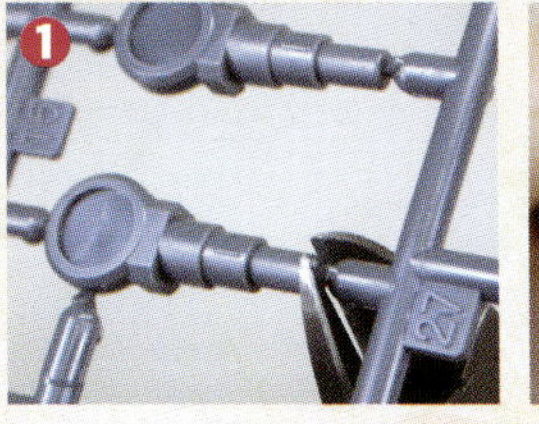

## 날을 넣기 어려운 경우

런너가 방해돼서 니퍼의 날을 좋은 방향으로 넣기 어려운 때의 대처법.

▲ 게이트가 짧고, 그렇지만 니퍼를 옆에서 넣고 싶은 경우. 바로 앞쪽의 런너가 방해되기에, 그곳을 잘라내고 니퍼를 대기 쉽게 했다. 런너를 자르는 것도 당연히 니퍼로.

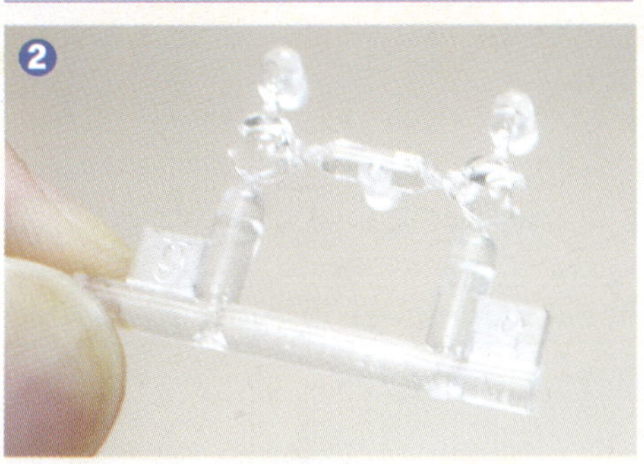

▲ 이쪽은 주위의 런너를 통째로 잘라낸 예. 이렇게 하면 게이트에 니퍼를 대기 쉬워진다. 작은 클리어 부품 등의 경우 특히 신중한 작업이 필요하다.

## 이런 부품은 신중히

곡면 등에 붙어있는 게이트는, 두 번 자르기 만으로는 깨끗하게 마무리되지 않는다. 귀찮더라도 조금씩 잘라내자.

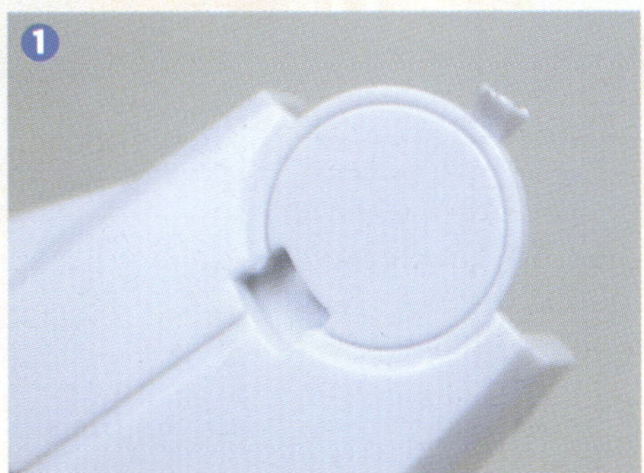

▲ 원형 부품의 가장자리에 게이트가 붙어있는 경우. 부품의 가장자리에 니퍼를 대고 자르면 그곳만 파먹히거나, 평평하게 되어버리기 쉽다.

▲ 그래서, 한번에 자르는 것은 포기하고 곡선에 맞춰서 여러 번 자르는 방법으로. 우선 게이트의 측면부터 부품의 가장자리에서 잘라낼 수 있는 각도에 맞추어 니퍼를 대고 자른다.

▲ 남은 부분은 니퍼의 각도를 바꿔가며 잘라낸다. 부품의 외형에 가까운 모습이 되었다. 조금씩 잘라내는 작업을 통해, 게이트의 변형도 예방할 수 있다.

▲ 이쪽은 게이트 위의 비스듬한 면을 따라 니퍼를 대고 자르는 모습. 게이트의 두께뿐만이 아니라, 부품의 형상을 보고, 게이트 자국이 깨지지 않는 방향으로 자르면 OK.

## 언더 게이트의 경우

「언더 게이트」란, 게이트가 부품의 뒷면에 붙어있는 방식. 게이트 자국이 표면에 드러나지 않기 때문에 깔끔하게 완성된다는 이점이 있어, 투명 부품이나 도금처리된 키트에서 볼 수 있다. 단, 제대로 잘라내지 않으면 부품을 끼워 맞출 때에 영향을 미친다.

▲ 언더 게이트의 예. 게이트가 부품의 옆면이 아닌, 뒷면에 얹힌 모양으로 붙어있다. 여기는 부품을 끼워 맞추는 면이기에, 주위를 따라서 평평하게 다듬을 필요가 있다.

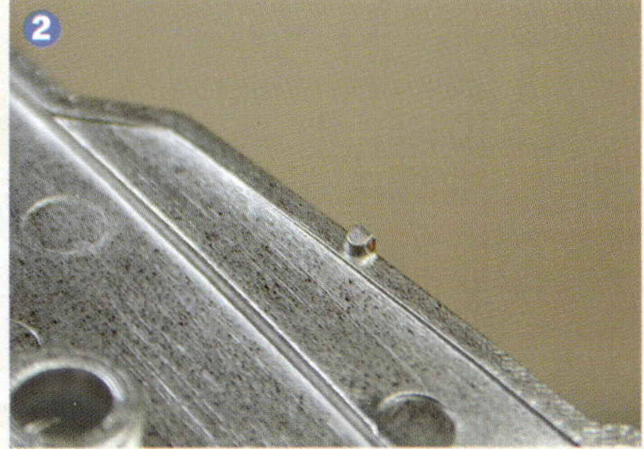

▲ 처음 자를 때는 뒷면이 아니라, 지금까지 게이트 커팅을 할 때와 마찬가지로, 부품의 옆면부터 잘라낸다. 사진은 그 과정까지 끝난 상태.

▲ 그 다음에, 뒷면에 남은 게이트를 잘라낸다. 니퍼의 날을 주위의 면에 대고, 딱 맞게 잘라내면 된다. 잘라낸 부분의 색이 변해도, 부품끼리 맞대는 면이기에 눈에 띌 걱정은 없다.

### CHECK POINT

#### ● 두 번째 자르기를 나이프로

◀ 지금까지는 니퍼만으로 부품을 잘라냈지만, 두 번째 잘라내기는 니퍼가 아니라, 나이프를 사용하는 방법도 있다. 나이프를 사용하면, 보다 깔끔하게 다듬을 수가 있다. 그 방법은 P.22에서 소개!

#### ● 니퍼가 필요 없는 키트도

◀ SD건담이나 초보자용 키트에서는, 부품을 손으로 비틀어서 런너에서 떼어내는 「터치 게이트」 방식을 채용한 것도 있다. 이런 키트라면 니퍼가 없어도 프라모델을 만들 수 있다.

# 3. 부품의 조립

앞서 설명한 것처럼, 최근의 건프라는, 끼워 맞추기만으로도 조립할 수 있는「스냅 핏」방식이다. 여기서는 그것을 전제로 한 건프라의 조립 방법을 소개한다.

스냅 핏 방식의 부품은 핀과 구멍, 또는 부품끼리 끼워 맞추는 유격이 조금 빡빡하게 되어 있어서 그것을「꾹」하고 누르거나,「딱」하고 끼우는 것만으로 부품이 고정된다. 잘못 조립했을 때에 바로 떼어내기 어려운 경우도 있으니 주의하자. 또한, 부품을 잘못된 방향으로 끼우지 않도록 설명서의 그림과 잘 비교해서 조립하자.

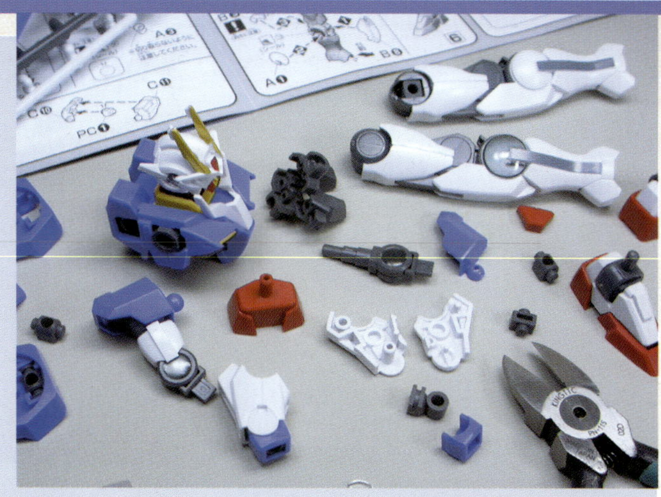

## 조립은「끼워 맞추기」로 OK

스냅 핏 방식은 부품끼리 끼워 맞추기만 해도 조립할 수 있는데, 그 고정 방식에도 여러 가지 패턴이 있다. 또한 끼울 때에 주의해야 할 점도 확인해두자.

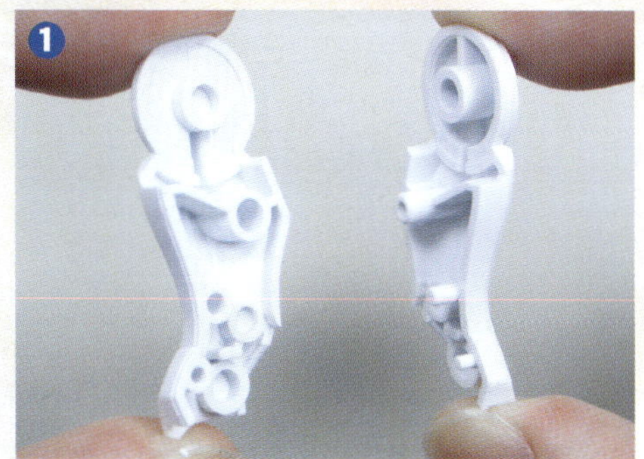

▲ 끼워 맞추기 사례 1. 부품 뒷면의 핀(가는 막대)를 구멍에 끼워 넣어서 고정시킨다. 핀이 길거나, 여러 개가 있는 경우는 더욱 확실히 고정되는 것을 알 수 있다. 핀이 판 모양으로 되어있는 경우도 있다.

▲ 끼워 맞추기 사례 2. 이 경우는 왼쪽의 둥근 부품을 오른쪽의 둥근 오목한 부분에 겹치게 끼워 넣는다. 부품의 크기가 딱 맞게 되어있어 핀의 역할도 겸한다. 가장자리에 게이트가 남아있으면 잘 들어가지 않으니 깨끗하게 잘라내자.

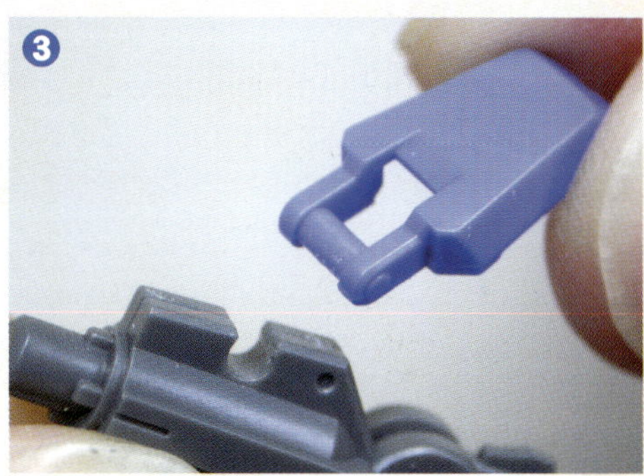

▲ 끼워 맞추기 사례 3. 위쪽의 파란 부품의 막대 부분을 아래쪽 부품에 있는「C」자 모양의 오목한 부분에 끼워 넣는다. 입구가 조금 빡빡하게 되어있어 밀어 넣듯이「딸깍」하고 들어간다. 부품을 떼어낼 수는 있지만 여러 번 하면 결합부가 헐렁해지므로 주의할 것.

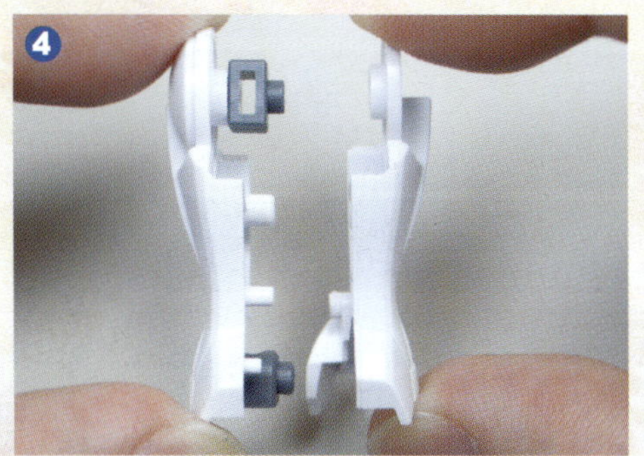

▲ 사례 1.의 조립 방법을 실제로 해보도록 하자. 먼저 좌우의 부품 사이에 끼워 넣는 폴리 부품을, 한쪽에 꽂아두고 다음으로 핀의 방향(이 경우에는 수평)에 따라 부품 전체를 맞춰간다. 비스듬하게 꽂지 않게 주의.

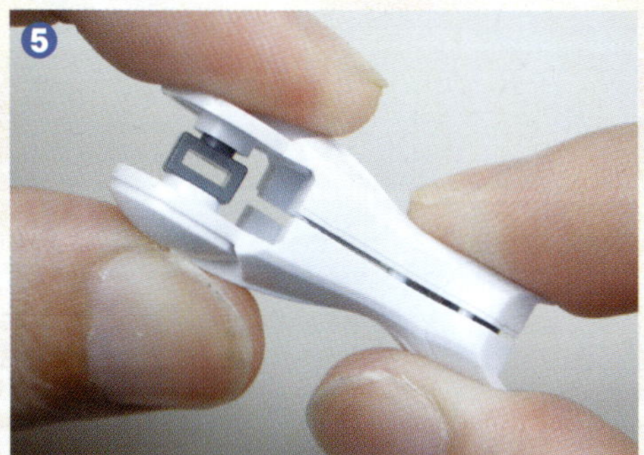

▲부품끼리 평행을 유지하며 합쳐지듯 부품의 두 군데를 누르면서 조금씩 힘을 준다. 양쪽 틈의 간격이 달라지게 힘을 주는 것은 좋지 않다. 사이에 끼워 넣는 부품이 제대로 들어갔는지, 확인하면서 진행하자.

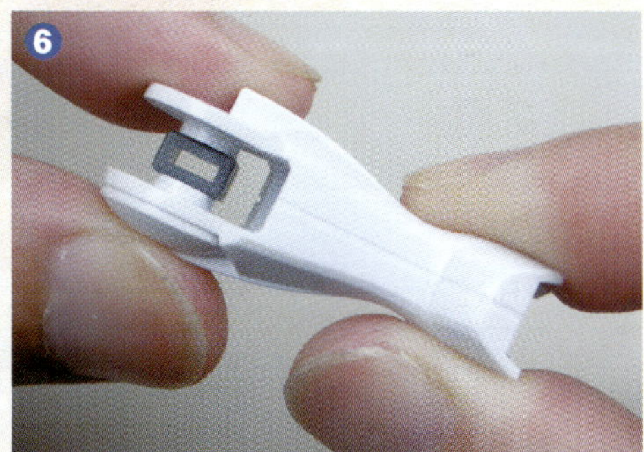

▲ 부품의 가장자리가 확실히 밀착하도록 마지막에는 꾸욱 눌러준다. 제대로 맞으면 부품 간의 접합부가 눈에 잘 띄지 않는다. 이런 작업을 각 부품에서 반복해서 조립해 나가는 것이다.

**CHECK POINT**

### ●부품을 준비한 뒤에 조립한다

▶ 조립은 부품을 하나씩 잘라서 끼우는 것을 반복하는 것이 아니라 설명서의 항목별로 몇 개의 부품을 떼어내서 부품을 준비한 뒤에 끼워 맞추면 원활하게 진행할 수 있다.

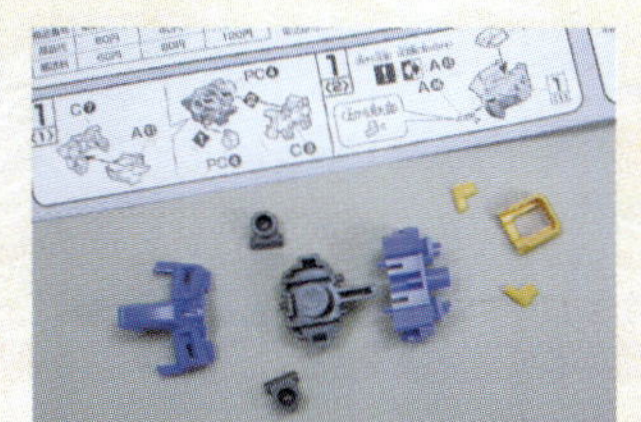

### ●작은 부품의 취급

▶ 작은 부품은 손으로 잡는 것 보다 핀셋을 사용해서 다루는 것이 편리. 구멍에 꽂을 때까지는 핀셋으로, 그 뒤에 손가락으로 확실히 눌러주면 된다. 부품이 튕겨서 날아가지 않게 주의하자.

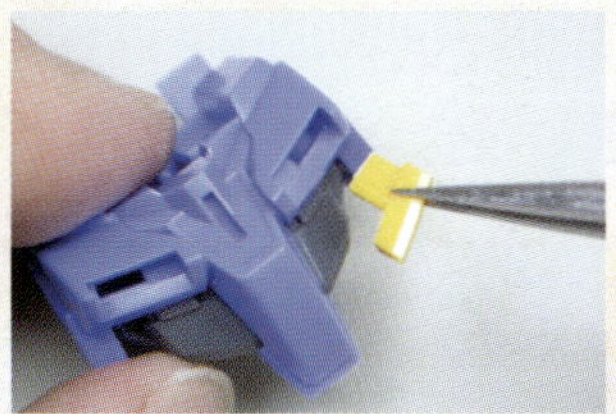

## 폴리캡의 조립

폴리캡은 플라스틱 부품보다 유연한데다 안쪽에 끼워 넣는 경우가 많기 때문에 취급에 주의할 필요가 있다.

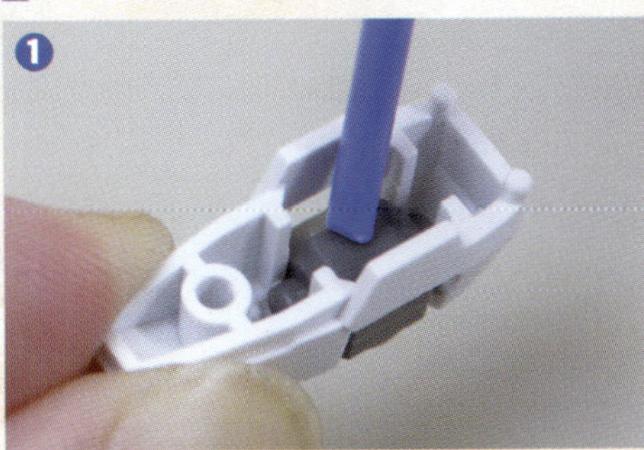

▲ 폴리캡을 부품 안쪽까지 끼워 넣는 경우. 손가락으로는 밀어 넣기 힘드니 막대(이 예에서는 런너를 잘라낸 것)로 밀어 넣고 있다. 안에서 기울지 않도록, 방향도 막대로 조정한다.

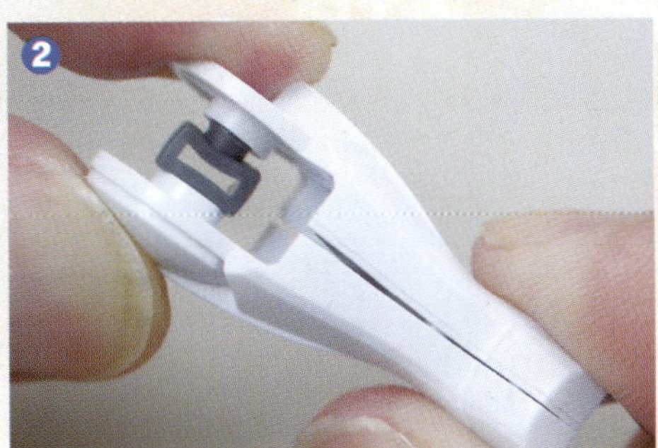

▲ 폴리캡을 끼워 넣을 때의 좋지 않은 사례. 폴리캡의 축이 제대로 끼워지지 않았는데 억지로 끼워 넣으면, 축이 뭉개져 버린다. 또한 구멍이 있는 폴리캡은 눌리게 되면 이처럼 뒤틀리기 쉽다.

▲ 이런 경우, 폴리캡 안에 이쑤시개나 런너를 끼워두면 폴리캡이 뒤틀리지 않게 되고, 폴리캡의 축을 플라스틱 부품에 확실히 끼울 수 있다. 또한, 위치 조정도 하기 쉬워진다.

## 흔히 저지르기 쉬운 실수

부품을 조립하면서 저지르기 쉬운 실패 사례. 뭔가 이상하다고 생각되면 설명서를 다시 한 번 잘 읽고, 부품의 방향이나, 좌우가 바뀌지 않았는지 확인해보자.

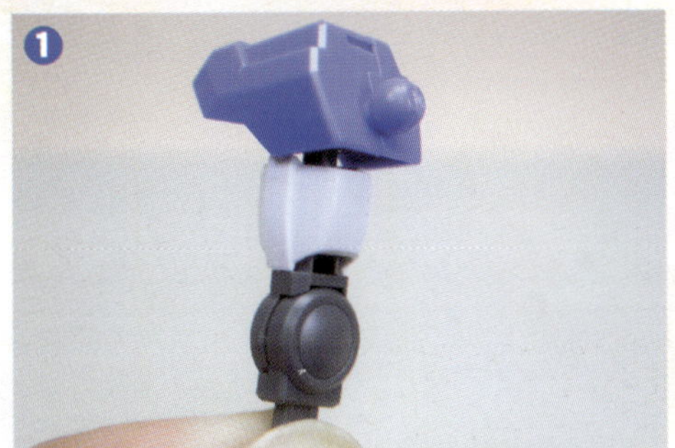

▲ 얼핏 보면 문제없이 조립된 것 같지만 사실은 하얀 부품이 좀더 아래로 끼워졌어야 한다. 실은 부품의 방향이 90도 틀어져 있는 것이다. 부품의 방향이 잘못되었어도 끼워 넣을 수 있는 경우가 있으니 주의하자.

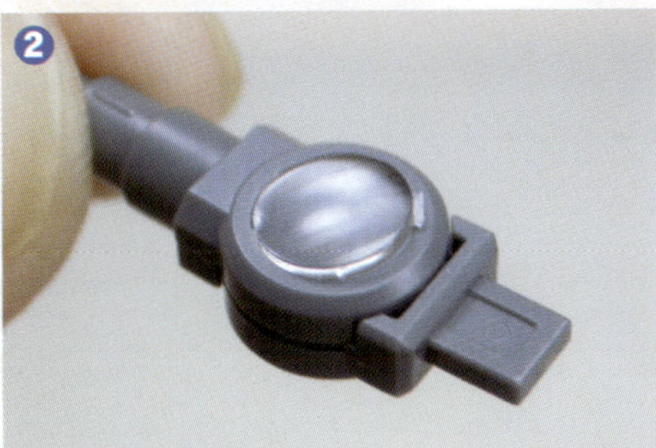

▲ 부품은 맞게 끼웠지만 제대로 들어가지 않는다. 이것은 게이트가 남아있어서 결합을 방해하고 있는 것이 원인. 깔끔하게 잘라내자.

▲ 부품을 제대로 끼웠다…, 고 생각했더니 폴리캡을 안에 넣는 것을 깜박 했다! 라는 경우도 자주 하는 실패. 너무 늦게 알게 되면, 상당히 많은 부분을 다시 조립해야 하는 사례도 있다.

## 부품을 분리하고 싶을 때는

다시 조립하기위해 부품을 분리하고 싶어도 손으로는 쉽게 떨어지지 않는 경우가 있다. 조금씩 결합이 풀리도록 노력해보자.

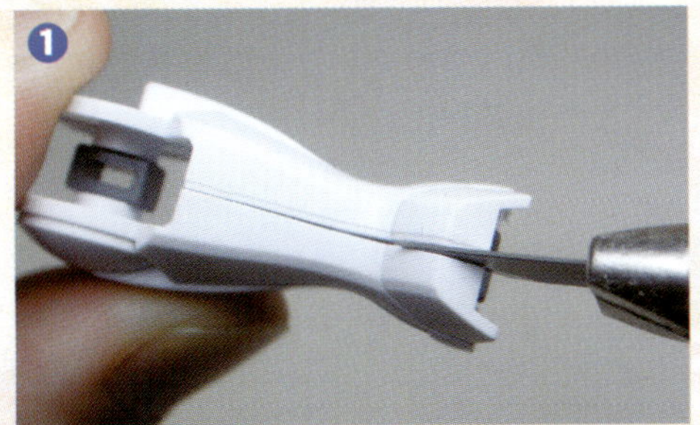

▲부품들이 만나는 부분에 나이프의 날 끝을 꽂아 넣고 조금씩 비틀어서 부품에 틈을 만든다. 상처가 나는 경우도 있으니, 처음에는 가능한 눈에 띄지 않는 곳에서 시작하자.

▲조금씩 틈이 생기면, 부품이 만나는 곳 전체에 틈이 생기도록 위치를 바꿔가며 반복한다. 부품 전체가 치우치지 않도록 분리해 나가면 부품이 뒤틀리지 않고, 다시 조립하는 것도 가능하다.

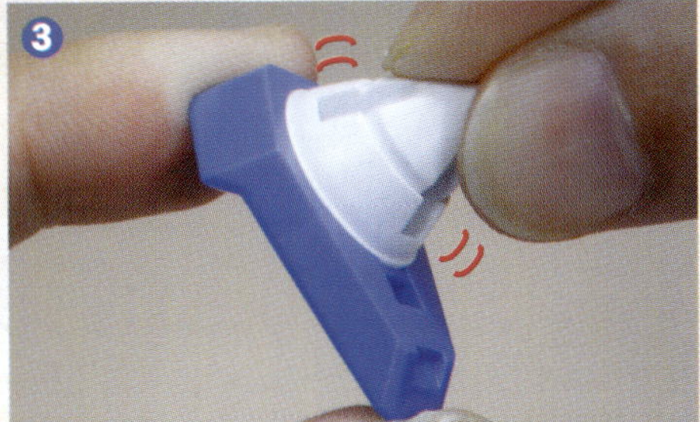

▲ 나이프를 끼울 틈이 없는 경우에는 조립한 부품을 조금씩 흔들듯이 힘을 주자. 여러 번 반복하다 보면 결합이 조금씩 느슨하게 된다.

CHECK POINT

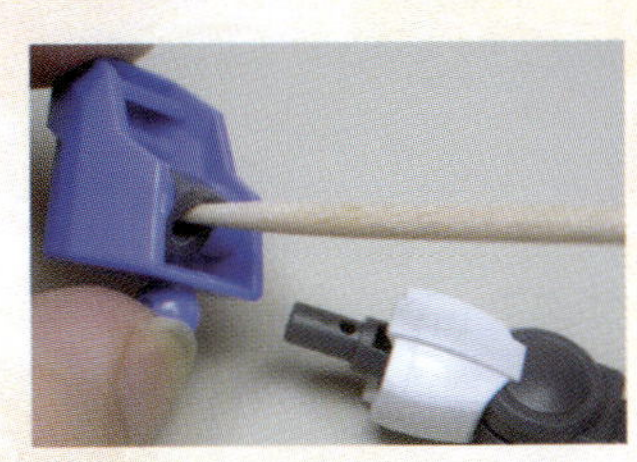

### ●폴리캡의 방향을 바꾸고 싶을 때는

◀부품을 꽂으려고 했더니 폴리캡의 구멍이 엉뚱한 방향으로?! 이런 때는 이쑤시개 등을 꽂아서 폴리캡의 방향을 바꾸면 된다.

### ●관절의 움직임을 체크

◀폴리캡이나 관절부위를 조립했으면, 부드럽게 움직이는지, 어느 정도의 가동 범위가 있는지를 확인해두자.
잘 움직이지 않는 부분을 찾아낼 수도 있고, 확인해두면 완성한 뒤에도 안심하고 다룰 수 있다.

# 4. 씰 붙이기

건프라에는 세세한 색을 표현하기 위한 씰이 부속되어 있다. 단순한 스트레이트 빌드라도 이것을 붙여서 마무리 하면 제법 괜찮은 완성도가 나온다. 이 색 표현용 씰은 「호일 씰」이라고도 부른다. 은색 위에 각 색이 인쇄되어 있어 부품의 사출색이 비치지 않고 선명한 발색을 보이는데 붙이는 위치나, 붙이는 타이밍은 조립 설명서에 표시되어 있다. 얼굴 등의 씰은 조립한 뒤에는 붙이기 힘드니, 잊지 않도록 주의할 것. 또한, 눈이나 안테나 등의 작은 부품에 씰을 붙일 때는 손으로 부품을 쥐기 어려우므로 뒤쪽을 클립 등으로 잡고서 작업하면 편리하다.

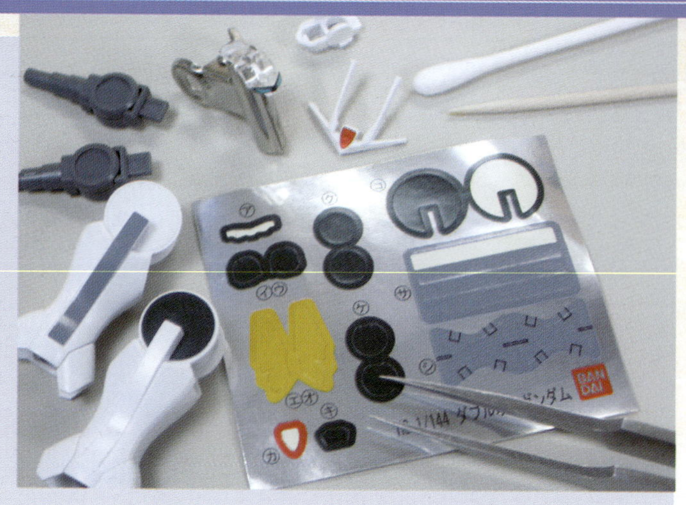

## 호일 씰 붙이는 법

호일 씰을 붙이는 방법은 일반 씰과 마찬가지로, 대지(臺紙)에서 떼어내서 접착면이 있는 쪽을 부품에 붙이기만 하면 된다. 꺾이거나 뜨지 않도록 꼼꼼히 다루자.

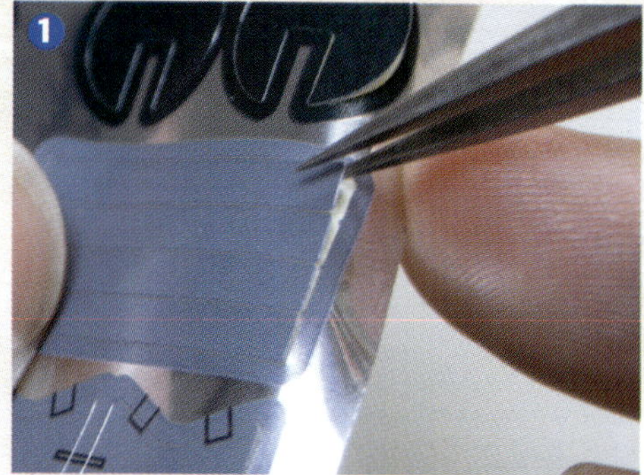

▲ 먼저 씰을 대지에서 떼어낸다. 손으로 잡기에는 너무 작고 접착면을 건드리면 점착력이 약해지니 핀셋을 사용하자. 대지를 약간 구부려 주면 씰이 절단면에서 살짝 떠서 잡기 쉬워진다.

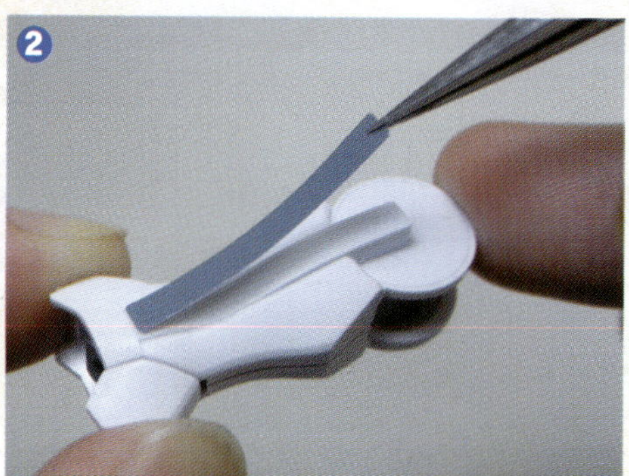

▲ 씰을 잡았으면 붙일 면에 맞춘다. 씰은 딱 맞는 사이즈로 절단되어 있으므로 먼저 끝 쪽을 조금 붙이고, 그대로 방향을 맞춰가면서 서서히 밀착시키자.

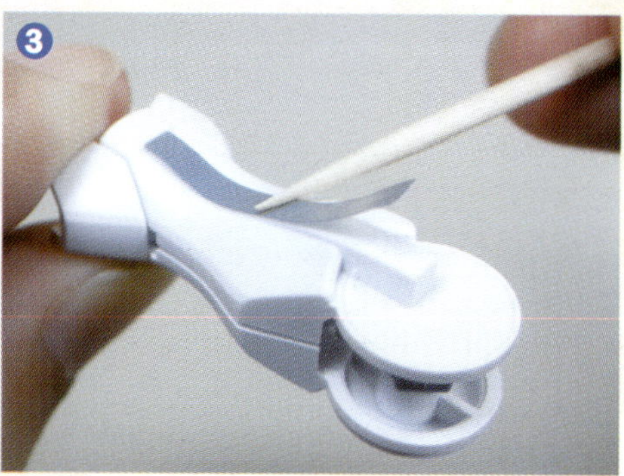

▲ 붙일 때는 손가락으로 눌러도 되지만 씰 표면이 보이지 않아서 상태를 확인하기 어려워지므로 이쑤시개로 조금씩 눌러주면 상태를 확인하기 쉽다. 씰의 위치가 어긋나면 천천히 벗겨내서 다시 붙이자.

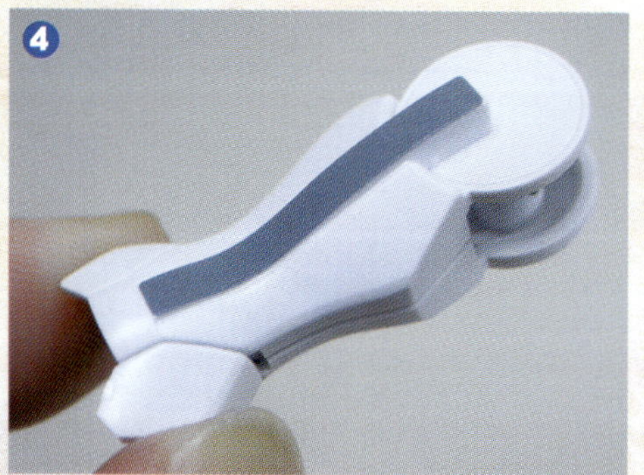

▲ 씰을 다 붙인 상태. 곡면에도 확실히 붙어있다. 한번에 전체를 붙이려고 하지 말고 끝에서부터 밀착시키는 것이 요령.

▲ 이쪽은 안테나에 감듯이 붙이는 경우. 한쪽 면에 위치를 맞추고 밀착시킨 뒤에, 부품을 따라서 꺾이도록 이쑤시개로 붙여간다. 이것도 조금씩 차분하게 작업하자.

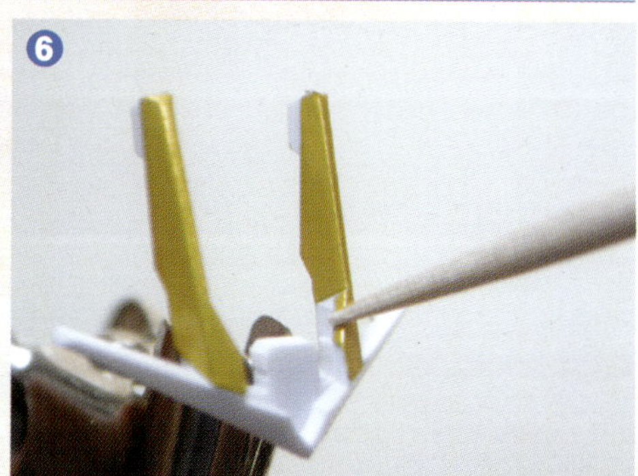

▲ 왼쪽에 보이는 쪽의 씰을 다 붙인 상태. 작게 접힌 부분은 나중에 들고 일어나기 쉬우니 특히 신경을 써서 밀착시키자.

### CHECK POINT

#### ●오염된 부품을 닦아주자

▶씰을 붙이는 면은 더럽혀지지 않도록 할 것. 또한 손의 유분 때문에 점착력이 떨어지기도 하므로 잘 닦아주자.
알코올을 묻혀서 닦아주면 기름기를 확실히 닦아낼 수 있지만, 수성 도료의 희석액을 사용해도 좋다. 수성 도료의 희석액은 P.39에서 소개할 예정.

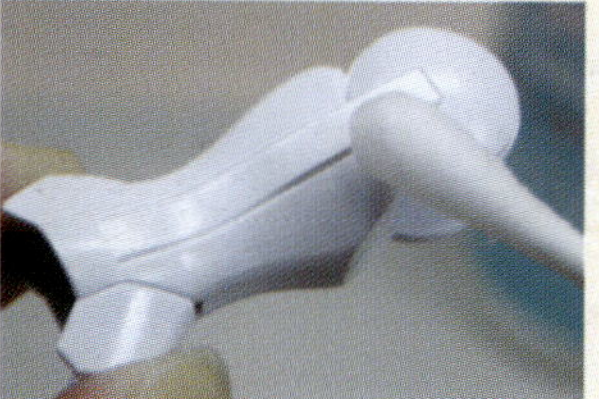

#### ●세밀한 부위도 꼼꼼히 밀착!

▶눈 부분 등, 작은 요철이 있는 부분에 씰을 붙이기 위해서는, 면봉으로 누르는 방법도 있다. 하지만 씰 자체의 두께도 있어서 너무 작은 요철까지는 밀착되지 않는다. 억지로 문지르지는 말자.

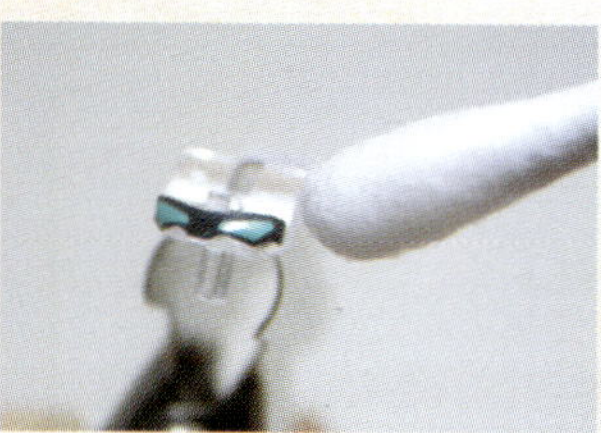

# 5. 부품의 관리

조립 중에 떼어낸 부품이나 다 조립한 부품을 잃어버리지 않도록 다루는 것은 물론이지만, 조립을 중단할 때에도 다음에 다시 시작할 때에 원활하게 시작할 수 있도록 부품을 확실히 관리하자. 아무래도 부품이 파손되거나 분실했을 경우에는 제작 의욕도 떨어져 버린다.

부품의 개수가 적은 키트라면 단숨에 끝까지 완성하는 것이 가능하지만 런너의 수가 많은 킷은 여러 번에 나눠서 조립하는 것도 흔한 일이다. 여기서는 그런 경우의 요령을 소개할까 한다.

## 조립 중의 주의 사항

제작을 원활하게 진행하기 위해서는 떼어낸 부품과 조립한 부품을 구분하기 쉽게 해 두는 것이 중요하다.

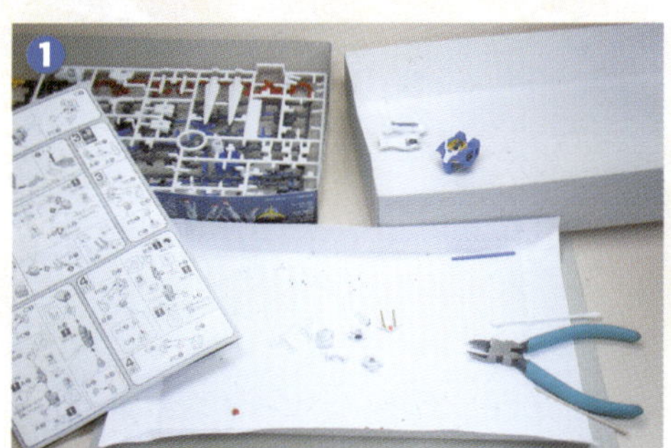

▲ 조립 중의 예. 왼쪽 상자에 런너 부품을 두고, 앞쪽에 사각 쟁반 모양으로 만든 종이 위에서 게이트 커팅이나 조립을 하고 있다. 이렇게 하면 잘라낸 찌꺼기 등으로 어지럽혀지는 일도 생기지 않는다. 조립한 부품은 오른쪽 상자에 확실히 구분해두자.

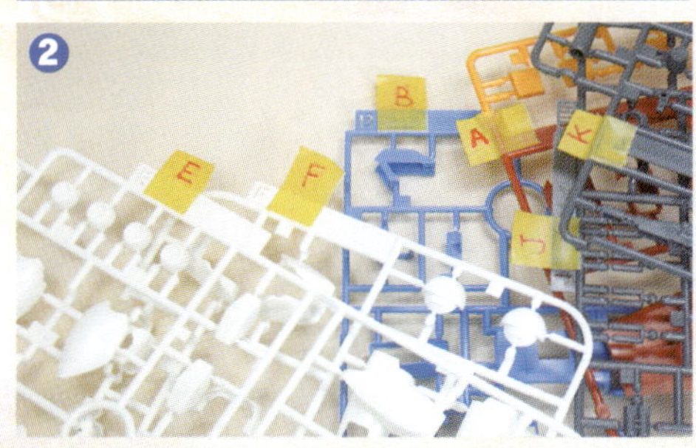


▲ 런너가 많은 키트는 부품을 하나하나 찾는 것도 큰일이다. 런너 태그를 크고 잘 보이게 해두기만 해도 작업이 수월해진다. 작업 공간에 여유가 있다면 알기 쉽게 A부터 순서대로 늘어놓는 것도 적극 추천!

## 제작을 도중에 중단할 때는

다시 시작할 때 찾기 쉽도록 그리고 상처가 나거나 부러지지 않도록 주의해서 보관 하자.

▲ 떼어내서 조립하지 않은 부품을 비닐 봉투에 넣어서 모아 둔 모습. 이런 지퍼 팩이 있으면 편리하다. 안에는 조립 설명서의 몇 번에서 사용하는 부품인지를 적어둔 메모를 넣어뒀다.

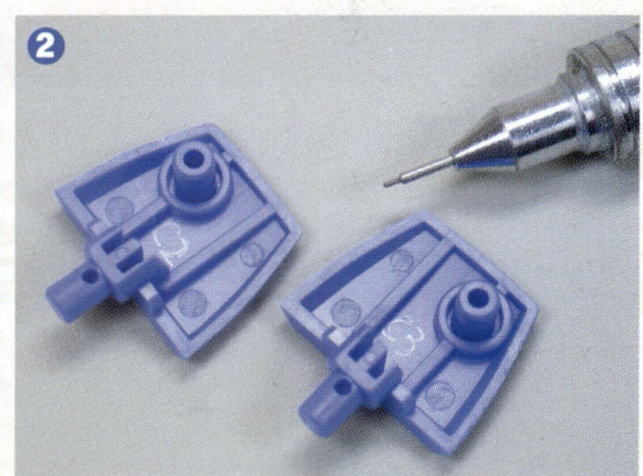

▲ 좌우 대칭인 경우 등, 런너에서 떼어내면 구별하기 힘든 부품은 번호나 좌우 표시를 부품에 메모해두는 것이 좋다. 눈에 띄지 않는 곳에 적어두면 지우는 수고도 줄일 수 있다.

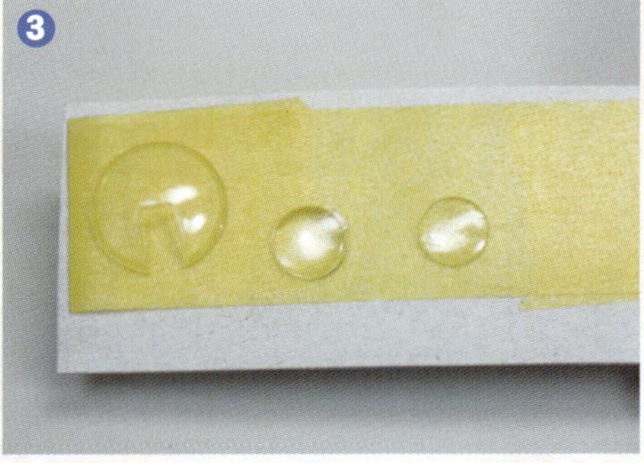

▲ 클리어 부품은 흠집이 나지 않게 각별히 조심스럽게 다루자. 사진은 두꺼운 종이에 종이 테이프로 붙여둔 모습. 이「마스킹 테이프」는 깨끗하게 떼어낼 수 있어서, 이렇게 임시로 붙여두는데도 자주 사용된다. 마스킹 테이프에 대해서는 P.69에서 소개.

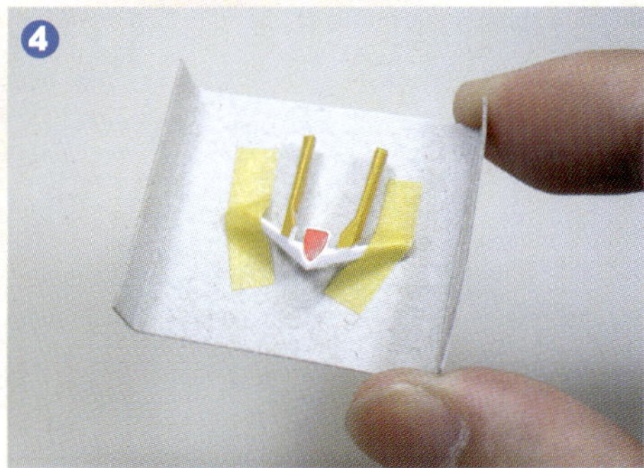

▲ 안테나 부품 등의 작은 부품은 다른 부품과 구별하는 것은 물론, 뿔이 다른 곳에 부딪히지 않도록, 틀을 만들어서 고정하는 것을 추천한다. 이것도 두꺼운 종이에 마스킹 테이프로 고정했다.

**CHECK POINT**

### ● 양면 테이프의 이용

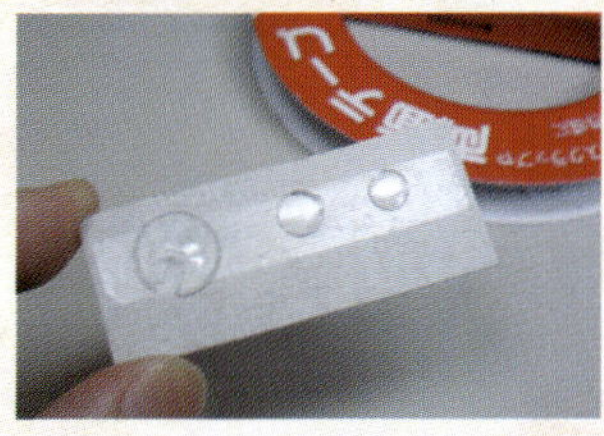

◀ 부품의 임시 고정 또는 고정에는 양면 테이프를 사용하는 것도 좋다. 접착제가 남지 않고 깨끗하게 떼어낼 수 있는 것을 사용하자.

# 6. 완성

완성한 1:144 HG 더블오 건담. 여기까지의 조립 과정에서의 주된 공정은 「자르기」, 「끼우기」, 「붙이기」의 3단계뿐. 이런 작업을 착실히 하면 최신 건프라에서는 「스트레이트 빌드」를 하는 것 만으로도 이만큼의 완성도를 보인다. 완성한 뒤에도 입체로서 감상하는 것 뿐 아니라 각 관절이나 기믹을 움직여서 다양한 표정과 포즈를 취하며 즐길 수 있다. 처음 만든다면 우선 여기까지를 목표로 하자.

## GN-0000
# 00 GUNDAM
BANDAI 1:144 scale plastic kit "HG"

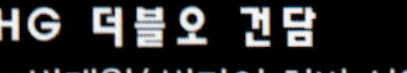

**HG 더블오 건담**

●발매원/ 반다이 하비 사업부 ●1:144 스케일 플라스틱 키트, 전고 13cm ●정가/ 1,050엔 ●2008년 9월 발매 ●등장 작품/『기동전사 건담 OO』

▲ 완성된 더블오의 전신. 발 끝을 「여덟 팔자(八)」 모양으로 벌리고 팔을 조금 벌린 자세는 스탠딩 포즈의 기본이다.

◀씰로 색을 표현한 머리. 안테나 등의 돌기는 끝 쪽이 두툼하게 만들어져 있는 점에 주목.

▲팔꿈치는 이처럼 크게 접을 수 있다. 어깨 아머 가장자리에 게이트를 잘라낸 자국이 보인다.

◀ 몸의 굴곡이 복잡한 형태도 색 구분과 함께 확실하게 재현되어 있다.

▶ 팔과 다리의 가동은 물론, 허리를 돌리는 것도 가능해서 대담한 포즈를 취할 수 있다. 그래도 발은 확실히 접지되어 있다.

◀등쪽의 GN드라이브는 폴리캡으로 확실히 지탱되고 있어서 이렇게 앞 쪽으로 돌리는 것도 가능하다.

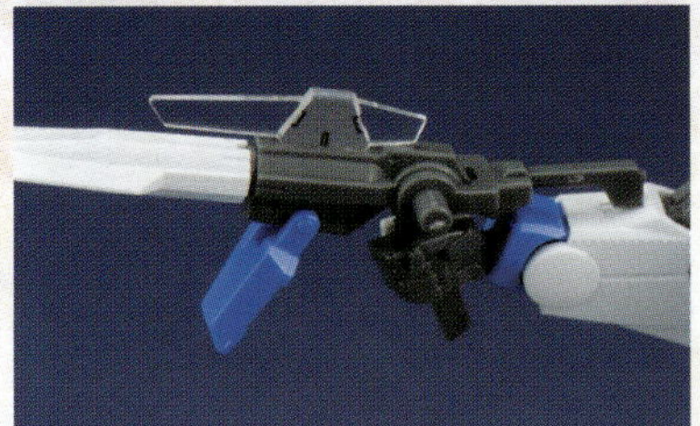

◀손에 든 GN 소드II는 라이플, 소드 두 형태로 변형된다. 앞쪽의 부품만 바꿔 끼워서 표현.

▼발목은 전후좌우로 굽히는 것은 물론, 안쪽으로 크게 기울이는 것도 가능. 덕분에 접지성이 더욱 좋아졌다.

▼ 다리는 뒤꿈치가 허벅지에 닿을 정도로 굽혀진다. 이것을 살린 포즈도 취하고 싶을 것이다.

# 멋진 포즈를 잡아보자!

건프라의 매력이라면 그 캐릭터의 모습을 재현하고 있다는 점이겠지만 다양한 포즈를 취할 수 있는 가동 피규어적인 요소도 큰 비중을 차지한다. 스트레이트 빌드라면 색이 벗겨지는 등의 걱정도 없으니 여기저기 움직여서 멋진 포즈를 잡아보자.

CHECK POINT

## ●전용 스탠드를 이용

▼ 비행 자세 등, 그냥 세워서는 잡을 수 없는 포즈는 전용 스탠드를 이용해서 연출하자. 이것은 「액션 베이스2」(473엔/ 반다이). 사진 ②처럼 키트의 가랑이에 끼워서 연결할 수 있다. 대형 키트용 「액션 베이스1」도 있다.

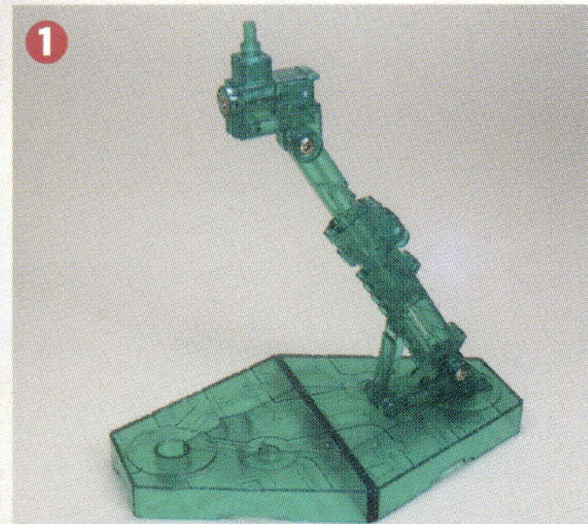

# MSZ-006 Z GUNDAM

BANDAI 1:144 scale plastic kit "HGUC"

## 관절을 후조립 가공해서 에어브러시로 도색

### HGUC 제타 건담

제작/ 노모토 켄이치

이 작품은 「깔끔하게 도색하는」 예로서 제작한 것. 거의 전체를 에어브러시로 도색했다. 빨강, 파랑, 회색 등은 「매끈한 반 광택」으로 깔끔한 단색. 적절한 반광택에 의해 본래 사출된 색으로 착각할 정도로 완성되었다. 흰색 부분은 좀더 광택을 죽이고, 모서리나 몰드 부분에 그림자를 넣어서 입체감을 강조했다. 또한, 키트는 다리 등의 색이 다른 부분을 끼워 넣는 부분이 많아서 부품의 접합선을 없애고 도색 후에 조립할 수 있도록, 소위 말하는 「후조립」이 가능하도록 가공했다. 「월간 하비 재팬」 2006년 2월호 게재.

▲기체 각 부분의 노란색 부분은 마스킹을 해서 구분 도색. 발색이 잘 되게 하기 위해, 먼저 흰색으로 밑칠을 하고, 그 위에 노란 색을 덧칠했다.

◀매끈한 반 광택으로 마무리는 Mr.컬러에 리타더를 첨가해서 꼼꼼히 뿌려준 것. 화려하지는 않지만, 애니메이션의 작화 이미지에 가깝다.

**HGUC 제타 건담**

●발매원/ 반다이 하비 사업부 ●1:144 스케일 플라스틱 키트, 전고 14cm ●정가/ 1,680엔 ●2003년 10월 발매 ●등장 작품 / 『기동전사 Z 건담』

# 스트레이트 빌드는 이만큼만 하면 OK

STEP

GN-001
GUNDAM EXIA
BANDAI 1:100 scale plastic kit "MG"

# 조금 더 손을 대서 완성도 UP!

### 이것이 STEP2의 포인트!

프라모델의 즐거움은 형태를 만드는 것만으로 끝나는 것이 아니다. 스트레이트 빌드로 만들 수 있게 되면, 다음은 좀 더 멋지게 완성할 수 있도록 노력해보자. 여기서는 부품이 잘린 부분을 깔끔하게 정리하거나, 디테일을 강조하고, 세세한 마킹 씰을 붙이는 등, 완성도를 높이기 위한 테크닉을 소개한다. 모양은 그대로라도 보다 높은 완성도를 지향하여 손을 대 주면, 프라모델은 「자신의 작품」이 되는 것이다.

## 1. 게이트 자국 처리

●부품 표면에 남은 게이트 절단 자국.
완성한 뒤에 여기저기서 눈에 띄면 아무래도 프라모델이라는 티가 나기 십상. 이것을 눈에 띄지 않게 정리하자.

## 2. 파팅 라인을 없애자

●파팅 라인이란 금형의 상하 분할 선으로, 모든 부품에 있게 마련이다. 눈에 띄는 곳이 있다면 깎아내서 매끈하게 만들자.

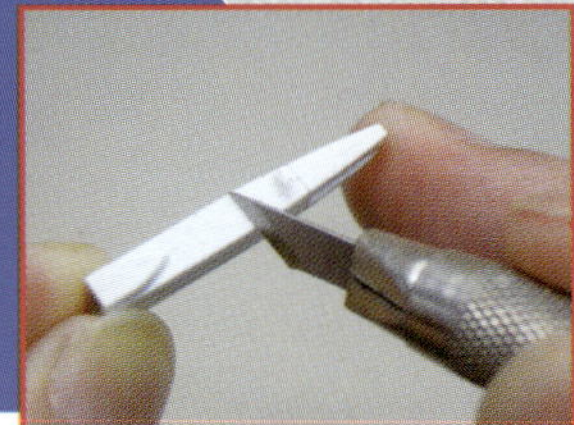

## 3. 먹선 넣기

●부품 표면의 작은 골(몰드)나, 작은 형상(디테일)을 강조하는 방법. 손쉽게 정밀감을 연출할 수 있는 필수 테크닉이다.

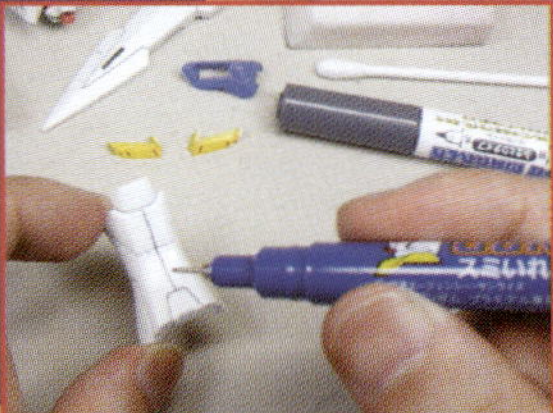

## 4. 마킹 씰을 붙이자

●MS의 실물이 있다면 기체 표면에는 자잘한 주의사항이나 기체 번호가 적혀있을지도 모른다. 그러한 것을 재현해 주는, 마킹 씰을 붙이는 방법.

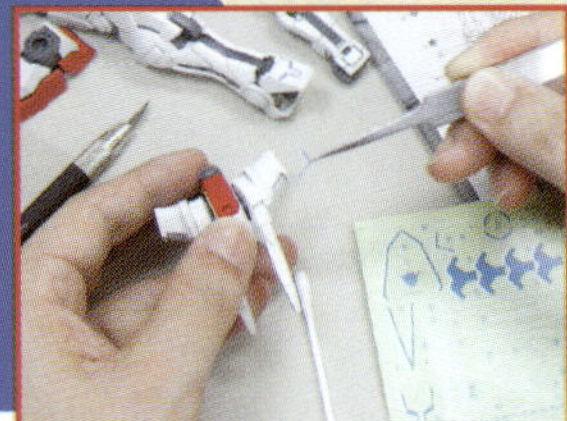

## 5. 완성

●지금까지 소개한 테크닉으로, 드디어 작품이 완성. 먹선이나 마킹이 없는 단계와 비교해서 그 효과를 확인해 보자.

## 6. 완성 후의 취급

●작품이 완성되면 멋지게 장식해 두고 싶고, 파손되지 않도록 보관하고 싶은 법이다. 그러기 위한 요령을 알아보자.

# 여기서 사용하는 도구는?

## ●사포

▲건프라 제작에서 자주 사용하는 사포는 400~800번. 사포로 다듬을 곳이나 감아서 사용할 판에 맞춰서 적당한 크기로 잘라 사용하자. 가격은 한 장에 70엔 정도부터.

▲사퓨를 감아 쓸 판재의 예. 왼쪽은 샤프심 케이스, 그 옆은 두툼한 프라판. 평면이고, 적당한 크기와 경도가 있으면 어떤 것이라도 좋다. 오른쪽은 지우개. 때로는, 이런 부드러운 것을 사용하는 경우도 있다.

사포(샌드 페이퍼)는 프라모델 제작에 있어서는 작은 흠집을 지우거나, 요철을 평탄하게 할 때 자주 사용된다. 사용하는 것은 물에 적셔서 사용할 수도 있는 「내수 사포(물사포)」라고 불리는 타입. 거친 정도에 따라 「400번」 「800번」 등의 숫자로 표시되는데, 숫자가 적을수록 거칠게 갈리고, 숫자가 클수록 곱게 갈린다. 사포를 사용할 때에는 딱딱한 프라판이나 각재에 감아서 사용하는 것이 기본적인 용법.

## ●공작용 나이프

세밀한 절단 작업에 편리한 것이 바로 날 교환식의 공작용 나이프. 프라모델 제작에 사용하는 것은, 나이프 중에서도 특히 날이 작은 것으로, 「디자인 나이프」 또는 「아트 나이프」라고 하는 타입이다. 날의 폭이나 날의 각도 등은 손잡이에 따라 다르지만, 어느 것이나 가는 자루의 끝에 매우 잘 드는 칼날이 달려 있으니, 취급에 주의하도록 하자.

▲ 게이트를 다듬거나 씰을 잘라내는 등, 모형 제작에 있어 활약하는 장면이 많은 디자인 나이프. 프라모델 제작에는 꼭 한 자루 준비해두고픈 도구이다. 옆은 교환용 칼날. (420엔~)

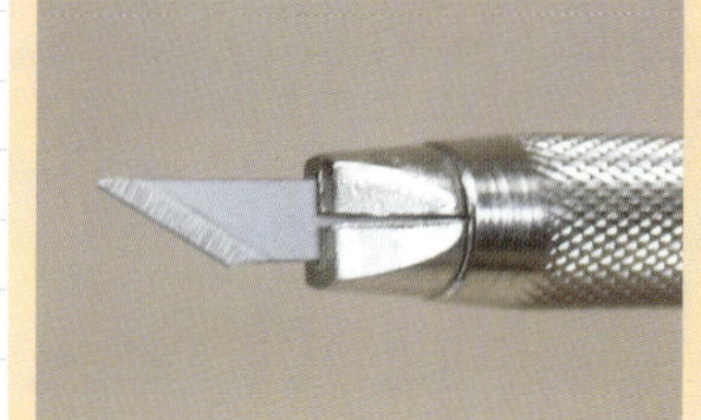

◀ 디자인 나이프의 날 끝. 이것은 각도가 30° 인 것이며 45° 인 것도 있다. 사용하다가 날이 빠지거나, 무뎌지면 교환해서 사용한다.

## ●건담 마커

건담 마커는 건프라를 간단히 도색 할 수 있도록 만들어진 도색 전용 펜의 일종이다. 발매원은 GSI 크레오스. 있는 그대로 칠해서 색을 입히는 「도색용」과 골이 진 부분에 칠해서 명암이나 디테일을 강조해주는 「먹선용」 도색한 다음 적당히 쓸어내듯 문질러서 색의 변화나 농담을 주는 「리얼 터치 마커」 등 용도에 따라 다양한 타입과 색상의 제품들이 나와있다.

▶ 「건담 마커 도색용」. 펜 끝을 눌러서 도료가 나오면 펴 바르는 도색 펜. 도료는 알코올계로 전용 「지우개 펜」으로 삐져 나온 곳을 수정할 수도 있다. 펜촉이 넓은 타입과 가는 타입이 있다. (각 210엔/ GSI크레오스)

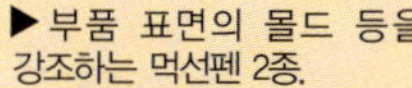

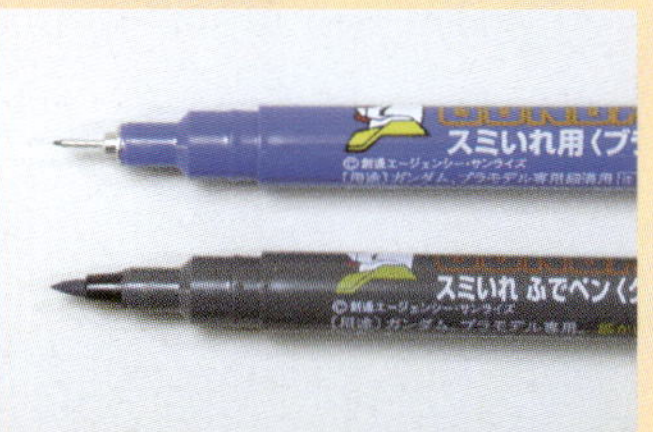


▶ 부품 표면의 몰드 등을 강조하는 먹선펜 2종. 「먹선용 극세」는 펜촉이 가늘고, 오목한 곳이나 골을 따라 그리듯 사용하는 유성 펜. 「먹선용 붓 펜」은 펜촉이 붓 모양으로, 넓게도 가늘게도 칠할 수 있는 수성 펜. (각 210엔/GSI크레오스)

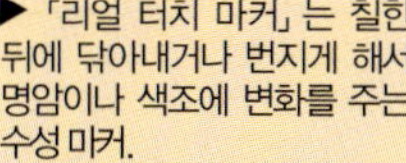

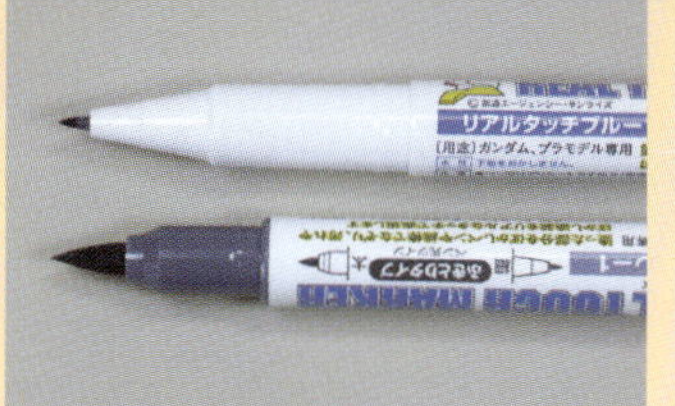


▶ 「리얼 터치 마커」는 칠한 뒤에 닦아내거나 번지게 해서 명암이나 색조에 변화를 주는 수성 마커. 펜촉은 붓펜 타입으로 양쪽에 굵은 촉과 가는 촉이 달려있다. 닦아낼 때는 「번짐용 펜」이나 면봉을 사용한다. (각 210엔/ GSI 크레오스)

# 1. 게이트 자국의 처리

부품을 런너에서 떼어내는 게이트 커팅과, 부품을 끼워 맞추기 위해서 깨끗이 다듬는 방법은 앞서 소개했다. 여기서는 「게이트 자국」의 처리에 더욱 더 파고들어 보도록 하자.

아무래도 게이트 자국만 색이 변해버리거나 쥐 파먹은 모양이 되면 완성 후에 딱 보기에도 「프라모델의 부품」이라는 티가 나는 탓에 김이 새기 때문이다. 작품의 완성도를 높이기 위해서는 가능한 눈에 띄지 않게 하는 것이 좋다. 꼼꼼히 잘라내서 연마하고, 부품의 사출색을 살린 최소한의 도색을 하는 방법을 소개한다.

모든 게이트 자국을 똑같이 처리하는 것은 손이 많이 가니 눈에 잘 띄는 부분만 처리하는 것을 추천한다.

## 게이트를 꼼꼼히 잘라낸다

먼저 게이트를 니퍼만 사용하는 것이 아니라, 나이프도 사용해서 꼼꼼히 잘라내자. 니퍼만 사용할 때보다 손은 많이 가지만 파먹는 일도 적고, 부품 표면을 따라서 깔끔하게 잘라낼 수 있을 것이다.

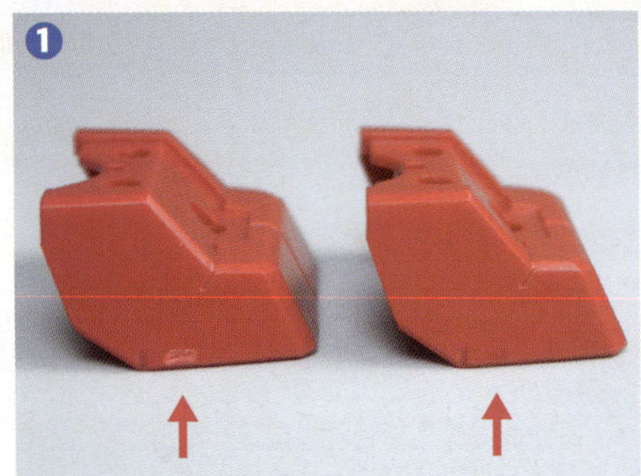

▲ 부품 아래쪽의 게이트 자국에 주목. 왼쪽은 니퍼만으로 잘라낸 상태. 일부가 하얗게 되었고, 부품 표면도 조금 찢겨나갔다. 오른쪽은 니퍼로 게이트를 조금 남기고 자른 뒤, 나이프로 마무리 했다. 게이트 자국이 어렴풋이 보이는 정도.

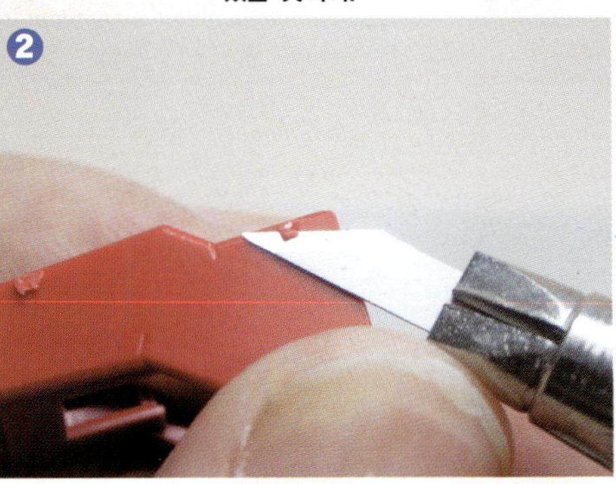

▲ 나이프를 사용한 마무리 방법을 보자. 우선 니퍼로 게이트를 조금 남기고 자른다. 그리고 나머지를 나이프로 깎아내듯 잘라준다. 나이프의 날을 부품 표면에 눕히듯 하는 것이 요령.

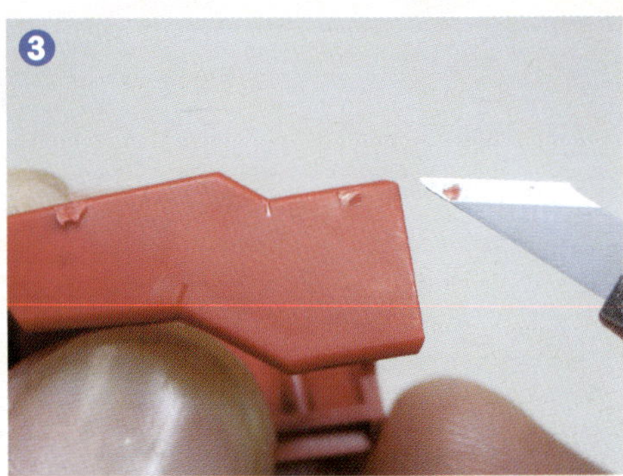

▲ 나이프로 자를 때는 한번에 깊이 자르지 말고, 가볍게 조금씩 얇게 깎아내자. 그렇게 하면 하얗게 되는 일도 잘 생기지 않고 부품 표면에 상처를 입히거나, 너무 잘라내는 일도 없다.

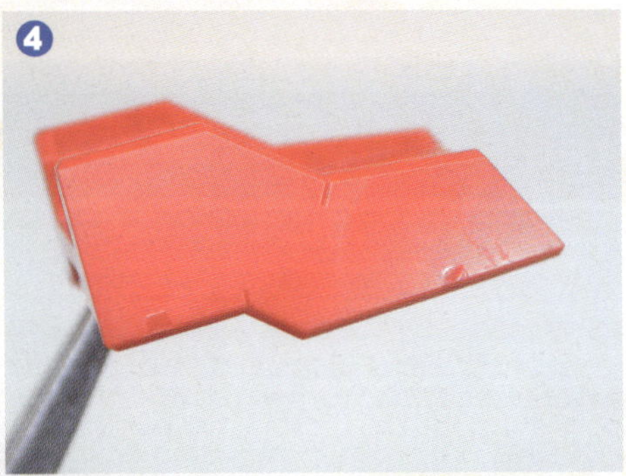

▲ 게이트를 다 잘라낸 상태. 게이트 자국의 백화나 일그러짐도 거의 없이 깔끔하게 마무리 됐다. 나이프로 잘라낸 곳이 조금 번들거리지만, 이에 대한 대처 방법은 다른 항목에서 소개하겠다.

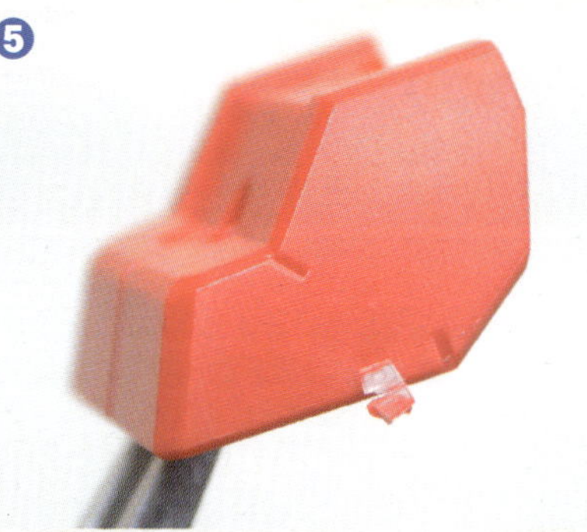

▲ 니퍼로 잘라내고 남은 게이트를, 나이프로 한번에 깎아 내려고 했더니, 잘라낸 부분이 하얗게 되어버렸다. 부품을 자를 때 큰 부하가 걸리면, 이렇게 되어버리니 주의하자.

▲ 잘라낸 부분이 번들거리는 곳은, 나이프의 날을 세워서 표면을 대패질 하듯이 해주면, 간단히 번들거림을 없앨 수 있다. 하얗게 되었을 때도 어느 정도는 이 방법으로 대처할 수 있다.

**CHECK POINT**

### ● 나이프를 다룰 때는 조심

▶ 이렇게 하면 위험! 나이프를 다룰 때의 잘못된 예. 나이프를 사용할 때는 실수로 나이프가 미끄러져도 손을 베지 않게 잡는 것이 중요하다.
절대로 이렇게 잡으면 안된다!

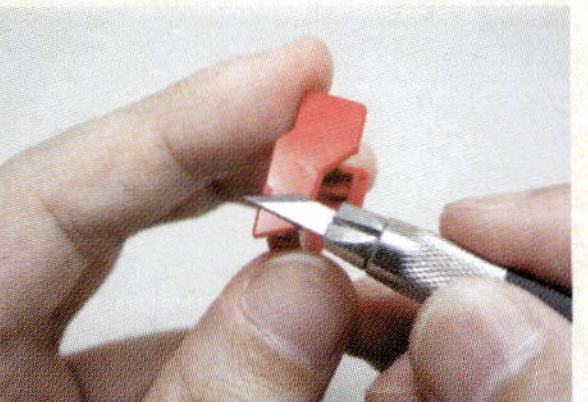

### ● 커터 나이프를 사용

▶ 디자인 나이프가 없을 때는 일반적으로 문구점에서 파는 커터로 대용해도 좋다. 디자인 나이프 처럼 날이 확실히 고정되지 않기 때문에, 효율은 약간 떨어지지만, 비슷한 요령으로 사용할 수 있다.

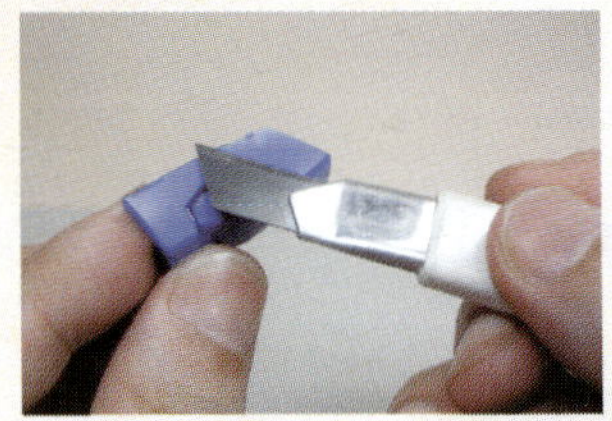

## 색을 칠해서 눈에 띄지 않게

게이트 자국을 가볍게 마무리 할 때는 비슷한 색의 마커를 칠해서 눈에 띄지 않게 하는 방법도 있다. 하얗게 되었을 때는 물론 도금이나 도색이 된 부품의 게이트 자국도 이 방법으로 대처 가능. 다만, 이를 위해서는 여러 색상의 마커를 준비해 둘 필요가 있다.

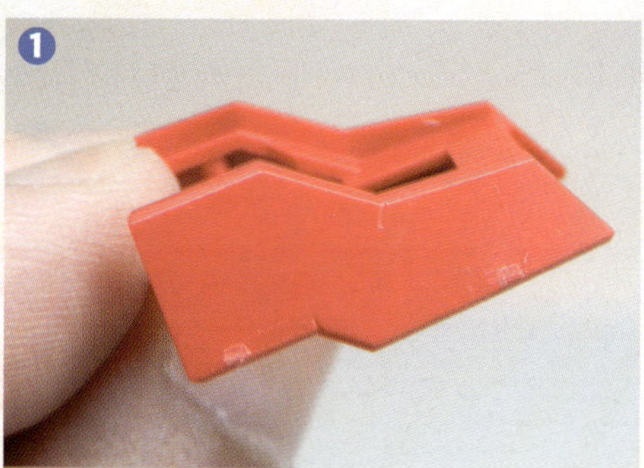

▲ 이것은 니퍼로 두 번 잘라낸 부품. 게이트 자국이 하얗게 되었고, 조금 거칠게 일어난 부분도 있다. 이것을 눈에 띄지 않게 해 보자.

▲ 준비한 것은 리얼 터치 마커 핑크1. 사출색에 스며들게 하기 위해서는 「도색용」 보다, 투명감이 있는 리얼 터치 마커 쪽이 좋다. 색은 빨간 색 계열들을, 런너의 잘라낸 부분에 시험해서 선택했다.

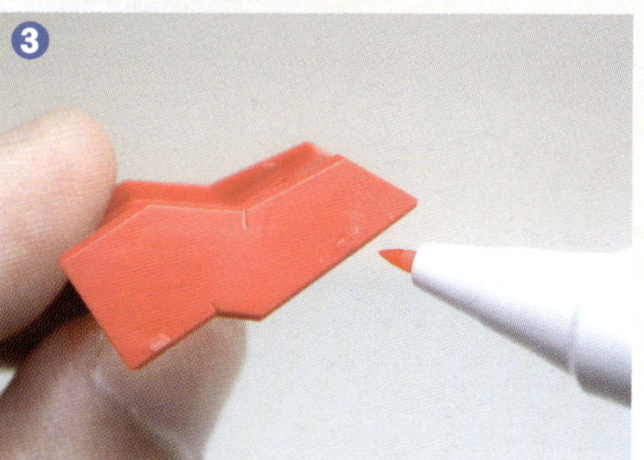

▲ 리얼 터치 마커의 가느다란 촉으로 게이트 자국을 칠하고 있다. 주위에 묻은 곳은 티슈나 면봉으로 닦아내면 된다.

▲ 마커를 칠해서 마무리 된 상태. 하얗게 된 부분이 사라지고 니퍼로 자르기만 한 상태 보다 게이트 자국이 상당히 눈에 띄지 않게 되었다. 작업 중의 위험성이 적다는 것도 니퍼와 마커의 장점이다.

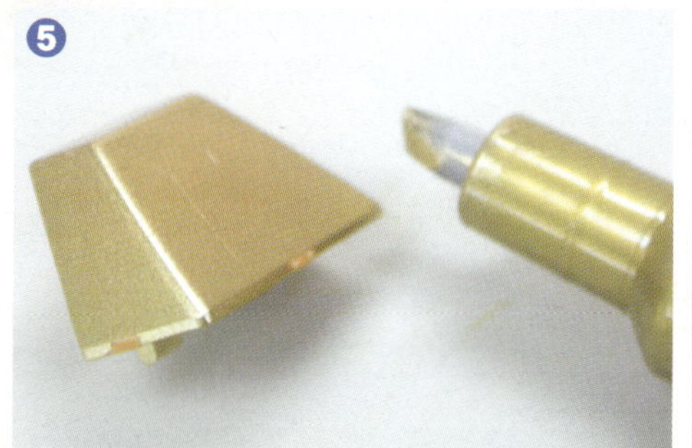

▲ 이것은 금색으로 도색된 부품의 게이트를 잘라낸 상태. 잘라낸 곳 만이 부품의 원래 색으로 보인다. 이 경우에는 확실히 색을 입혀야 하니, 도색용 마커에서 같은 색을 골라서 칠한다.

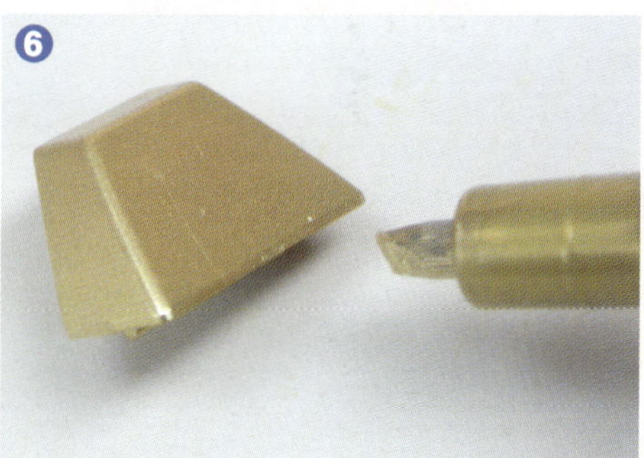

▲ 게이트 자국을 도색용 골드 마커로 칠한 상태. 마침 비슷한 색이 있어서, 상당히 눈에 띄지 않게 처리할 수 있었다. 이 방법은 비슷한 색의 마커를 구하는 것이 중요한 포인트.

## 사포로 처리한다

게이트 자국을 부품 표면에 맞춰서 평평하게 하고 싶다고 하면 최종적인 결론은 사포로 갈아서 다듬는 방법이다. 사포로 조금씩 갈아주는 것에 의해 하얗게 되는 것도 막을 수 있다. 자잘한 사포 자국도 남지만, 그 대처 방법은 따로 설명하겠다.

▲ 준비한 사포와 「버팀판」. 400번 정도면 플라스틱 부품이 슥슥 갈려 나가는 느낌으로, 그만큼 상처도 깊이 난다. 쓸데없는 상처를 막고 싶으면 미리 나이프로 다듬어 준 뒤에 600번 정도를 사용하는 것도 좋을 것이다.

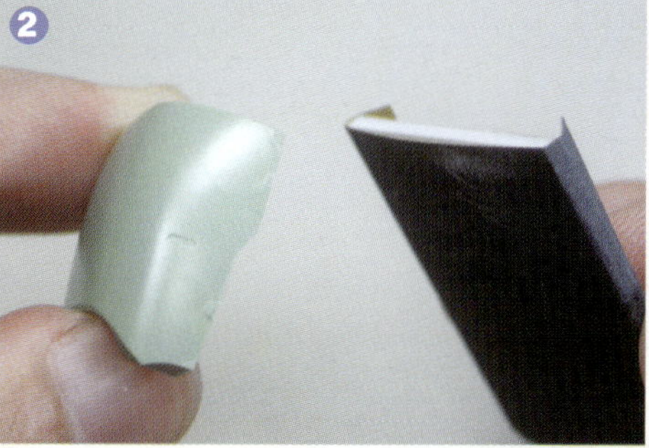

▲곡면이 있는 부품의 가장자리에 붙은 게이트를 갈아내서 다듬는다. 종이 사포는 이렇게 버팀판(이 예에서는 프라판을 사용)에 감아주면 평평하고 단단한 줄이 된다. 이것으로 튀어나온 곳만을 갈아낼 수 있게 된다.

▲엉뚱한 곳까지 깎아내지 않도록 사포가 닿는 각도에 주의하며 갈아내자. 사포질은 눌러주며 갈아내는 것이 기본이지만 사포는 어느 방향으로도 갈리기 때문에 상황에 따라 바꿔주는 것도 좋다 (다음 페이지에서 계속)

**CHECK POINT**

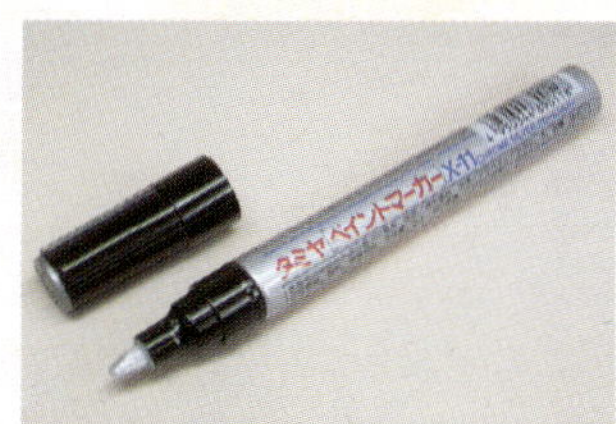

### ●모형용 마커

◀ 모형용의 도색 마커는 건담 마커외에도 있으니 필요에 따라 찾아보는 것도 좋을 것이다.
사진은 은색 맥기 부품의 보수에 좋은 효과를 내는 페인트 마커 크롬 실버. (210엔/ 타미야)

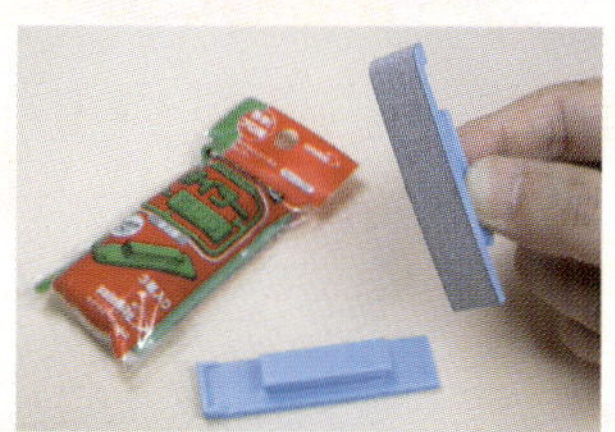

### ●버팀판이 포함된 사포

◀ 「타이라」는, 흙손 같은 버팀판에 사포가 붙은 제품. 들기도 쉽고 사포질 하기도 쉽다.
손잡이는 완만한 곡면으로 되어있어, 게이트 자국 등의 돌기를 다듬기에 좋다. 사포는 번호 별로 있다. (3개 들이, 294엔/Gesse)

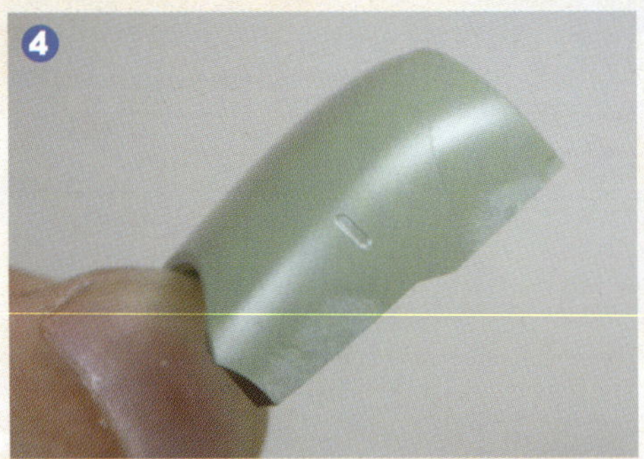

▲ 게이트의 튀어나온 부분을 갈아낸 상태. 주위와 맞추려다 보니 게이트 주변에도 상처가 생기고 말았다. 이 사포 자국은 더 가는 종이 사포로 지워주면 된다. 원래는 이렇게 되기 전에 멈추는 것이 가장 좋다.

▲ 400번 사포의 상처를 다듬기 위해, 다음으로 800번 종이 사포로 갈아준다. 이번에는 부품 표면에 튀어나온 곳이 없으니 부품의 형태를 망가뜨리지 않도록 곡면을 따라 사포를 움직인다. 부품 모서리를 너무 갈아내지 않도록 주의.

▲800번 사포로 마무리. 게이트 자국이 평탄하게 지워졌다. 사포질로 인한 상처도 없어지고, 반짝거릴 정도로 다듬어 졌다. 남은 광택의 차이는 다음에 소개할 방법으로 해결 할 수 있다.

## 좀 더 깔끔한 마무리를 위한 방법

사포질로 인한 자잘한 상처부위에 보다 눈이 고운 사포를 사용, 광택을 조정하여 사포질을 한 자국이 눈에 띄지 않도록 하자. 이정도 단계에 이르면 깎아낸다기 보다는 연마한다는 느낌에 더 가깝다. 부품에 흠집이 난 경우에도 응용 가능한 테크닉.

▲ 여기서는 1000번 이상의 눈이 고운 사포를 사용하도록 하자. 우측의 Mr. 라프로스는 6000번과 8000번에 해당하는 샌딩 크로스(Sanding Cloth)로 대단히 눈이 곱다. 일반적인 사포보다 부드러워 연마 작업에서 그 위력을 발휘한다.

▲ 위 부품의 사례라면 1500번 사포를 사용한다. 사포가 곡면에 잘 밀착되도록 버팀판으로 지우개를 사용하였다. 본 사포질의 목적은 깎아 다듬는 것이라기 보다는 표면을 고르게 문질러주는 느낌이다. 사포질로 인한 흠집이 상당히 줄어들었다.

▲ 보다 눈이 고운 Mr.라프로스 8000번으로 연마한 모습. 흠집이 지워져 매끈하게 마감되었다. 게이트 자국도 평탄해져서 눈에 띄지 않지만 조금 색이 진하게 남아있어 게이트가 있었던 부위라는 것을 알 수 있게 해준다.

## 스프레이로 연마한 상처를 지우자

갈아낸 상처를 손쉽게 지우는 방법이라면 클리어 스프레이를 뿌리는 것. 도료에 의해 약간 상처가 메워지고 전체의 광택이 정리되어서 눈에 띄지 않게 되는 것이다. 스프레이를 뿌리는 방법은 P.40과 P.70에서 설명할 것이므로, 여기서는 그 효과만을 봐 두자.

▲사포 자국이 있는 부품. 앞에서 예를 든 것처럼 게이트 자국을 사포로 갈아내어 부품의 아래쪽 절반에 800번의 상처가 남아있다. 과연 스프레이 도장으로 이것을 지울 수 있을 것인가?

▲ 준비한 것은 클리어 도료 스프레이. 무색 투명해서, 이것이라면 어떤 색에도 동일하게 사용할 수 있다. 「광택」과 「무광」의 두 종류를 사용해서, 그 차이를 비교 해보자.

▲ 왼쪽이 「광택」, 오른쪽이 「무광」 스프레이를 뿌린 상태. 광택은 작은 상처가 보이지만, 전체적으로는 상처가 많이 사라진 것을 알 수 있다. 무광의 경우에는 상처가 거의 눈에 띄지 않지만 색이 좀 뿌옇게 된 느낌. 이것은 광택을 없애는 성분에 의한 것이다.

**CHECK POINT**

### ● 사포가 무뎌진다면?

▶ 종이 사포를 사용하다 보면, 갈아낸 찌꺼기가 표면에 늘어 붙게 마련이다(사진 ①). 이것을 막기 위해서는 물을 묻히면서 갈아내는 「물 사포질」을 이용하면 된다(사진 ②). 내수 사포를 사용하는 것은 이 때문이다.
다만 본서에서는 갈려나가는 상태가 잘 보이게 하기 위하여 일부러 물 사포질을 하지 않았다.

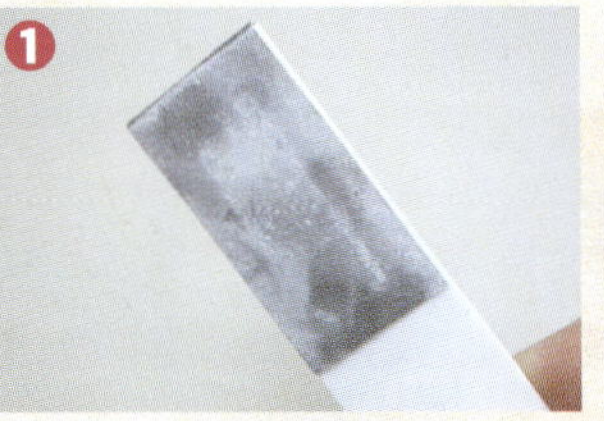

# 2. 파팅 라인을 없애보자

「파팅 라인」은 프라모델의 제조에 사용되는 「금형」의 접합선을 말한다. 런너를 옆에서 보면 중앙에 가는 선이 지나가는 것을 알 수 있다. 이것이 바로 파팅 라인이다. 이 선은 어느 부품에나, 전체에 걸쳐 붙여있다. 보통은 부품의 구성에 있어서 그리 눈에 띄지 않지만 오른쪽 사진 처럼 눈에 띄는 곳에 있는 경우도 있다.

퍼팅 라인은 약간의 단차나 돌기로 되어있어 이곳을 깔끔하게 다듬어 주면 게이트 자국의 처리와 마찬가지로 작품의 완성도를 높이는 지름길로 이어진다. 실제 작업에서는 게이트 자국 처리와 함께 해주면 더욱 효율적이다.

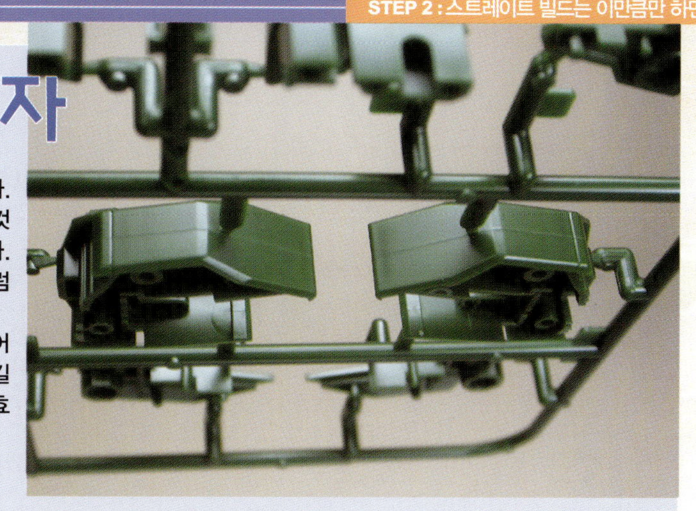

## 깎아서 다듬자

파팅 라인은 약간의 단차이니, 조금 깎아내기만 해도 OK. 방법은 이미 소개한 테크닉의 응용이다. 간단하게 나이프로 깎아내는 방법도 있지만, 장소에 따라서는 사포로 꼼꼼히 다듬는 쪽이 좋을 것이다.

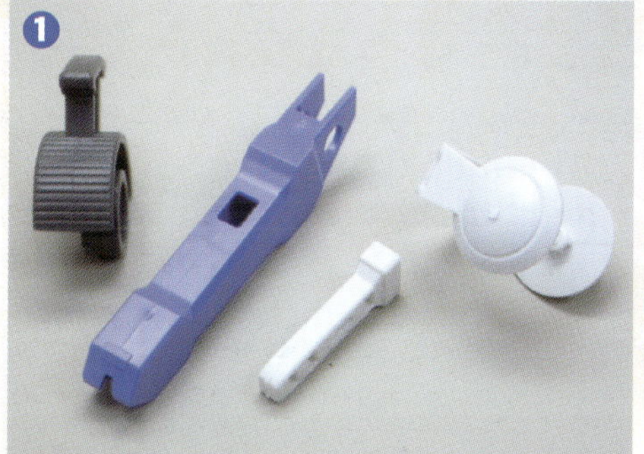

▲ 파팅 라인이 두드러지는 부품의 예. 전부 부품의 한복판을 파팅 라인이 지나가고 있다. 부품 자체의 형상을 망가뜨리지 않도록 주의해서, 이것을 깎아내자.

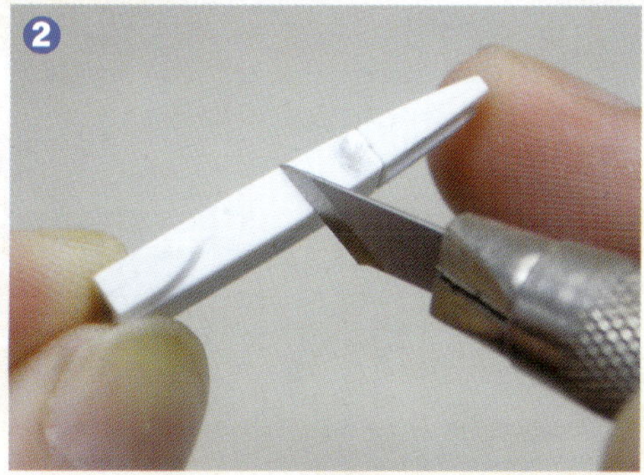

▲ 가장 간단하게 파팅 라인을 없애는 방법. 나이프의 날을 세워서 슬라이드 시키듯 움직이는 「대패질」로 깎는다. 단차도 적고, 작은 면이라면 이 방법으로 충분하다.

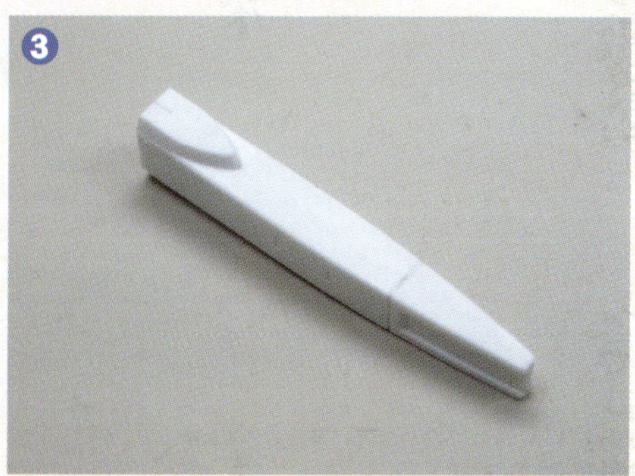

▲ 대패질로 다듬은 상태. 깎아낸 곳은 광택이 사라지므로, 그면 전체를 깎아버려서 전체의 광택을 없애버리면 덜 눈에 띄게 된다. 「게이트 자국의 처리」와 같은 방법으로 처리하는 것도 좋을 것이다.

▲ 곡면이나 단차가 있는 곳은 대패질로는 대처할 수 없으므로, 사포로 갈아내자. 순서는 게이트 자국 처리와 같다. 이 부품은 생각보다 단차가 있어서, 400번으로 갈아내기 시작했다.

▲ 그 뒤, 고운 사포로 바꿔서 완성된 상태. 움푹 들어간 곳의 파팅 라인도, 사포의 가장자리로 갈아내서 이와 같이 다듬었다. 처음 상태와 상당히 인상이 달라진 것을 알 수 있을 것이다.

▲ 이것은 손가락 부품. 왼쪽이 키트 그대로인데, 파팅 라인이 돌기처럼 되어있다. 오른쪽은 그것을 깎아서 다듬은 상태. 작은 부분이지만, 각 면을 깔끔하게 다듬어 주면, 완성도가 훨씬 좋아진다.

**CHECK POINT**

### ● 대패질의 주의점

◀게이트 자국은 반드시 파팅 라인 위에 있다. 대패질을 하다가 날이 게이트 자국에 걸리면 깊이 파이거나 엉뚱한 곳에 단차가 발생하는 경우도 있다. 작업 전에 깔끔하게 다듬어 둘 것.

# 3. 먹선 넣기

「먹선 넣기」는 부품 표면의 골이나 오목한 부분에 어두운 색의 도료를 발라서 디테일을 강조하는 도장 방법. 이것에 의해 입체감이나 정밀감이 상승한다. 보통 도색의 최종 단계에서 하지만 건프라는 사출색으로 색이 구별되어 있기 때문에 부품에 직접 먹선을 넣어서 마무리하는 방법만으로도 꽤 효과적이며 그 경우에는 전용 마커가 편리하다. 골을 따라서 그리기 편한 가는 펜이나, 면에 칠하기 쉬운 붓펜 타입도 발매되어 있고, 리얼 터치 마커도 활용할 수 있다. 선명한 색이 사용된 건프라에서는 먹선의 색도 굳이 검정이나 회색으로 한정되지 않는다. 또한, 먹선을 넣을 때는 그려 넣은 뒤에 삐져나온 부분을 닦아내는 것도 완성도를 좌우하는 중요한 포인트다.

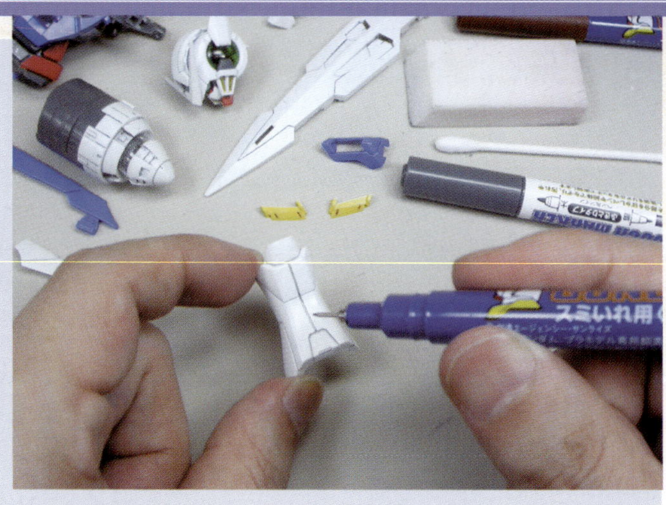

## 마커로 간단히 먹선을 넣자

가장 간편하게 먹선을 넣는 방법은 극세 펜으로 그려 넣는 방법. 골을 따라서 그리기만 하면 되니, 간단하게 도전할 수 있다. 처음이라면 먼저 이 방법을 시험해 보는 것이 좋을 것이다.

1

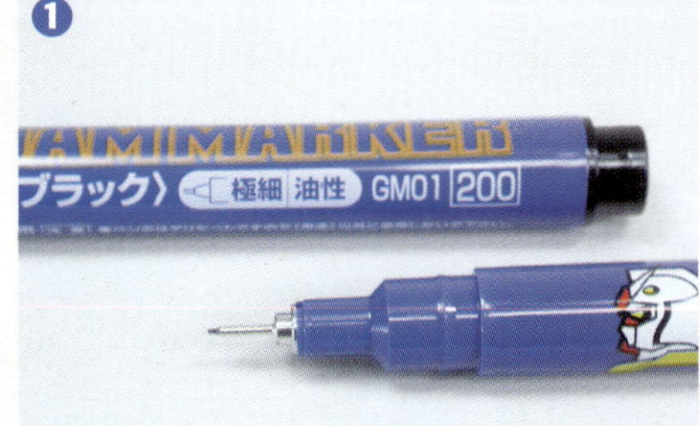


▲ 여기서 사용하는 것은 「건담 마커 먹선용」. 매우 가는 유성 펜이다. 유성 펜은 플라스틱 표면에 잘 정착되며, 확실히 그릴 수 있다. 그 대신, 삐져나온 부분은 빨리 닦아내야 한다.

2

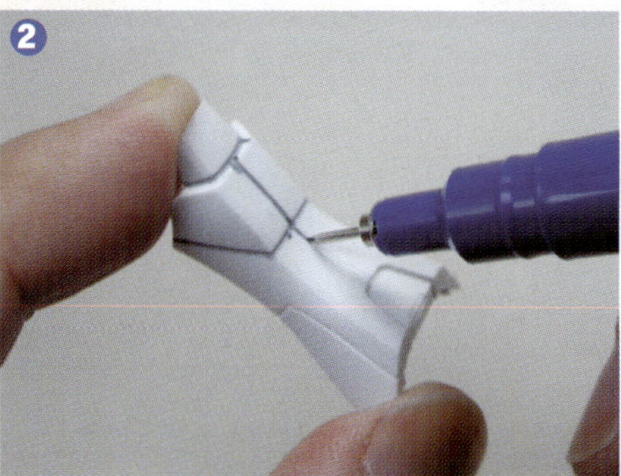

▲ 골에 펜을 대고, 골을 따라서 펜으로 그어나간다. 삐져나온 부분은 나중에 닦아내면 되니, 너무 꼼꼼하게는 하지 않아도 OK. 색은 검정, 회색, 갈색이 있는데, 여기서는 회색을 사용.

3

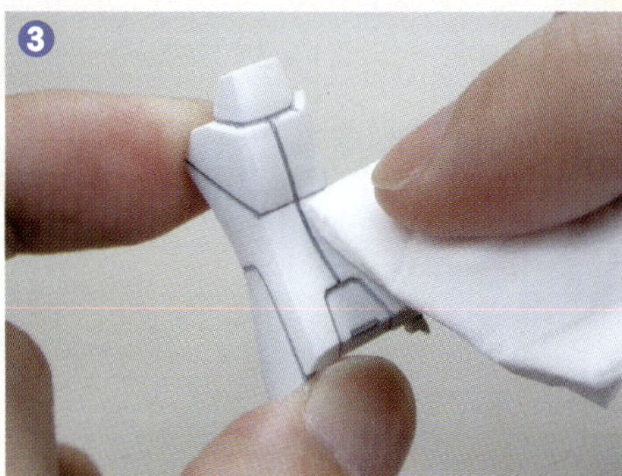

▲ 삐져나온 부분을, 티슈를 접어서 닦아내자. 골 안에 선이 남도록, 부품 표면을 문지르듯이 닦아낸다. 너무 세게 문지르면 골 안의 선까지 닦여버리니 주의.

4

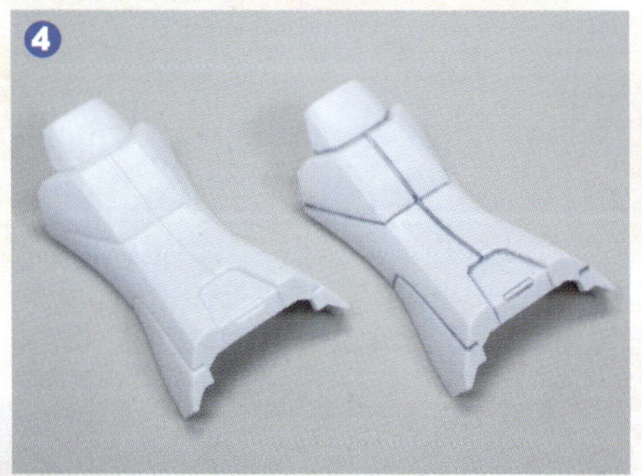

▲먹선을 넣기 전과의 비교. 골이나 오목한 부분, 작은 몰드가 강조된 것을 알 수 있다. 극세 펜의 먹선 넣기는 색의 농도나 선의 굵기 등을 깔끔하게 살리기 쉬운 것이 장점. 단지 표현으로서는 조금 단조롭다고도 할 수 있다.

5

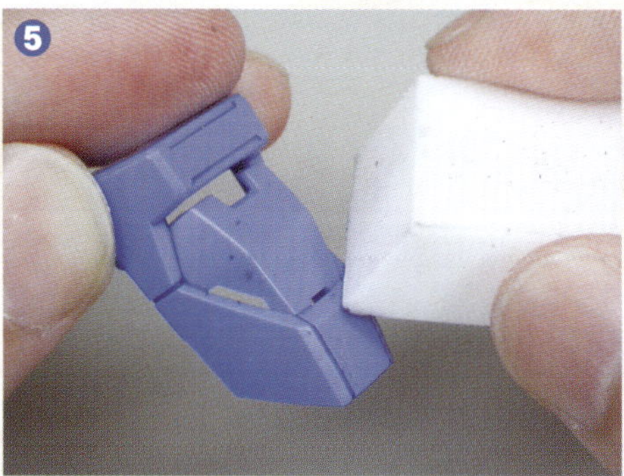

▲ 요철부분 등, 닦아내기 힘든 장소나 말라버린 뒤에 닦아야 할 경우 지우개를 사용하면 편리하다. 골의 가장자리도 샤프하게 닦아낸다. 지우개 찌꺼기 등이 붙으면, 붓 등으로 털어내자.

6

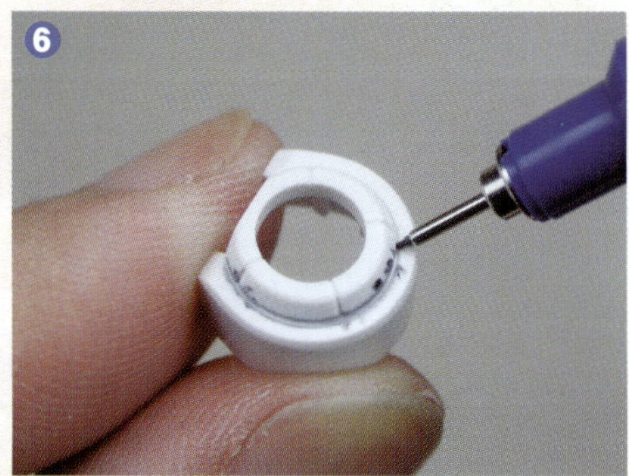

▲ 편리한 극세 펜이지만, 펜촉 보다 가는 골 등에는 그려 넣을 수 없다. 억지로 펜촉을 넣으려고 하면 펜촉이 갈라지거나 망가질 수 있으니 자제하도록.

### CHECK POINT

#### ● 너무 닦아내면

▶너무 닦아내서 먹선의 색이 흐려진 상태. 선이 끊겨있는 것도 보기에 좋지 않다. 이렇게 되어버리면, 다시 한번 펜으로 그려주자.

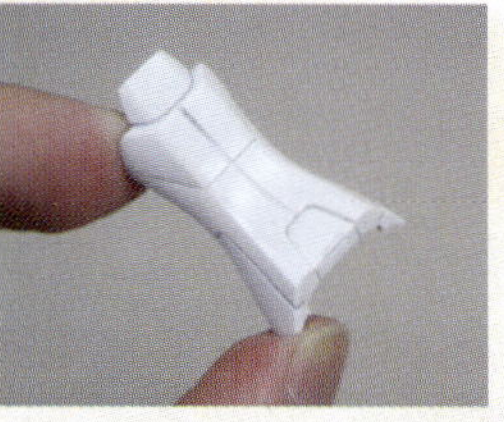

#### ● 먹선용 샤프

▶더욱 간단한 먹선 넣기 도구. 이것은 0.3mm의 극세 샤프펜슬로 골에 그려 넣고 삐져나온 부분은 지우개로 지운다(630엔 / GSI 크레오스). 전용 심(10개 들이, 157엔)도 있다.

1

2

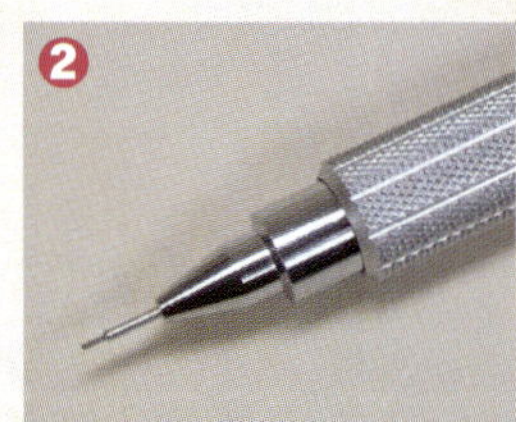

# 붓펜 마커로 먹선 넣기

이쪽은 붓펜 타입의 먹선 마커. 펜촉이 유연해서, 그리는 방법에 따라 굵기가 달라진다. 세밀한 곳부터 넓은 곳까지 칠하기 쉽지만 삐져나오기도 쉽다. 그 때문에, 닦아내는 것을 전제로 작업한다.

1

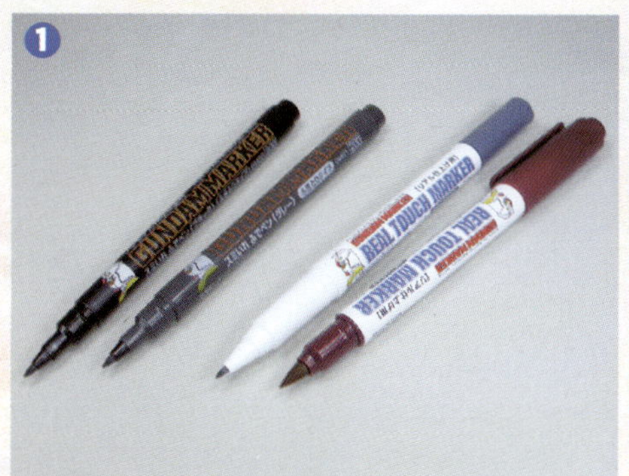


▲ 왼쪽은 「먹선 붓펜」(검정, 회색). 오른쪽은 「리얼 터치 마커」. 모두 수성 붓펜이며 사용 방법은 같다. 리얼 터치 마커는 전 10종의 다양한 색상을 자랑한다. 부품의 사출색에 맞춰서 선택하자.

2

▲ 하얀 부품에 먹선 붓펜 회색으로 먹선 넣기. 펜촉이 부드러워서, 세밀한 곳에도 칠할 수 있는 것이 최고의 장점이다. 그 반면, 주위로 삐져나오기도 쉽다.

3

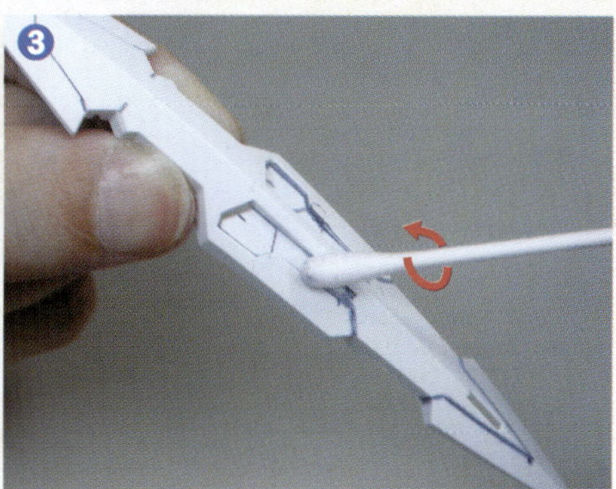

▲ 이어서 삐져나온 곳을 닦아낸다. 그냥 비비면서 닦으면 색이 주변에도 묻어버리기 때문에 면봉을 돌리면서 닦아주는 것이 좋다.

4

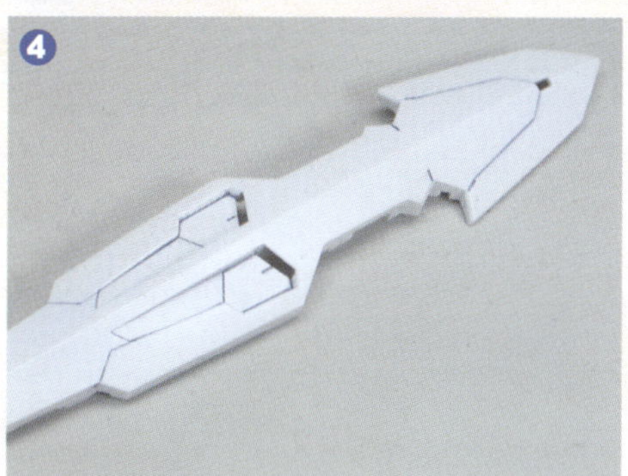

▲ 닦아내기까지 끝나고, 완성된 모습. 오목한 곳의 바닥까지 세밀하고 샤프하게 남았다. 이런 조절은 닦아내는 방법에 달려있다. 극세 펜에서의 예처럼, 티슈나 지우개로 닦아도 좋다.

5

▲ 세밀한 몰드를 강조하기 위한 먹선 넣기. 오목한 부분 안쪽을 칠하듯이 그려준다. 붉은 부품이라서 그림자의 색은 갈색을 선택. 먹선 붓펜에는 갈색이 없는 관계로 리얼 터치 마커를 사용.

6

▲ 닦아낸 뒤의 모습. 세밀한 몰드가 전부 한 단계 어둡게 표현되어서 정밀감이 느껴진다. 색도 같은 계열의 색을 선택해서 안정된 음영 효과가 나왔다.

7

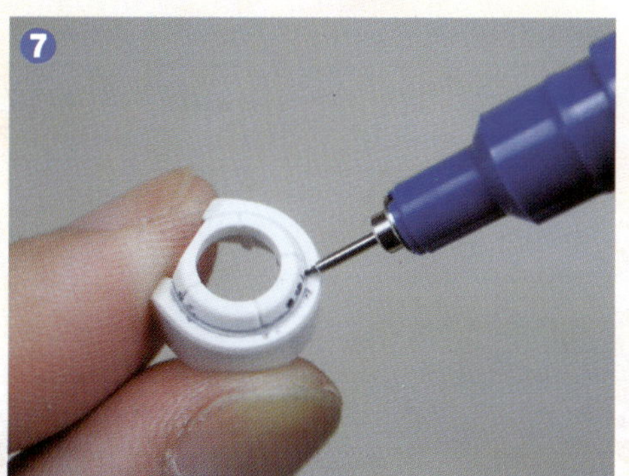

▲ 여기서부터는 닦아낼 때의 주의점. 세밀한 몰드가 많은 곳은 꼼꼼히 칠하는 것이 귀찮아서 마구 칠해버리기 쉽다. 나중에 닦을 테니까 괜찮다고?

8

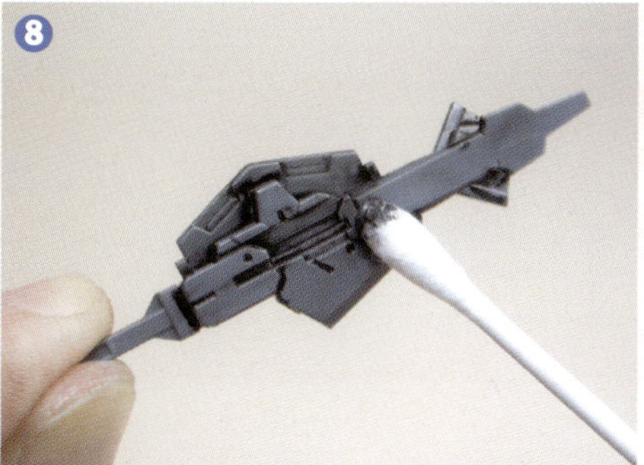

▲ 닦아낸다고는 해도 주위에 색이 잔뜩 묻어있으면 닦고 남은 부분이 많아져서 지저분해진다. 일부러 더럽히고 싶다면 이런 방법도 좋지만, 깔끔하게 완성하고 싶다면 마구 바르는 것은 피하는 쪽이 좋다.

9

▲ 요철이 많은 부분을 티슈로 닦아내면 티슈가 찢어져서 보풀이 남는 경우도 있다. 늘러 붙으면 귀찮아지니 바로 붓 등으로 털어내자.

CHECK POINT

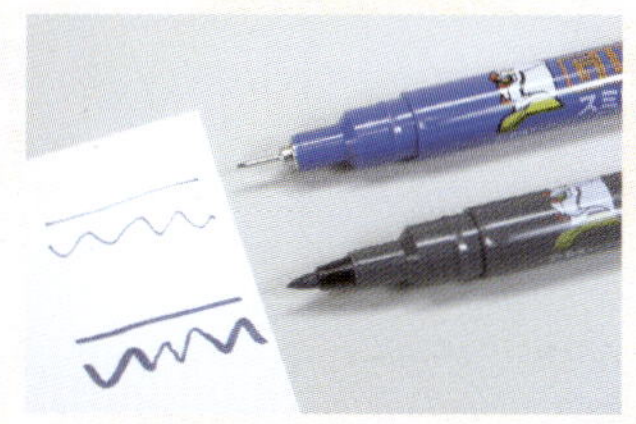

## ●유성 타입과 수성 타입을 구별하여 사용하자

◀극세 펜은 똑바로 그어도 곡선으로 그어도 선의 폭이 일정하고 가늘다. 붓펜은 누르는 힘에 따라 가늘게도 굵게도 그릴 수 있다. 닦아내기와 조합하기에 따라서는 다양한 표현이 가능하다.

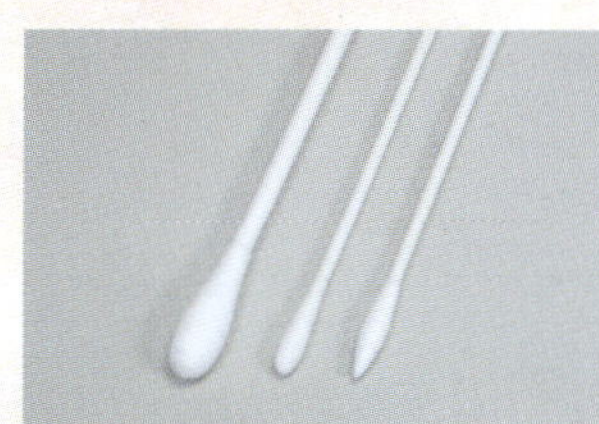

## ●가는 면봉을 이용

◀왼쪽은 일반적으로 판매되는 면봉.
오른쪽의 두 개는 그것보다 훨씬 가는 것. 끝이 뾰족한 것도 모형용으로 판매되고 있다. 세밀한 부분을 닦아낼 때는 이것을 사용하는 것도 편리할 것이다.

## 닦아내는 테크닉

여기서는, 삐져나온 것을 닦아내는 테크닉을 소개하고자 한다. 닦아낼 때 어려운 것은 구석진 곳이나 세밀한 곳의 마무리. 하지만 닦아내는 방법에 따라서는 부분 도색처럼 마무리하는 것도 가능하다.

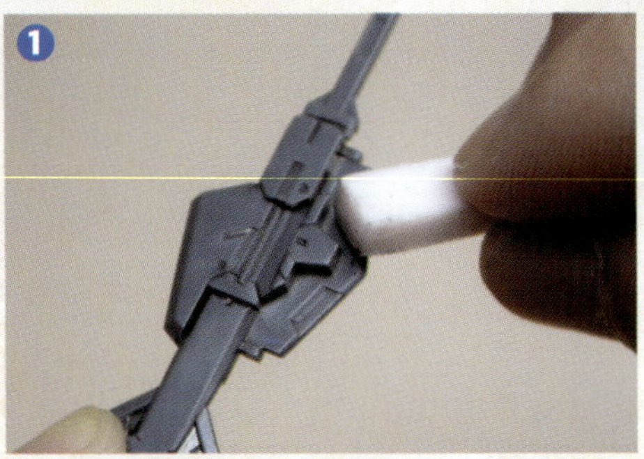

▲ 요철이 많은 곳의 틈 등은 면봉으로는 닦아내기 힘들다. 이런 곳에는, 지우개를 가늘게 잘라서 사용하는 방법이 좋다.

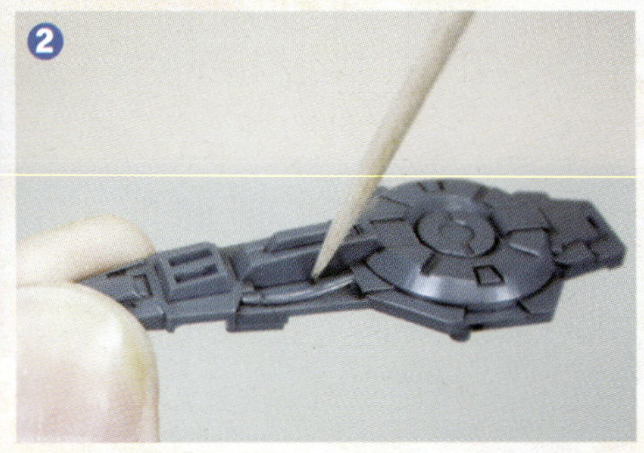

▲ 지우개도 들어가기 힘든 곳은 이쑤시개 끝으로 문질러서 닦아내자. 끝을 평평하게 잘라서 사용해도 좋다. 이렇게 문질러 지우는 것이 가능한 것은, 사출색 위에 직접 그렸기에 가능한 것.

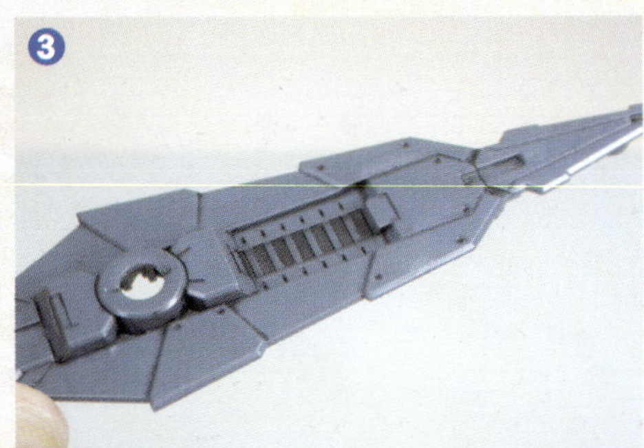

▲ 중앙의 사각형 몰드가 여러 개 있는 부분에 주목. 이곳은 우묵한 곳 안에 먹선의 색을 남겨서, 부분 도색처럼 표현해봤다. 우묵한 부분의 가장자리에 명암을 주는 것과는 다른, 구멍이 뚫린 것 같은 깊이가 느껴지는 표현이 된다.

## 먹선의 색

여기서는 밑색이 되는 색과, 먹선의 「그림자」가 되는 색의 조합을 생각 해 보자. 먹선 부분의 색감이 달라지기만 해도, 의외로 인상이 달라진다. 전부 1:100 건담 엑시아를 사용한 예.

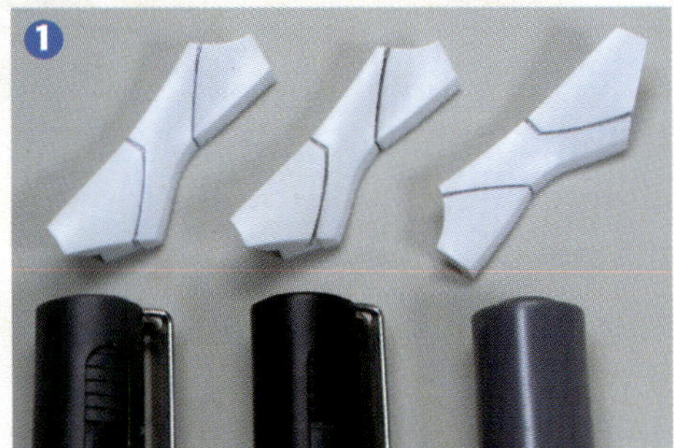

▲ 하얀 부품에 왼쪽부터 먹선 붓펜 회색, 동 제품 검정, 먹선용/ 극세 회색으로 먹선을 넣은 것. 붓펜의 회색은 푸른 느낌이 강하고, 검정은 그림자가 너무 강하다. 극세 회색은 회색조로 색감에 영향이 적기 때문에, 이것이 적당하다고 판단했다.

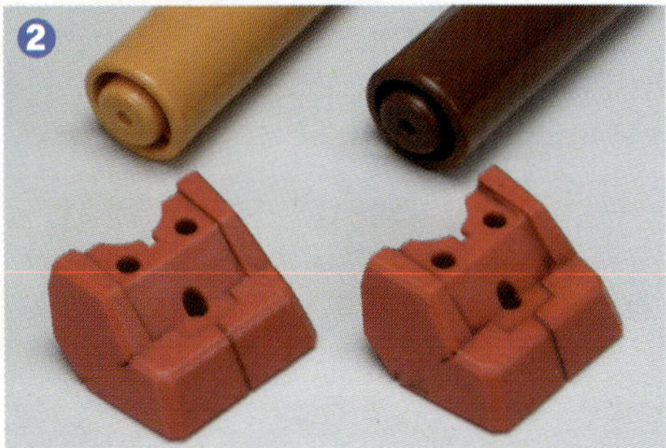

▲ 빨간 사출색 부품에 먹선 넣기. 앞서 소개한 것처럼, 빨간색에는 갈색 계통이 어울린다. 왼쪽은 리얼 터치 마커 노랑, 오른쪽은 갈색으로 시험한 것. 옐로우로도 음영은 들어가지만 약간 부족한 느낌. 그래서 갈색을 선택했다.

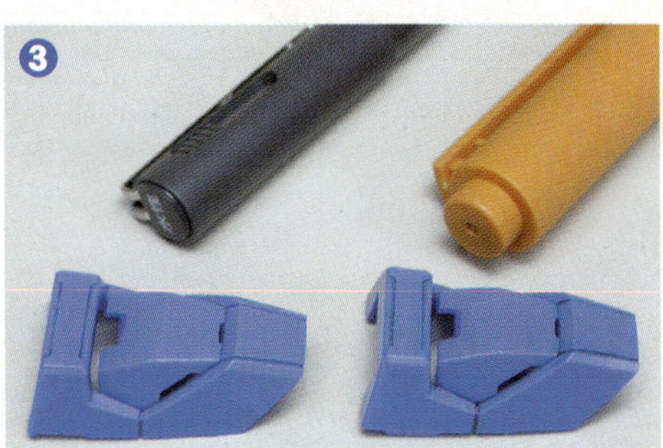

▲ 사출색이 파란 부품. 왼쪽은 먹선용 붓펜 회색. 파란 기운이 도는 회색이라서, 적당하다고 판단했다. 오른쪽은 리얼 터치 마커 노랑으로 시험한 것. 색조를 잘못 선택하면 음영이라기보다는 때가 낀 것처럼 보인다.

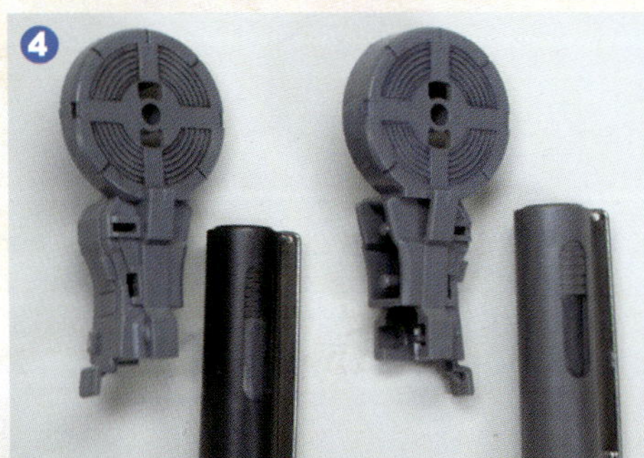

▲ 관절 프레임부의 회색 부품에 먹선 넣기. 왼쪽은 먹선 붓펜 검정. 오른쪽은 먹선 붓펜 회색. 칠해 보면 푸른 색이 도는 보라색처럼 보인다. 검정이 확실하게 보여서, 이쪽을 선택했다.

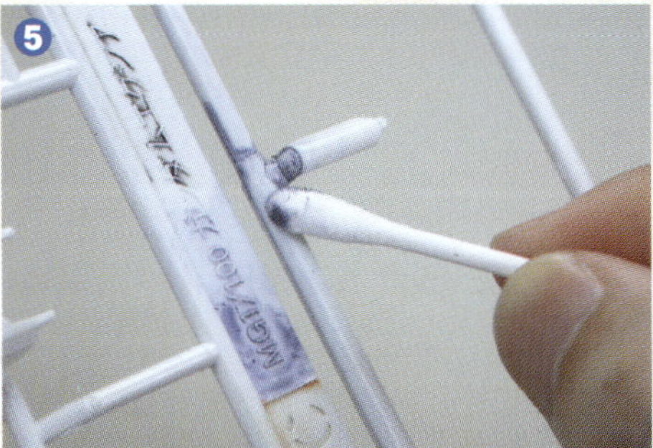

▲ 부품에 실제로 칠해 보는 것이 알기 쉽지만, 인상이 다를 때에 지우는 것도 번거로우니, 런너 태그 등에 시험 삼아 칠해서 먹선의 색을 검토하는 것도 좋을 것이다.

▲ 먹선을 넣어서 완성한 1:100 MG 엑시아 건담의 머리. 흰색 부품에는 극세의 회색, 빨간 부품에는 갈색, 노란 부품에는 슬릿을 강조하고 싶어서, 일부러 검정을 사용했다.

**CHECK POINT**

### ●먹선을 지우고 싶을 때는

▶먹선의 색이 마음에 들지 않고, 다시 하고 싶을 때는, 삐져나온 부분을 닦아내는 것과는 달리, 오목한 부분의 안쪽을 깨끗이 지울 필요가 있다. 그럴 때는 락커계 도료의 희석액을 묻혀서 닦아내면, 효과 발군.

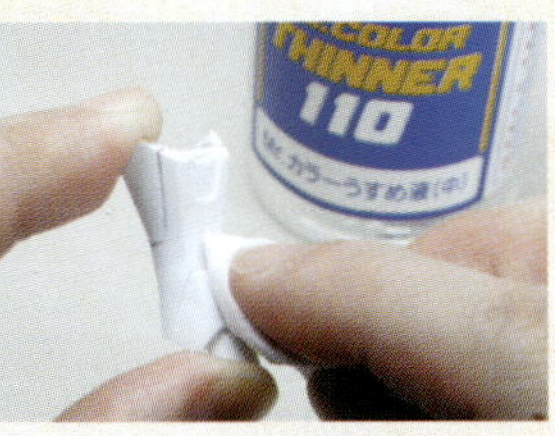

# 4. 마킹 씰을 붙이자

여기서 말하는 「마킹 씰」은, 기체 각부의 주의 표지나 라인, 부대 마크 등을 재현하는 씰을 말한다. STEP1에서 붙인 것은 색 표현을 위한 씰이었지만, 여기서 다루는 것은, 애니메이션 캐릭터적인 것에서 한 걸음 더 나아가 리얼리티나 정밀감을 연출하기 위한 것이다. 1:100 MG 클래스의 키트에는, 퀄리티가 좋은 「테트론 씰」과 「드라이 데칼」이 부속되어 있다. 또한, 최근에는 거기에 대응하는 「물 전사지」 (통칭:습식 데칼)도 별매되고 있다. 스트레이트로 조립한 뒤의 마지막 마무리로 이러한 씰을 실제로 붙이면서 각각의 특징, 붙이는 방법의 테크닉을 알아보자.

## 마킹 씰의 종류

건프라에 사용되는 마킹 씰은 3종류. 우선 각각의 종류와 특징을 확인하자. 간단히 붙일 수 있는 씰 타입부터, 완성도 우선의 데칼 타입까지, 취향에 맞게 선택할 수 있다.

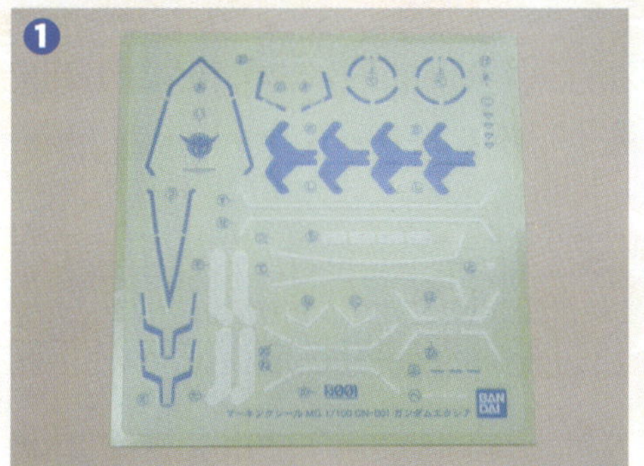

▲ 테트론 씰(설명서의 표기는 「마킹 씰」). 얇은 필름 형태의 점착 씰로 표면은 무광. 빛을 잘 반사하지 않고, 붙인 뒤에도 여백이 잘 보이지 않는다. 점착 씰이기 때문에 붙이는 방법은 역시 대지에서 떼어내 붙이는 것 뿐.

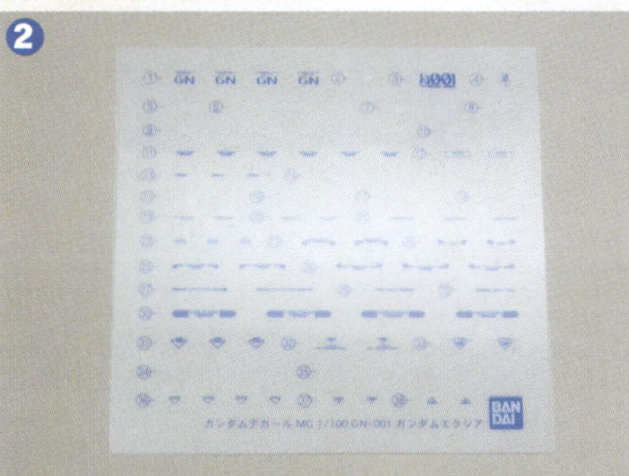

▲ 드라이 데칼(설명서의 표기는 「건담 데칼」). 앞면은 투명한 틀이고, 뒷면의 인쇄 잉크만을 문질러서 붙이는 전사 씰. 뒷면의 붙는 부분을 보호하기 위해, 반투명 종이가 덧대져 있다.

▲ 습식 데칼(설명서의 표기는 「물 전사 데칼」 또는 「건담 데칼 물 전사식」). 종이 표면에 인쇄된 마크를 물에 담그고 벗겨내서 전사한다. 이것은 1:100 MG 엑시아용의 별매품.

▲ 테트론 씰을 붙인 예. 표면이 무광이라서 붙인 곳이 튀지 않고, 부품 표면에 잘 어울린다. 얇은 필름이지만 강도도 있어서, 가늘고 긴 마크 등도 구부러지거나 모양이 틀어지는 일이 적다.

▲ 드라이 데칼을 붙인 예. 어깨나 팔의 작은 문자가 그것. 이런 작은 문자도 여백 없이 마크만 붙일 수 있는 것이 특징. 또한, 밑색이 비치지도 않고, 색이 확실히 표현된다.

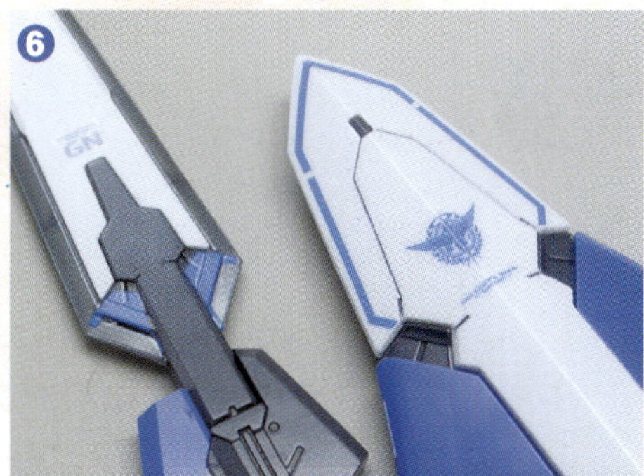

▲ 습식 데칼을 붙인 예. 필름이 유연해서, 각진 부분이나 곡면, 요철에도 들뜨지 않게 붙일 수 있다. 단, 붙일 때는 약간의 테크닉이 필요. 좀 더 높은 완성도를 노린다면 강추.

**CHECK POINT**

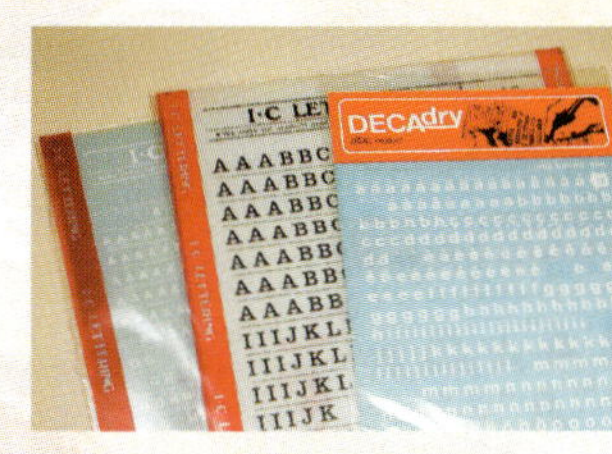

### ●드라이 데칼에 대하여

◀드라이 데칼은 문질러서 붙이는 인스턴트 레터링과 같은 것이다. 작은 숫자나 문자 등을 넣고 싶을 때는, 이것을 사용해도 좋을 것이다.

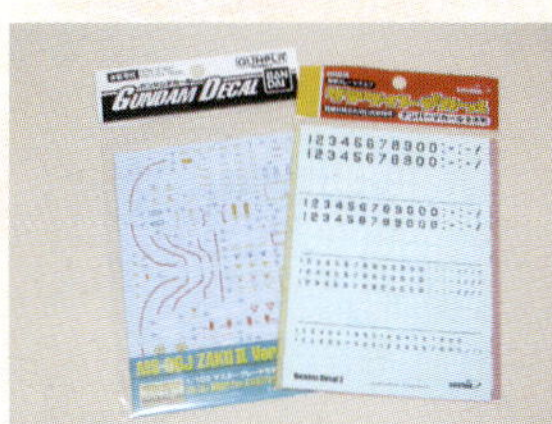

### ●별매 데칼

◀최근의 건프라는 각 키트 전용의 습식 데칼이 다수 발매되어 있다. 전용의 것이 아니라도 붙이고 싶은 마크가 있으면 다른 것을 사용해도 관계 없다. 숫자나 문자만이라면 범용 제품을 활용해도 좋을 것이다.

## 테트론 씰 붙이는 방법

테트론 씰은, 앞서 소개한 호일 씰 등의 보통 씰과 같은 방법으로 붙이면 된다. 큰 마크 등을, 위치에 맞게 신중히 붙이고 싶을 때는, 약간의 요령이 필요하다.

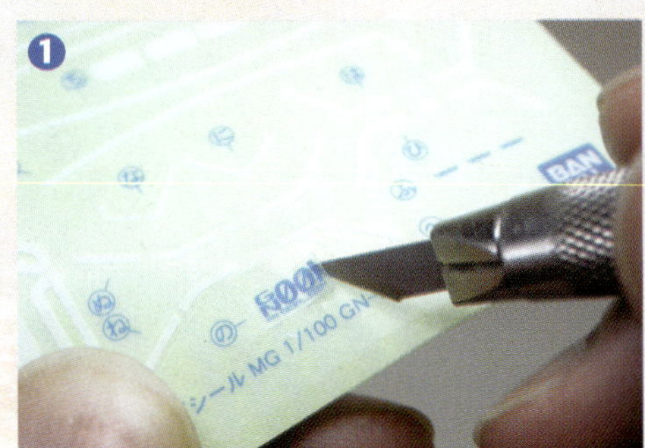

▲ 마크 주위에는 절단선이 있으므로, 그 테두리 안쪽을 판에서 벗겨낸다. 나이프를 틈새로 넣으면 벗겨내기 쉽지만, 실수로 잘라버리지 않도록 주의. 이대로 나이프에 붙여서 이동시키거나, 핀셋으로 집는다.

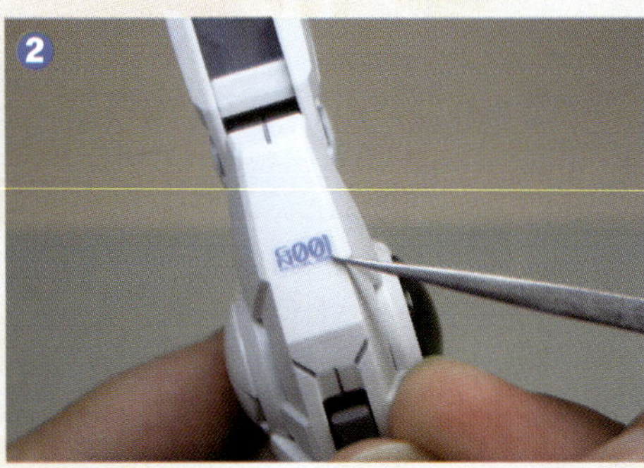

▲ 붙일 면에 이동시켰으면 먼저 가볍게 얹어서 위치와 방향을 맞춘다. 미세 조정은 핀셋으로 잡아서 하는 쪽이 편하다. 위치가 정해지면 손가락으로 가볍게 눌러서 밀착시킨다.

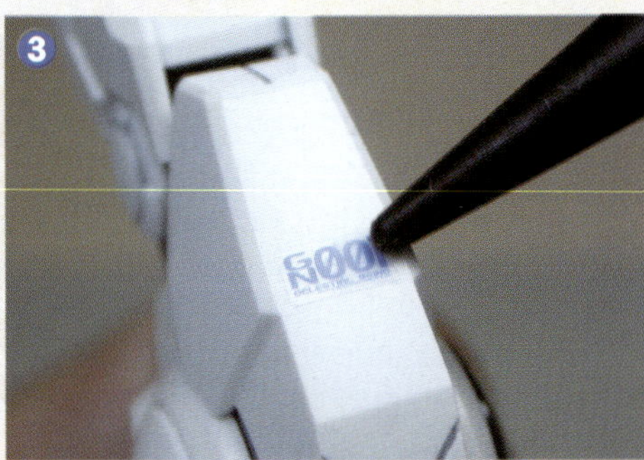

▲ 접착면을 더 밀착시키기 위해 표면을 문지른다. 사진에서는 오른쪽 반이 밀착된 상태. 표면에 흠집이 나지 않도록 탄력이 있는 디자인 나이프의 손잡이 등으로 문지른다.

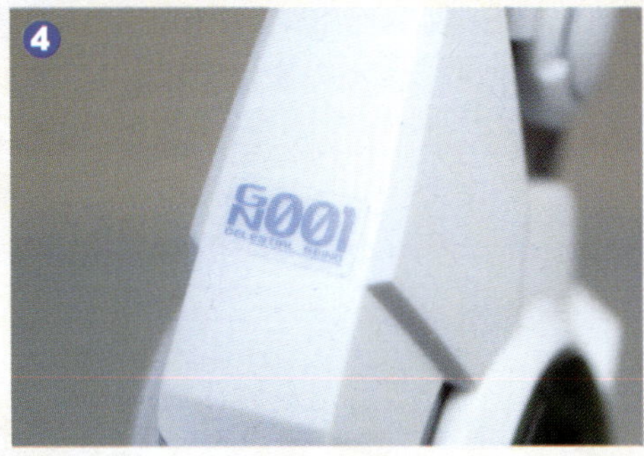

▲ 전체를 밀착시켜서 완전히 붙인 상태. 자세히 보면 여백의 단차가 보이지만, 광택도 없기 때문에 떨어져서 보면 눈에 잘 띄지 않는다. 접착면에 먼지 등이 들어가지 않도록 주의하며 붙이자.

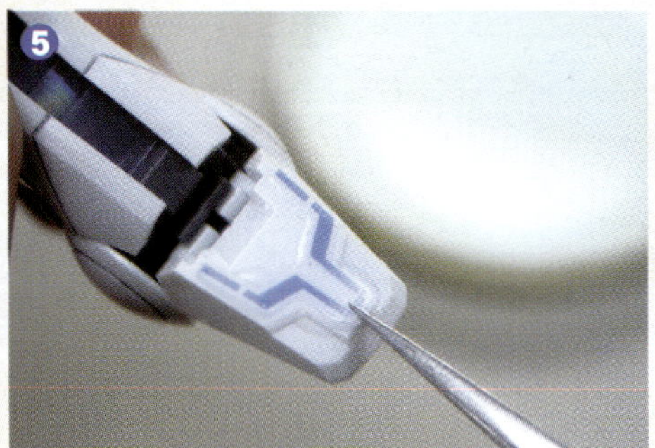

▲ 테트론 씰은 점착력이 있어서 큰 마크는 위치를 미세하게 조정하기 까다롭다. 그런 때에는 씰 뒷면에 물을 묻혀서 접착력을 떨어뜨린 뒤 위치를 조정하는 것이 좋다. 이렇게 하면 붙인 자리에서 전후좌우로 움직일 수 있다.

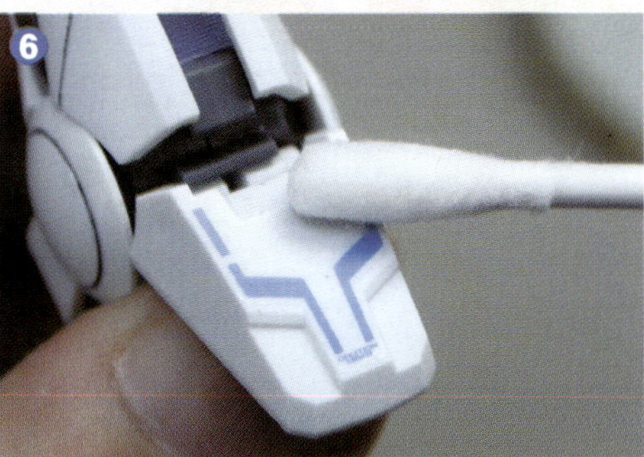

▲ 위치가 정해지면 위에서 면봉 등으로 눌러서 씰 아래의 수분을 밀어낸다. 그러면 또다시 접착할 수 있게 된다. 조금 번거롭지만 이렇게 하면 실패할 확률도 적고, 만족스러운 위치에 붙일 수 있을 것이다.

## 드라이 데칼 붙이는 방법

드라이 데칼은 깔끔하게 마무리 되지만, 다루는 방법이 보통 씰과 다르고, 실패하면 다시 붙일 수 없으니 특히 신중하게 작업하자. 절대로 접착면을 더럽히지 않도록 할 것!

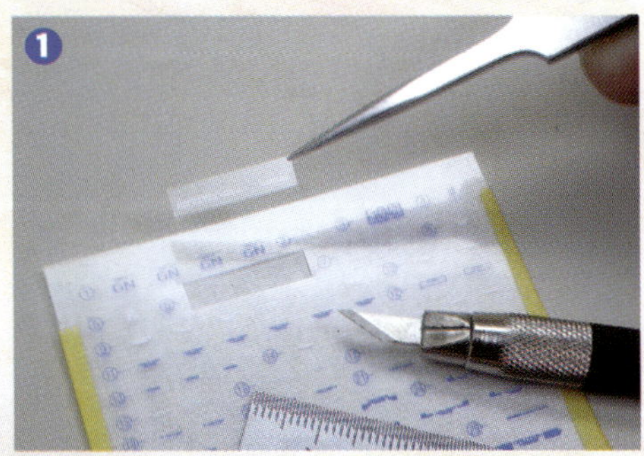

▲ 먼저 붙이고 싶은 마크를 하나씩 잘라낸다. 주변의 마크까지 잘라버리지 않도록 조심하자. 뒷면의 대지가 어긋나지 않도록, 테이프 등으로 고정시키면 좋을 것이다.

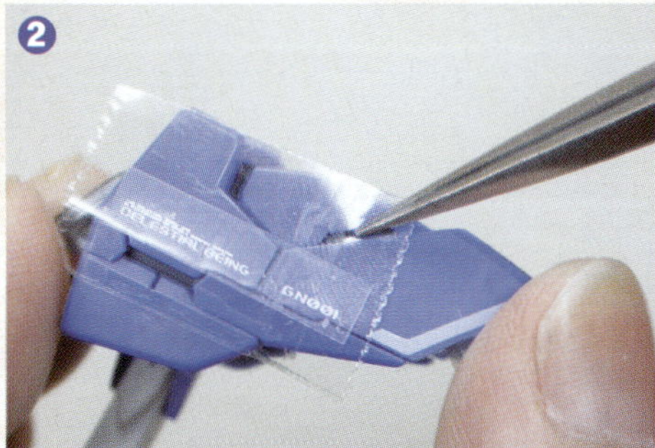

▲ 잘라낸 마크 위에 스카치 테이프를 붙여서, 붙일 자리로 가져 간다. 붙일 위치에 고정하는 것은 스카치 테이프의 접착력을 이용한다. 주변의 마크에 테이프가 달라붙지 않도록 주의.

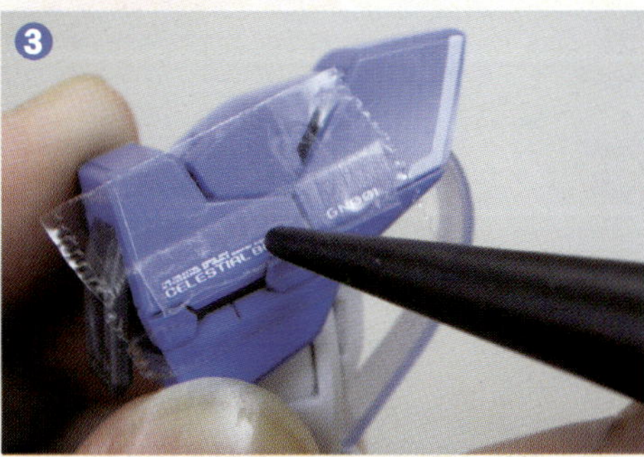

▲ 위치를 고정했으면, 테이프 위에서 마크를 문지른다. 역시나 디자인 나이프의 자루를 사용하고 있지만, 볼펜 끝 등으로 꼼꼼히 문질러도 좋다. 마크가 부품에 밀착되면 판에서 벗겨진다.

### CHECK POINT

#### ●여백을 잘라내자

▶ ①테트론 씰의 여백이 큰 경우에는, 판 위에서 주위를 잘라내는 편이 보기 좋다. 일단 붙인 뒤에 여백이 신경쓰인다 해도, 그 때 가서 잘라내기는 힘들다.
②위쪽이 여백을 아슬아슬한 곳까지 자른 뒤에 붙인 것. 아래는 여백이 있는 채로, 역시 잘라낸 쪽이 보기 좋다.

#### ●붙인 곳을 체크

▶마크가 많은 경우에는 붙인 곳을 설명서에 적어가면 남은 곳을 파악하기가 쉬워진다. 작업을 도중에 중단했다가 재개하기도 쉽다.

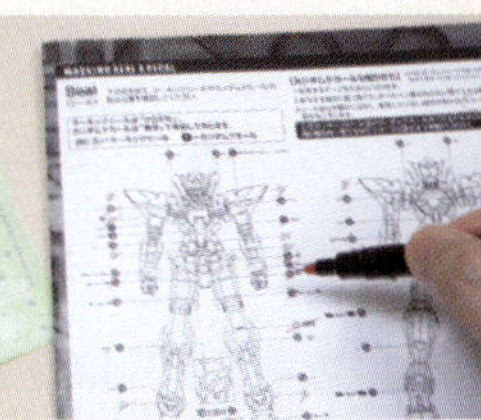

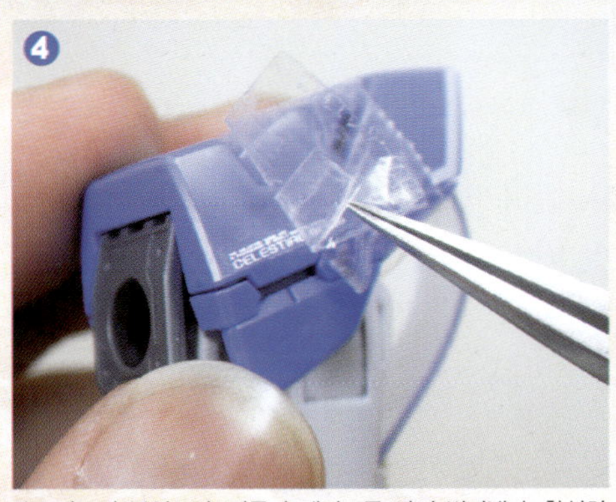
④ ▲ 마크가 붙었으면, 필름과 테이프를 같이 벗겨낸다. 확실히 붙지 않으면 마크가 필름과 같이 떨어지니, 잘 살펴보면서 조심스럽게 벗겨내자.

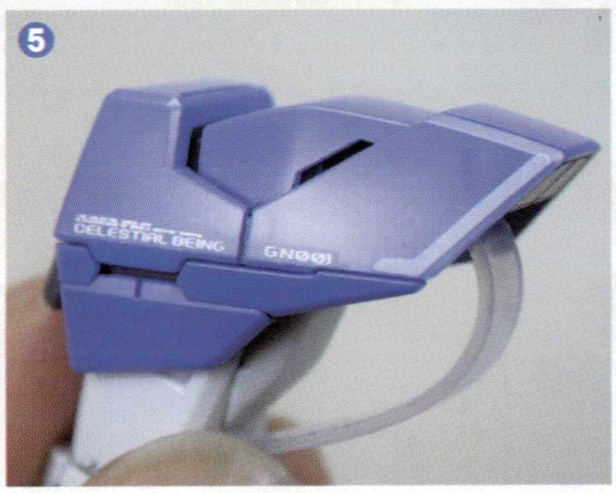

⑤ ▲ 다 붙인 드라이 데칼. 작은 글자까지 선명한 색으로 표현되고 있다. 이렇게 하나씩 위치를 정하면서 붙여가면 된다.

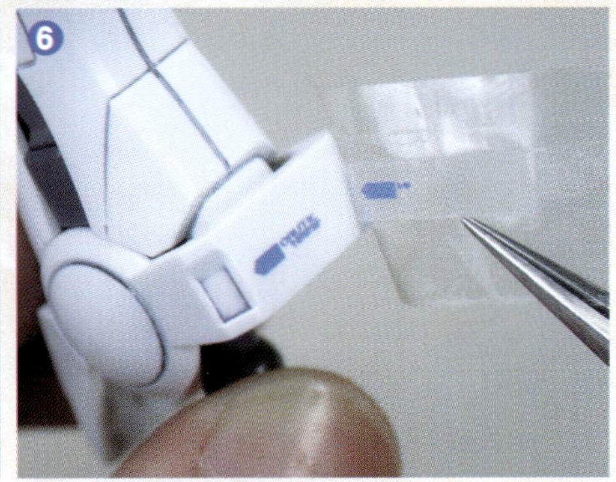
⑥ ▲ 덜 문지른 경우 필름을 벗길 때에 마크가 찢어져 버린다. 하지만 이 정도는 아직 괜찮은 편. 필름을 원래 위치로 되돌리고, 다시 문질러주면 된다.

## 습식 데칼의 붙이는 방법

예전부터 프라모델 전반에 사용되고 있는 「습식 데칼」. 일반적으로 그냥 「데칼」이라고 부르는 경우도 많은 물건이다. 물을 사용해서 대지에서 벗겨내고, 수분이 증발되면서 밀착되는 타입. 데칼의 상태를 잘 확인하면서 붙여가자.

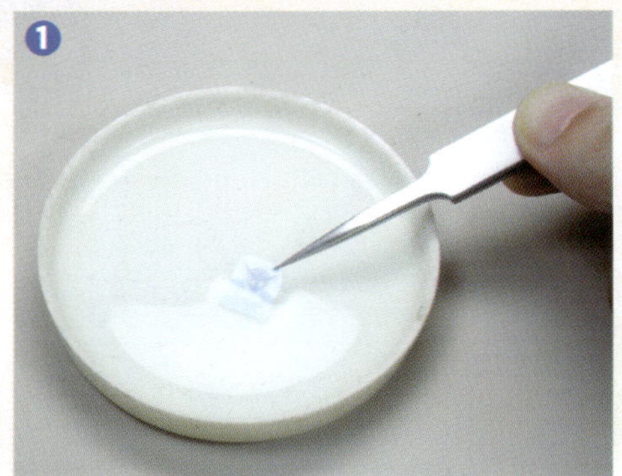
① ▲ 먼저 마크를 대지에서 잘라낸다. 마크 주위의 여백이나 그 약간 바깥쪽에서 자르면 된다. 잘라낸 다음에는 물에 담근다. 작은 마크는 물 속에 가라앉으면 다시 잡기 힘드니 핀셋으로 잡은 채로 하는 것이 좋다.

② ▲ 물에 담가서 젖은 상태가 되면 꺼내서 수십 초 기다린다. 그러면 마크와 대지 사이의 풀이 녹아서 마크를 움직일 수 있게 된다. 산 모양으로 접은 종이 위에 놓은 것은 다시 집기 쉽게 하기 위함이다.

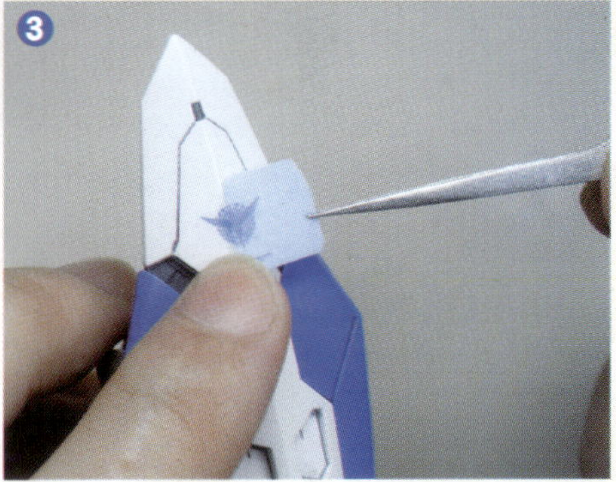
③ ▲ 대지째로 부품 위로 가져가서, 마크를 대지에서 슬라이드 시키듯 부품에 얹는다. 마크와 부품 사이에 공기가 들어가지 않도록 붙일 자리에도 미리 물방울을 떨어뜨려 두면 좋다.

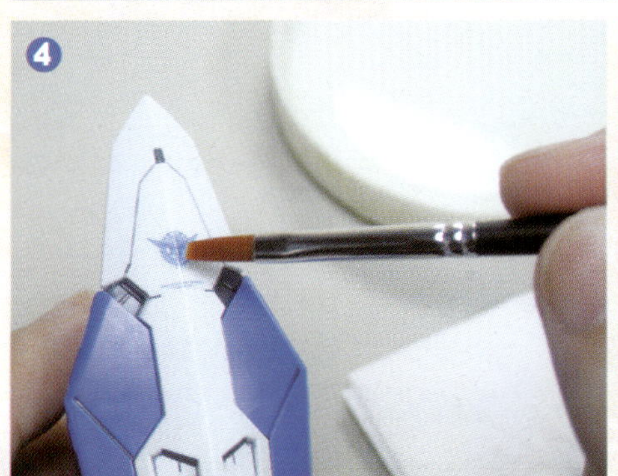
④ ▲마크가 부품 위에 올라가면, 붓을 사용해서 위치와 방향의 미세조정을 한다. 마크를 문지르거나 찔러서 움직이자. 위치를 정하면서, 여분의 수분도 닦아내게 된다.

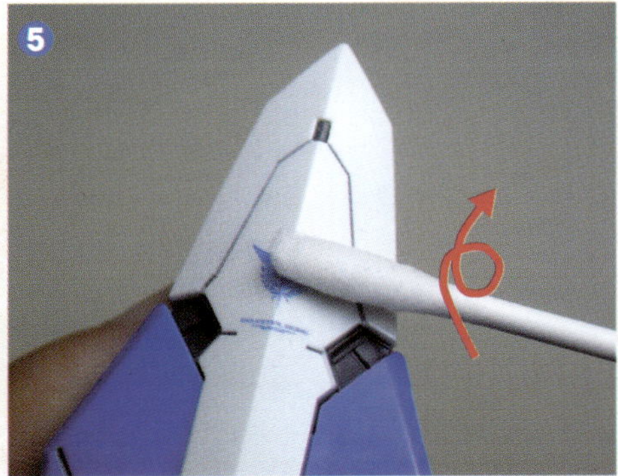
⑤ ▲ 위치가 정해지면 그대로 건조를 기다리는 것도 좋지만 젖은 면봉을 마크 위에서 굴리듯 해서 마크와 부품 사이의 수분을 밀어내면 빨리 밀착된다. 마크를 잡아당기지 않으면서 굴리는 것이 요령이다.

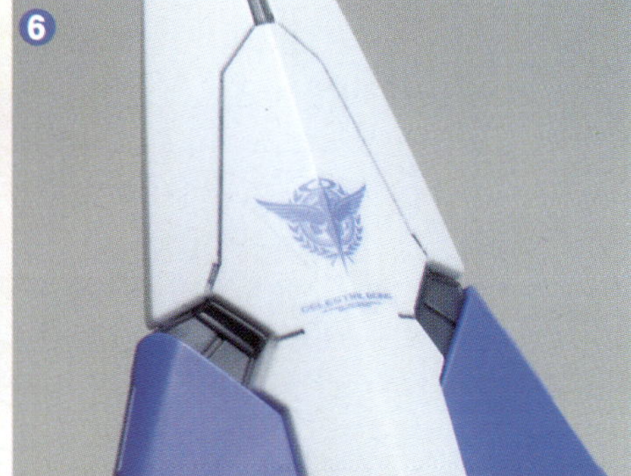
⑥ ▲ 수분이 증발되면, 필름이 쫙 당겨진 상태가 되며 밀착한다. 이것으로 붙이기 완료. 건조까지는 수십 분 정도 걸린다. 마크 주변에 물방울 자국이 남았다면, 젖은 면봉 등으로 닦아내자.

### CHECK POINT

①

②

**● 요철이 있는 부위에 붙이려면?**

◀ 「데칼 연화제」를 사용하면 습식 데칼을 요철 부위에 붙이기 쉬워진다.
①마크 위에서 데칼 연화제 「Mr. 마크 소프터」를 바르는 모습.
②필름이 부드러워지면서, 부품 표면에 밀착된다. 너무 바르면 주름이 생기니 주의하도록.

# 5. 완성

스트레이트 빌드면서도 세부의 완성에 신경을 써서 만든 1:100 MG 건담 엑시아. 먹선을 추가해서 키트 부품의 디테일을 살리고 기체 각부에 마킹 씰을 붙여서 정밀감도 연출. 스트레이트 빌드와는 확실히 다른 「작품」이라고 할 수 있는 완성도가 되었다. 완성까지 제법 손이 많이 갔지만 거기에 보답할 만한 완성도가 된다면 만드는 보람도 크다.

**MG 건담 엑시아**

●발매원/ 반다이 하비 사업부●1:100 스케일 플라스틱 키트, 전고 18cm ●정가/ 3,990엔 ●2009년 7월 발매 ● 등장 작품/『기동전사 건담00』

## GN-001 GUNDAM EXIA

BANDAI 1:100 scale plastic kit "MG"

▲ 노란 부분의 먹선은, 뺨에 있는 슬릿을 강조하는 검정, 가슴의 핀에 있는 골은 주위와 어울리도록 오렌지. 어떻게 보이고 싶은지에 따라 바꾸도록 하자.

▲ 각 부위의 마킹 씰. 기체 본체는 키트에 포함된 테트론 씰과 드라이 데칼을 사용. 이러한 무기류에는 습식 데칼을 사용해 봤다.

# 먹선&마킹으로 이미지 업!

▶오른쪽 2장의 사진으로, 먹선의 유무를 비교해보자. 먹선이 없는 ①은, 소위 말하는 스트레이트 빌드 상태. 각 부품의 모양을 알기 쉽고 애니메이션적인 상태라고 할 수 있다. 먹선을 넣은 ②는 디테일이 강조되어, 스케일감, 정밀감이 보다 강조된 인상이 된다.

▲GN 드라이브 주변도 패널 라인을 강조하는 것에 의해 단조로움이 없어지고, 존재감이 더해졌다.

◀먹선이 확실히 들어간 다리. 어떤 색으로 먹선을 넣는지도 인상을 좌우하는 중요한 포인트다.

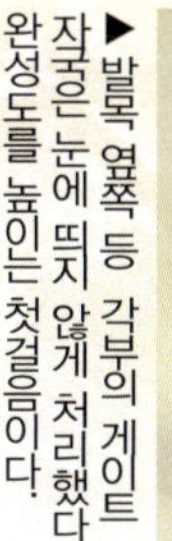

▶발목 옆쪽 등 각부의 게이트 자국은 눈에 띄지 않게 처리했다. 완성도를 높이는 첫걸음이다.

▲ 허리의 GN 빔 대거. 파팅 라인을 없애서 완구스러운 느낌을 해소시켰다.

# 6. 완성 후의 취급

작품을 완성하면 그 뒤는? 포즈를 바꾸거나 기믹을 움직여 보는 등의 재미는 이미 소개했지만, 완성도를 고집했다면 역시 깔끔하게 장식해두고 싶을 것이다. 여기서는 그런 전시 방법을 소개하고자 한다.

또한, 완성품이 너무 많아져서 장식할 공간이 부족할 때에는 확실히 보관해 두는 것도 중요하다. 일단 완성된 작품이 부서지거나 더러워지면 고치는 데는 조립할 때 보다 훨씬 더 손이 가는 경우도 있고, 또한 의욕도 떨어지게 마련. 무엇보다도 만든 것이 부서지면 아깝다. 그런 일이 없도록 보관의 사례나 그 요령을 소개한다.

## 베이스나 케이스에 장식하자

장식한다고 해도, 책상이나 책장 위에 놓기만 하는 것은 재미가 없다. 조금만 노력해서 「작품 전시」 스타일로 해 보자.

▲ 작품 전시의 시작은 발밑부터. 작품을 베이스 플레이트에 놓으면 분위기도 좋아지고 고정도 편해진다. 모형용 베이스나 턴 테이블 외에도 우드락이나 종이 등 그 외에도 이용할 것은 많다.

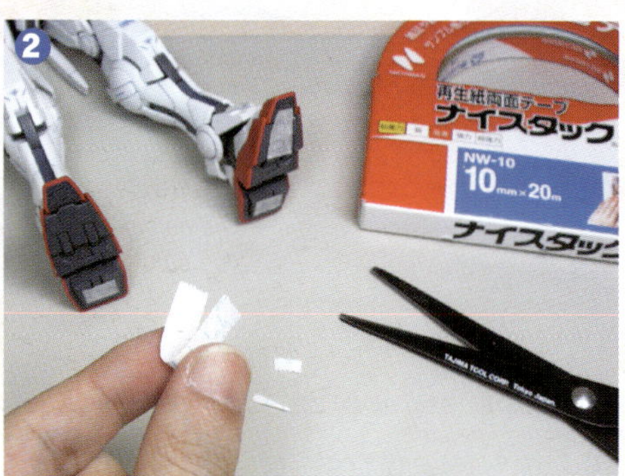


▲ 받침에 올려둘 경우, 쉽게 쓰러지지 않도록 발바닥에 양면 테이프를 붙이는 것을 추천한다. 양면 테이프는 접착제가 너무 강하지 않고 도색을 뜯어내지 않는 것을 사용하자. 얇은 테이프는 한번 접으면 더욱 잘 붙는다.

◀그렇게 해서 원형 베이스 플레이트에 MG 건담 엑시아를 고정. 거기에 네임 플레이트도 붙여봤다. 이것은 설명서에서 잘라낸 것.

▲ 발바닥의 고정만으로는 불안정한 경우도 있다. 그런 때에는 지지대를 붙여주자. 이 사진은 보조 받침대를 자작한 예. 반다이의 액션 스탠드의 접속부에 프라봉을 연결했다.

▲ 실내에 장식해 둬도 시간이 지나면 먼지 등이 쌓이게 된다. 부드러운 붓 등을 사용해 부품이 부러지지 않도록 조심하면서 먼지를 털어내자.

◀전용 케이스에 넣어두면 먼지도 피할 수 있고, 실수로 건드릴 일도 없다. 물론 척 보기에도 「소중한 작품」이라는 느낌이 들어서 좋다. 사진은 T·케이스DM (1470엔 / 웨이브)

### CHECK POINT

#### ●스탠드의 접속 부품

▶P.17에서 소개한 것처럼, 최근의 건프라는 별매의 「액션 베이스」에 대응하고 있으니 그것을 이용해서 전시하는 것도 좋을 것이다. 다양한 사이즈의 접속 부품이 세트되어 있어, 대응 이전의 오래된 키트에도 이용할 수 있다.

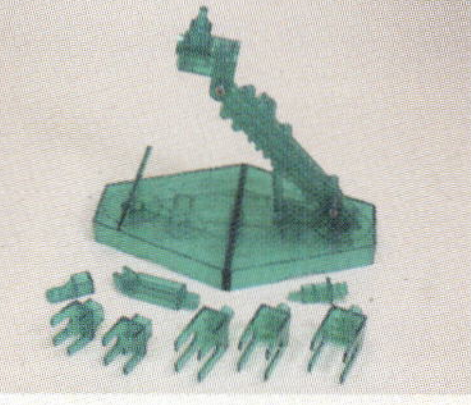

#### ●베이스에도 연구를

▶베이스 플레이트도 기성품만이 아닌, 메카니컬한 것이나 디오라마풍의 지면 등을 준비하면, 더욱 분위기를 낼 수 있다. 기체에 맞춰서 색을 칠하거나 질감을 바꿔보자.

# 완성품의 보관

작품의 보관에서 중요한 것은 우선 부서지거나 더럽혀지지 않는 것. 또한, 꺼낼 때에도 다루기 쉽고 바로 원래대로 되돌릴 수 있게 하자.

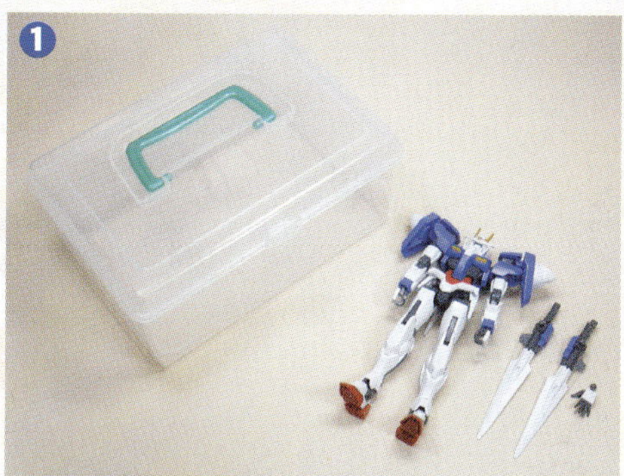

▲ 1:144 HG 더블오의 보관 예. 상자는 100엔 샵에서 발견한 적당한 플라스틱 케이스. 우선 기체는 무장을 분리하고「차렷」자세로 한다. 교환용 손 부품도 잊지 말자.

▲ 안테나 등 뾰족한 부품은 특히 조심해서 다루자. 간단히 빼거나 끼울 수 있다면 빼서 따로 보관하자. 바로 이런 점이 스냅 핏의 편리한 점이다.

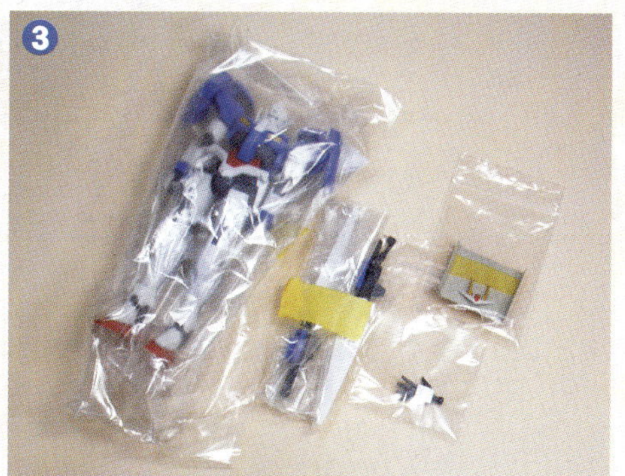

▲ 각각을 모아서 비닐 봉투에 넣는다. 만약 어떤 부품이 빠져버려도 흩어지지 않는다. 안테나는 P.15에서도 소개한 방법으로 두꺼운 종이에 마스킹 테이프로 고정해서 보호했다.

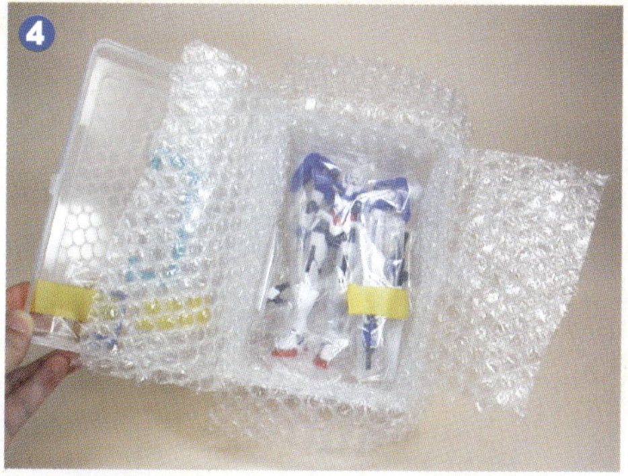

▲그리고 상자 안에 완충재(사진은 흔히 '뽁뽁이'라고 부르는 에어 캡)을 넣어서, 그것들을 감싸주자.

▲ 주의가 필요한 부품은 다음에 상자를 열었을 때에 눈에 잘 띄는 위치에 두면 좋다. 여기서는 안테나가 들어있는 봉투를 뚜껑 안쪽에 테이프로 고정했다. 설명서도 함께 보관해두면 만약의 경우에도 안심이다.

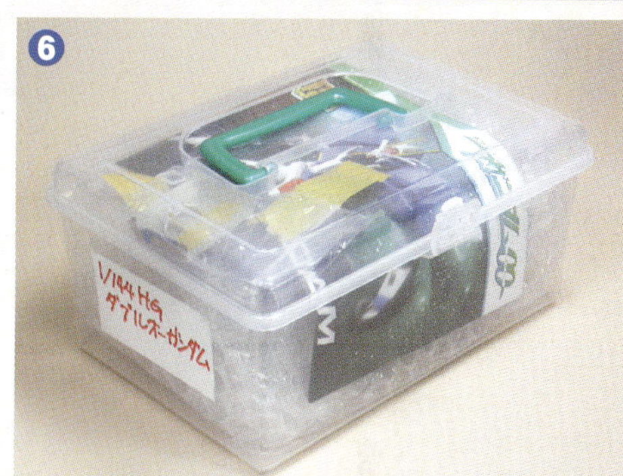

▲ 그렇게 해서, 상자에 수납완료. 상자 바깥쪽에는 어떤 것이 들어있는지를 써 두자. 이렇게 해 두면 같은 상자의 수가 늘어나도 필요한 작품을 찾기 쉬워진다.

▲ 돌기물을 뺄 수 없을 때에는 "가드" 를 만들어 두면 좋다. 사진은 두꺼운 종이를 'ㄷ'자 모양으로 접어서 관절부와 등의 부품 쪽에 물리도록 만든 가드의 예. 물론 이 위에 비닐 봉투를 씌워서 전체를 보호한다.

▲ 돌기가 많은 부품을 필름 케이스에 수납한 예. 안테나에 힘이 걸리지 않도록 티슈와 함께 채워 넣자. 이렇게 적당한 용기를 발견하는 것만으로도 포장이 상당히 수월해진다.

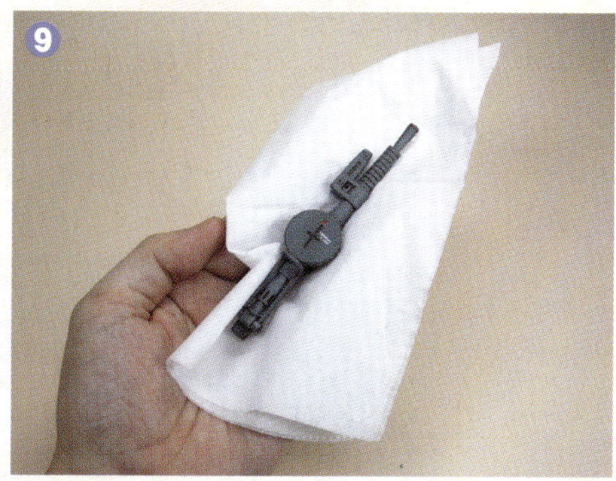

▲ 부품을 직접 티슈로 싸려고 하는 모습. 습식 데칼을 붙인 부품을 티슈로 싸면, 약간 남은 데칼의 풀 때문에 종이 보푸라기가 달라붙는 일도 있으니 가능하면 피하도록 하자.

**CHECK POINT**

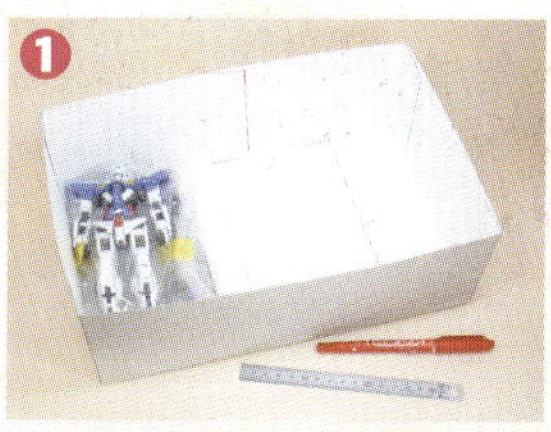

## ●상자를 자작하자

◀ 작품이 완성되면 원래의 상자에 수납하는 것이 가장 간편. 하지만 그대로는 크기가 맞지않으니 그것을 적당하게 가공하자.
①필요한 크기를 재서 상자에 그려 넣었다. 긴 쪽을 잘라서 짧게 다시 짜는 것이다.
②다시 짠 MG 건담 엑시아의 상자. 이걸로 패키지 아트도 살릴 수 있다.

# MSM-10 ZOCK

BANDAI 1:144 scale plastic kit "HGUC"

◀기체 각 부위에 각종 주의 표지와 라인을 넣은 「리얼 타입」사양으로 완성. 각종 마킹은 MG 자쿠 Ver.2.0의 데칼을 유용한 것이다.

## 오리지널 마킹을 통해 리얼 타입으로 완성

### HGUC 족크

제작/ 노모토 켄이치

전후 대칭이라는 독특한 형태의 모빌슈트 족크. 이 작품은 예전의 리얼타입 일러스트에 가깝게 제작한 것이다. 형태면에서는 부리의 모양이나 어깨에 달린 빔 포의 각도 등 세부를 변경하고, 몸체에 몰드를 추가하였으며 각 부위의 접합선이나 수축 부분을 순간접착제로 메우고 꼼꼼히 정형한 뒤 사출색 위에 그대로 도색을 했다. 에어 브러시로 가늘게 뿌려서 더럽혀진 부분을 그려 넣었고 거기에 데칼을 붙이고 나서 무광 클리어로 전체를 정리했다. 빨간 라인은 자작 데칼. 각 부분에 맞춰서 컴퓨터로 도면을 그리고, 프린터로 시판품인 클리어 데칼에 인쇄한 것을 사용.

**HGUC 족크**

●발매원/ 반다이 하비 사업부 ●1:144 스케일 플라스틱 키트, 전고 16cm ●정가/ 2,625엔●2007년 7월 발매 ●등장 작품 / 『기동전사 건담』

▶기체 뒷면은 형태 변경이나 라인 데칼이 없는 노멀 상태로 만들었다. 이렇게 비교할 수 있는 것도, 족크만의 재미다.

# STEP 3

# Step-up테크닉 마무리 편

MS-06J
ZAKU II
BANDAI 1:100 scale plastic kit "MG"

# 더욱 실감을 더해 주는 여러 가지 마무리 방법

### 이것이 STEP3의 포인트!

모형용 도료나 각종 매터리얼을 사용해서 더욱 실감나게 표현하는 것을 목표로 하자. 허나 사출색으로 색의 표현이 되어있는 건프라의 이점을 살리지 못한다면 이 또한 어불성설. 그래서 이 장에서는, 부분 도색이나 클리어 도색 등의 간단하고 효과적인 기법을 소개한다.

이것만으로도 분위기가 상당히 달라지므로, 도료와 도료 용품의 사용법을 알아두는 것이 중요하다. 또한 더럽힘이나 퇴색 표현 등 오래 사용한 느낌을 연출하는「웨더링」에도 도전 해 보자.

## 1. 광택을 바꿔보자

●클리어 스프레이를 뿌려서 표면의 광택을 바꿔보자. 유광이나 무광으로 바뀌면 어떤 효과가 있을까? 클리어 도장의 주의사항도 소개.

## 2. 세부의 색을 구분하여 칠해보자

●키트의 사출색만으로 미처 재현하지 못한 세세한 부분의 색 구분을, 마커나 모형용 도료를 사용해서 칠해보자.
도료의 취급 방법과 붓 도색의 기본을 실전적으로 소개.

## 3. 금속 테이프의 활용

●메기 부품처럼 광택이 있는 금속 테이프. 중요한 곳에 사용해서 작품을 돋보이게 하자. 도금된 키트의 복구에도 효과적이다.

## 4. 웨더링

●시간이 경과해서 색이 벗겨지거나 녹이 슬거나 먼지가 쌓이는 등 더러워진 부분의 표현을 작품에 담아보자.
편리한 매터리얼을 잘 활용하는 것도 포인트가 된다.

## 5. 완성

● 스트레이트 빌드로 만든 키트의 광택을 없애거나 세부 도색, 웨더링을 해서 MG자쿠가 완성되었다. 사출색을 살리면서 더욱 실감나는 완성도를 감상 해 보자.

# 여기서 사용하는 도구는?

## ●클리어 스프레이

부품 표면의 광택을 정리하기 위해 사용하는 것이 클리어 도료 캔 스프레이. 클리어 도료는 무색 투명으로 이것을 뿌려서 광택을 내거나 없앨 수 있다. 주의가 필요한 것은 도료의 종류. 락커계(유기용제계)를 마커나 수성 도료 위에 뿌리면 아래의 도장면이 녹을 우려가 있다. 하지만 수성이라면 안심.

▲ 왼쪽은 락커계인 Mr. 슈퍼 클리어(735엔). 오른쪽은 수성인 탑코트(525엔). 각각「유광」「반광」「무광」이 있다. 발매원은 GSI 크레오스.

## ●붓

도료는 물론, 뭔가를 '칠할'때에 사용하는 도구가 붓이다. 습식 데칼을 붙일 때나 먼지를 털어낼 때 등 칠할 때 이외에도 사용하는 케이스가 많다. 붓은 다양한 종류가 있지만 모형용으로는 붓 끝이 오렌지 색인 나일론 붓을 추천한다.

사용 후에는 도료 등을 확실히 닦아내서 항상 깨끗한 상태를 유지시키자.

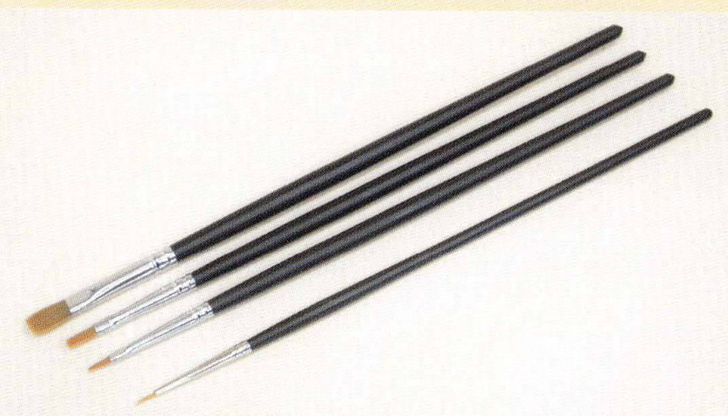

◀▲칠할 장소나 면적에 따라, 폭이나 끝의 형태를 골라서 사용하면 좋다. 우선, 폭이 다른 평붓 2~3개와, 가늘게 그릴 수 있는「면상필」(사진 우측, 세필이라고도 부른다)를 준비하면 편리.

▶ 왼쪽의 Mr.컬러와 건담 컬러는, 락커계. 오른쪽은 수성 하비 컬러(각 126엔~). 모두 GSI크레오스에서 발매된 도료로, 각각의 전용 희석제(신너)로 희석해서 도색한다.

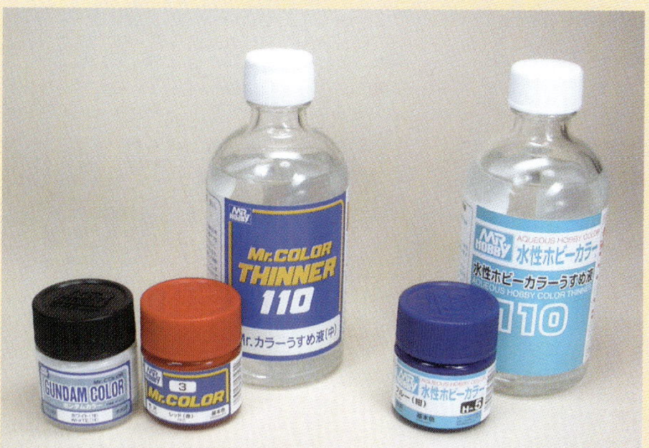


▼「건담 컬러 세트」(420엔/ GSI크레오스). 키트에 맞춘 전용 색이 3개 들어있다. Mr. 컬러와 같은 성분이기에, 섞어서도 사용할 수 있다.

## ●모형용 도료

모형용 도료에는, 락커계(유기 용제계), 에나멜계, 수성의 3종류가 있다. 이것들은 서로 성질이 다르기 때문에 섞을 수 없다. 건프라에서 자주 사용되는 것은 락커계 도료나 수성 도료. 수성은 냄새도 심하지 않고 안전성이 높아서 키트의 설명서에서도 추천하는 도료. 단 이 책에서는 완성도와 피막의 강도 때문에 주로 락커계를 사용하기로 한다.

## ●금속 테이프

▲금속 테이프는 장식용이나 문구로 판매되고 있다. 색은 금, 은 외에도 몇 가지 종류가 있다. 가격도 저렴해서 200엔 정도부터 구할 수 있을 것이다.

보통 도색으로는 표현할 수 없는 금속성 광택을 표현할 수 있는 것이, 소위 말하는 금속 테이프. 이것을 붙이면 도금된 것처럼 마무리할 수도 있고 클리어 부품 뒤의 반사면 등도 재현할 수 있다. 또한 이 위에 도색을 하면 키트의 호일 씰처럼 사용하는 것도 가능하다.

## ●웨더링용 매터리얼

웨더링에는 먼지나 진흙, 녹 등 다양한 표현이 있다. 웨더링용 매터리얼은 일반적인 도색과는 다른 질감을 간단하게 표현할 수 있는 아이템이다. 보통 웨더링은 도색 후에 하지만, 밑 준비를 하면 도색하지 않은 부품 표면에도 정착한다.

◀ 분말과 페이스트, 펜 타입 등 다양한 종류가 존재. 마무리 방법이나 사용하는 방법도 각각 다르다. 본격적인 설명은 P.46부터.

# 1. 광택을 바꿔보자

「광택」은 표면의 광택, 빛나는 정도를 말한다. 일반적으로 건프라의 부품 표면은 클리어 부품 등의 예외를 제외하면 「반광택」상태로 되어있다. 여기서는 클리어 스프레이를 사용해서 광택을 바꾸거나 정돈해서 완구스럽게 보이는 느낌을 완화시켜 보려고 한다. 사출색에서 거의 색이 표현되어 있는 최근의 건프라는 이 클리어를 뿌려주는 것 만으로도 도색한 것 같은 질감으로 마무리 되며 광택의 유무로도 작품이 의외의 인상으로 바뀐다. 그 차이를 알아 두는 것도 중요한 포인트다. 그리고 작품 전체에 클리어를 뿌려서 광택을 정리하는 것은 도색이나 마킹을 한 뒤에도 효과적이다. 물론 그 때에는 수성 클리어를 사용하는 쪽이 좋을 것이다.

## 클리어 도장을 해 보자

우선 클리어 스프레이의 종류와 그 뿌리는 방법을 알아두자. 캔 스프레이를 뿌리는 방법에 대해서는, P.70의 설명을 참조했으면 한다.

▲ 클리어 스프레이의 대표적인 예 「Mr. 슈퍼 클리어」(왼쪽)과 「수성 탑 코트」. 각각 「유광」「반광」「무광」이 있다. 락커계의 「Mr. 슈퍼 클리어」는 마커나 수성 도료 위에 사용하지 않도록 주의하자.

▲ 스프레이 도장은 부품을 향해 바로 뿌리는 것이 아니라 휘두르듯이 「휙」하고 뿌리는 요령으로. 부품의 방향을 바꿔가면서 이것을 반복해서 전체를 칠한다. 부품에 손잡이를 달아두면 다루기 쉬워진다.

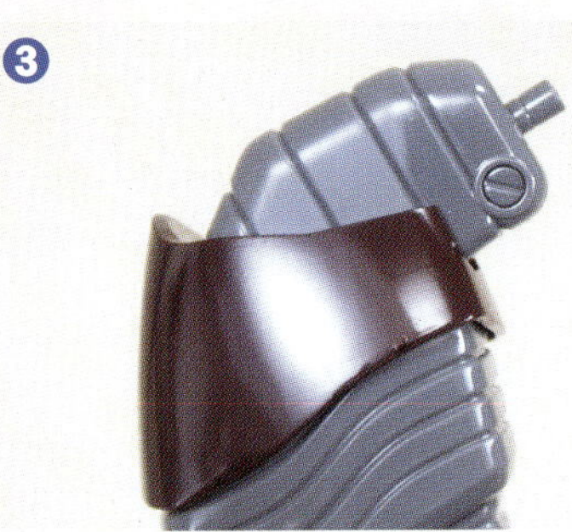

▲ 조립한 상태에서 뿌리면 관절의 숨어있는 부분이 칠해지지 않는다. 분해해서 칠하거나, 각도를 바꿔서 여러번에 걸쳐 칠해줄 필요가 있을 것이다. 하지만 포즈를 취하지 않는다면 보이는 곳만 칠해도 OK.

## 클리어 도장의 주의점

클리어 도료는 무색 투명해서 얼마나 뿌렸는지 확인하기 어려운 것이 난점. 부품 표면의 상태에 주의하면서 뿌려주자. 또한 락커와 수성을 구분해서 사용하는 것에도 주의.

▲ 도료를 너무 뿌려서 흘러내릴 정도의 상태. 부품의 골이 진 부분에 도료가 고이거나 흐르게 되면 너무 뿌린 것이다. 부품이 약간 젖는 정도로 가볍게 뿌려주자.

▲ 무광 클리어를 뿌렸더니 모서리나 오목한 부분이 하얗게 되어버렸다. 이것은 너무 많이 뿌려서 무광 용제가 고인 탓이다. 마를때 까지는 광택이 사라지지 않으니 조금하게 여러 번 뿌리지 않도록.

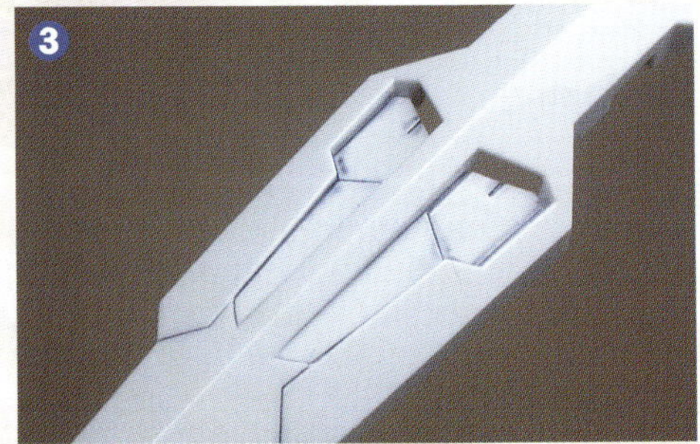

▲ 먹선을 넣은 뒤에 락커계 클리어를 뿌렸더니 먹선이 번져버렸다. 락커계는 수성이나 유성 도료(마커를 포함한)위에 뿌렸을 때 아래의 도장을 녹이는 경우가 종종 있다. 이런 때는 수성 클리어를 사용하자.

**CHECK POINT**

### ●무광 도료가 뿌옇게 되는 이유는?

▶ 사진은 무광 클리어(플랫 베이스)의 도료병. 이 도료에는 반사를 억제하는 성분이 들어있다. 그 때문에 투명 도료라도 고이면 이처럼 하얗게 보이는 것이다.

### ●스프레이 도색을 위한 준비

▶ 도장할 부품에는, 스프레이를 뿌릴 때에 방향을 바꾸거나 칠한 뒤에 손대지 않고 놓을 수 있도록 「손잡이」를 달아 주면 좋다. 「손잡이」에 대해서는 P.74를 참조할 것.

# 광택의 변화에 따른 느낌의 차이

스트레이트 빌드 한 HGUC 앗가이에 각각, 「유광」「반광」「무광」의 클리어 스프레이를 뿌린 상태. 이 차이를 보고 어떤 인상을 받게 될까.

❶

▲「유광」의 예. 표면의 번들거리는 클리어 층에 의해 빛이 비치면서 깊이가 있는 질감으로 완성되었다. 장식품스러운 마무리인 만큼 약간 더 고급스러워진 느낌이다. 반대로 스케일감은 적어졌다.

❷

▲「반광」의 예. 반광이면 키트 부품과의 광택 변화 자체는 적다. 그래도 전체가 균일하게 정리되어서, 프라모델의 완성품으로서는 자연스러운 느낌으로 보인다.

❸

▲「무광」의 예. 전체적으로 차분한 인상으로 스케일 감(거대감)은 이쪽이 가장 강하게 느껴진다. 형상의 억양이 잘 전해지지 않는 면도 있으니, 먹선 등의, 굴곡을 강조하는 도색과 조합했으면 한다.

❹

▲ 「유광」의 확대. 번들거림 때문에 부품 표면의 수축 부분이 잘 보이게 된다(빨간 화살표 부분). 흠집이 있으면 눈에 띄고, 데칼의 테두리도 확실히 알 수 있다.

❺

▲「반광」에서는 번들거림이 억제되었기 때문에, 수축 부분 등이 유광만큼 눈에 띄지는 않게 되었다.

❻

▲ 「무광」으로 도색하면서 수축 부분이나 마킹의 가장자리도 눈에 잘 띄지 않게 되었다. 이것은 P.24의「게이트 자국의 처리」에서 소개한 것과 같은 이치이다. 작은 흠집도 눈에 잘 띄지 않게 된다.

| 윗칠 \ 밑색 | 락커계 | 에나멜계 | 수성 |
|---|---|---|---|
| 수성 | ○ | ○ | △ |
| 에나멜계 | ○ | △ | △ |
| 락커계 | △ | × | × |

## ●도료의 성질과 겹쳐 칠하기

◀ 도료를 겹쳐 칠할 경우, 용제에 따라서 아래의 도색이 녹아버리는 일이 있다. 이 그림을 참고로 주의해서 사용하자.

○ 덧칠 가능
△ 붓칠 할 때는 주의
× 덧칠 불가

수축이 생기기 쉬운 부분

부품 단면

핀 부분 등, 부품이 두꺼워지는 부분에 생기기 쉽다.

CHECK POINT

## ●수축이란?

◀「수축」은 부품 표면에 생기는 약간 들어간 부분을 말한다. 부품의 가장자리 부근이나 두께가 급격히 바뀌는 곳의 바깥쪽에 생기기 쉽다. 수축의 처리에 대해서는 P.62를 참조하자.

# 2. 부분 도색을 해 보자

키트의 사출색 만으로는 색 구분이 되어있지 않았던 부분이나, 호일 씰을 붙이는 부분 등 세세한 부분의 색 구분을 이번엔 도색으로 표현 해 보자. 대부분 부품의 요철을 따라 칠하게 되기에, 경계에 도료가 삐져나와도 요철을 따라서 닦아내거나 문질러 주면 수정이 가능하다. 밑색은 부품의 사출색을 그대로 살리고 있기 때문에 약간 문지르거나 깎아내도 OK.

도료나 붓을 사용한 도색은 익숙해지기 전에는 그리 깨끗하게 되지 않을 수도 있지만 그것도 해보지 않으면 실력이 늘지 않는다. 실패를 두려워하지 말고, 본격적인 도색을 향한 첫 걸음을 내딛어 보는 것은 어떨지?

## 마커로 칠해보자

우선 간단히 「건담 마커 도색용」으로 칠해보자. 도색용 마커는 넓은 면에서는 얼룩지기 쉽기 때문에, 좁은 곳의 도색에 어울린다. 삐져나온 부분은 「지우개 펜」으로 수정할 수 있다.

▲ 이것은 1:100 MG 시난주의 부품. 가장자리의 양각으로 튀어나온 부분을 금색으로 칠해보자. 키트에서는 부속의 호일 씰이나 습식 데칼로 색 구분을 하도록 되어있는 부분이다.

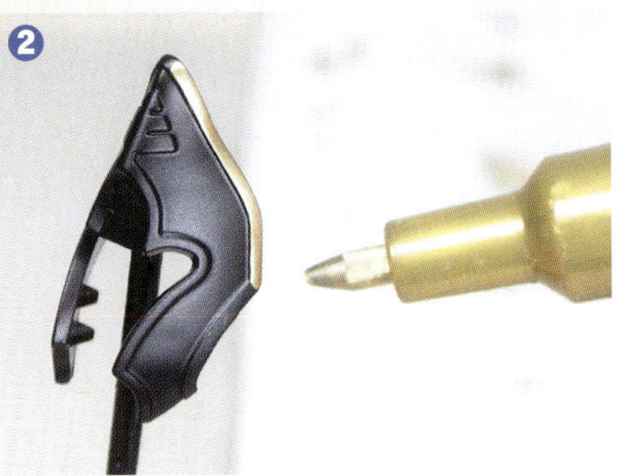

▲ 금색 마커로 튀어나온 부분 위를 따라가듯 칠해준다. 잉크가 너무 많이 나오지 않도록 펜촉의 여분의 잉크를 티슈로 닦아주고 나서 칠하기 시작한다. 펜촉이 흔들리지 않도록 부품과 손을 안정시키자.

▲ 크게 삐져나오지 않고 튀어나온 부분을 전부 칠했다. 칠한 부분이 비뚤어지거나 조금 덜 도색된 부분도 있다. 하지만 덧칠을 하면 되려 더 삐져나올 위험도 있다. 그래서…

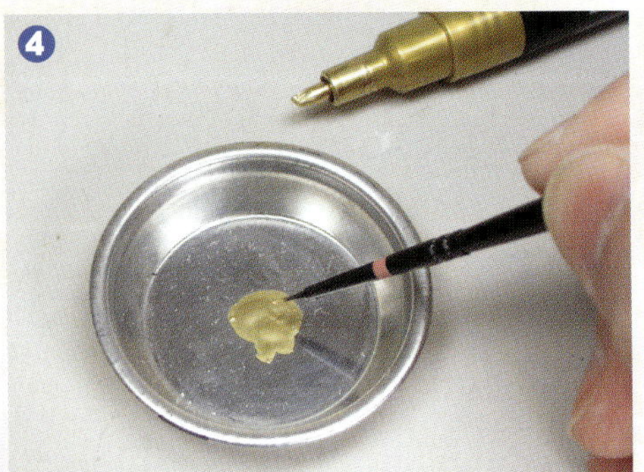

▲ 마커의 잉크를 도료 대용으로 삼아 면상필로 가장자리 부분을 살짝 덧칠 하자. 도료 접시 등에 마커의 잉크를 짜내서 그대로 붓에 묻힌다.

▲ 튀어나온 부분의 옆면에도 칠해지도록 살짝 면상필을 움직이자. 하지만 프리핸드로 칠하다 보면 조금은 삐져나올 수 밖에 없다. 그런 곳은 「지우개 펜」을 사용해서 나중에 수정하면 그만이다.

▲ 금색의 색 구분이 완성된 모습. 마커의 색도 선명해서, 깔끔하게 마무리 되었다. 삐져나온 부분의 수정 방법에 대해서는, 아래의 「지우개 펜」의 항목을 참조.

### CHECK POINT

### ●마커는 지우개 펜으로 수정

▶ 전용 「지우개 펜」을 이용한 수정 방법. ①은 삐져나온 부분을 직접 펜촉으로 닦아내는모습. ②펜촉이 들어가지 않는 좁은 곳은 지우개 펜의 용제를 접시에 짜내서…. ③면봉에 묻혀서 문지른다. 이렇게 해서 수정한 것이 위의 예다.

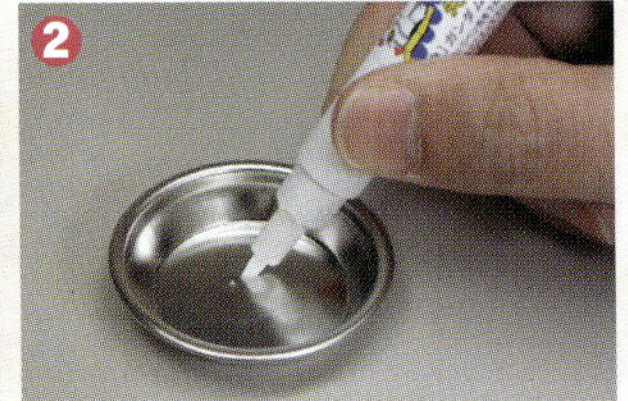

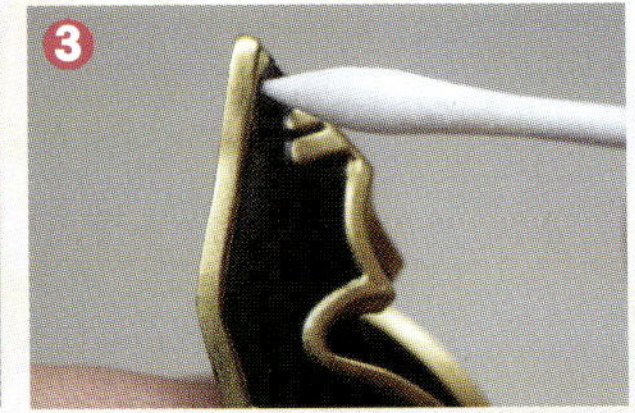

# 건담의「얼굴」을 칠해보자

실감을 높이기 위해 HGUC건담의 눈 주변을 도색으로 재현해 보자. 여기서는 모형용 도료를 사용. 작은 범위지만 면 도색이나 부분 도색, 색 겹치기 등 붓 도색의 요령에도 주목.

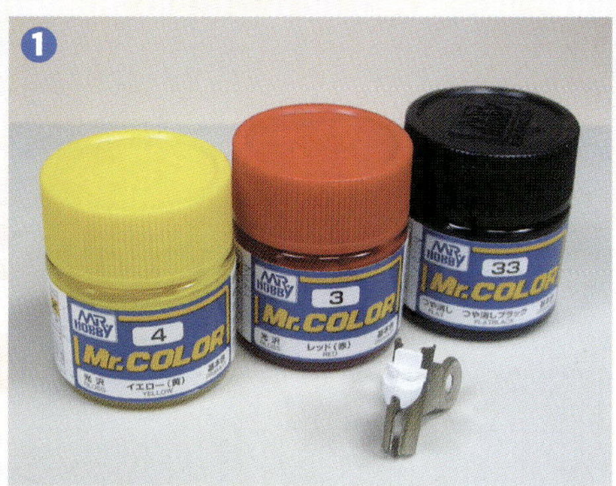


▲ 부분 도색할 것은 1:144 HGUC 건담. 사용할 도료는 Mr.컬러. 색은 노랑, 빨강, 검정. 이것은 취향에 따라 수성 하비 컬러를 사용해도 좋다. 수정하기 쉽도록 나중에 겹쳐 칠할 색만 별도로 수성 도료를 사용하는 것도 편리할 것이다.

▲ 도료를 다루기 위한 준비는 아래의「CHECK POINT」를 참조할 것. 칠하기 전에, 농도가 적당한지 시험삼아 칠해보자. 이 뒤에 눈 부분을 칠할 테니, 슥~ 하고 한번에 칠할 수 있도록 연습해두자.

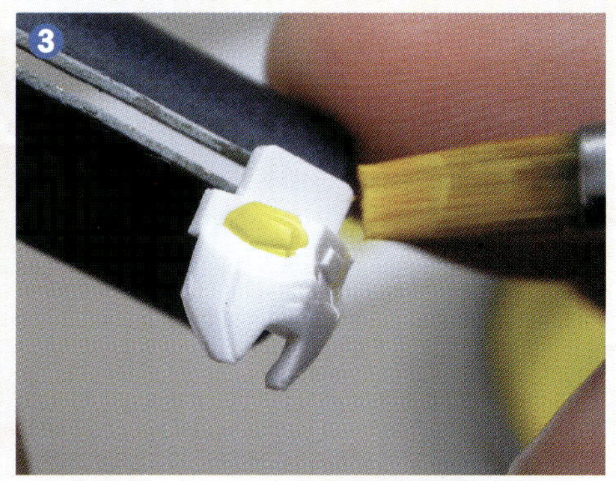

▲ 그렇게 해서, 눈 부분을 약간 넓은 평붓으로 슥~ 하고 한번에 칠한다. 삐져나온 부분은 이 다음에 검은 테두리로 수정할테니 신경쓰지 말 것. 우선은 눈 부분을 뭉치거나 붓 자국이 남지 않는 방법으로 칠하는 것부터.

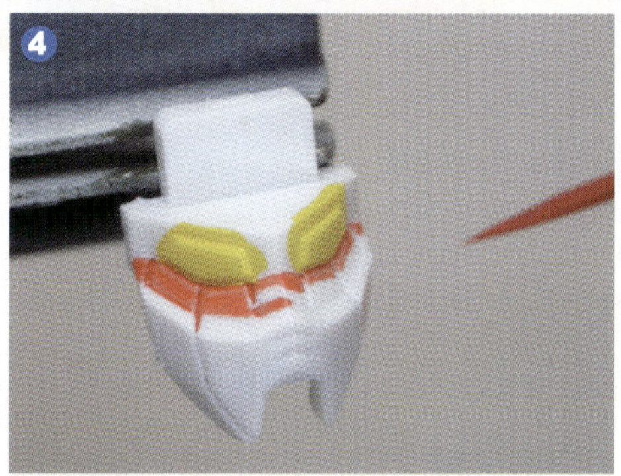

▲ 다음으로 붉은 부분. 여기는 한번에 칠할 수 없다. 먼저 가장자리를 면상필로 가늘게 그리고 그 뒤로 안을 메우듯이 해서 칠해간다. 삐져나오는 것을 줄이는 기본적인 도색법이다.

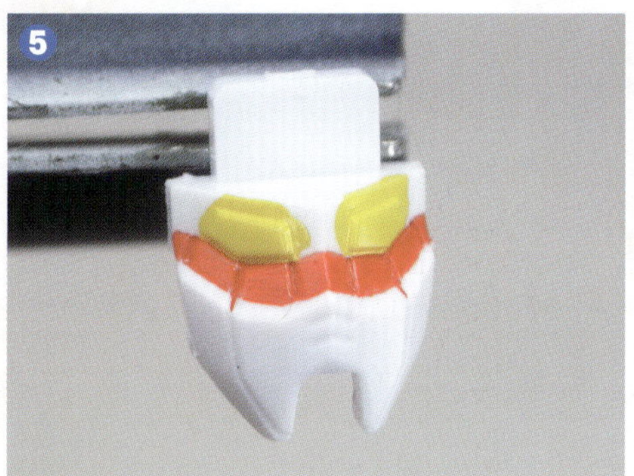

▲ 붉은 부분의 도색이 끝난 모습. 가는 붓으로 몇 번이고 칠을 했기 때문에 여기는 조금 붓 자국이 남아버렸다. 면상필이 아니라, 아주 가는 평붓을 써서 칠해도 좋았을 것이다.

▲ 이번엔 눈 주변의 검정을 칠한다. 여기는 빨간 부분의 칠과 마찬가지로 가장자리를 칠하고 나서 안을 채워나간다. 세밀한 도색이기 때문에 부품은 클립으로 잡아서 들기 쉽게 했고, 오른손도 그 부분을 지지대로 삼아 자세를 잡은 상태.

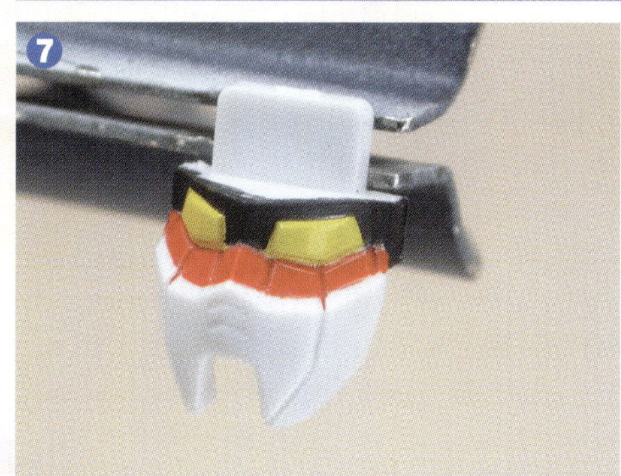

▲ 검은 부분의 도색이 완료. 아직 눈 아래쪽 등의 검은 부분이 부족하지만 거기까지 붓으로 칠하는 것은 어려우니 나머지는 먹선 펜으로 그려 넣기로 한다.

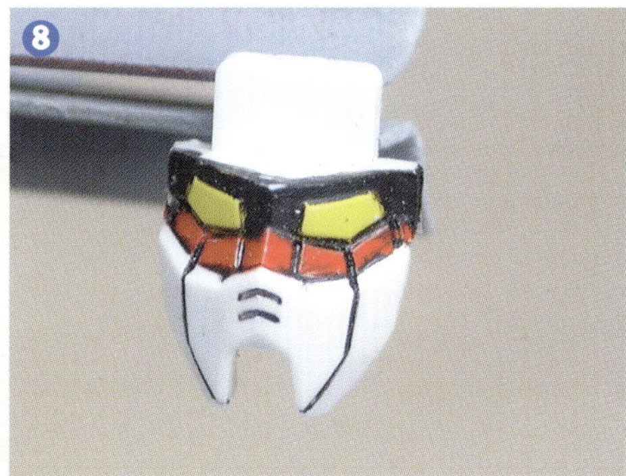

▲ 눈 아래의 검정과 각 부분의 몰드의 먹선은 먹선 펜의 검정으로 했다. 먼저 락커계 도료로 칠했기에, 먹선펜을 지우는 용제에 닦여 나갈 염려는 없다.

▲ 세밀한 부분을 부분 도색해서 완성한 건담의 머리. 부품의 형태를 따라서 색을 구분한「눈」은 씰 처리보다도 훨씬 근사하다. 양 옆의 네모난 구멍이 늘어선 곳을 칠하는 방법은 다음 페이지를 참고.

**CHECK POINT**

## 도료를 사용하기 전에

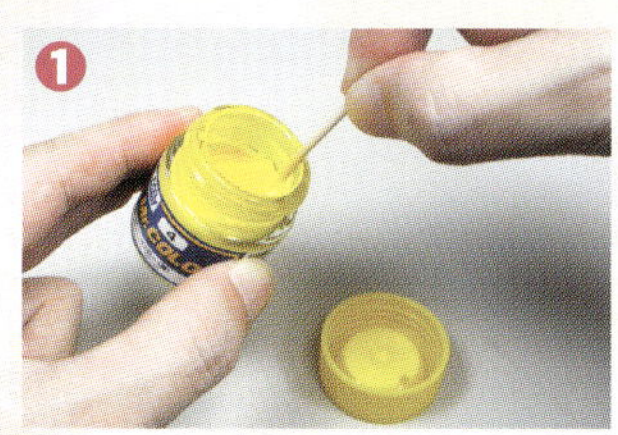

◀ 도료를 사용할 때는 병에서 그대로 꺼내서 사용해서는 안된다. ①병 바닥에 고여 있는 것까지 잘 섞어준다. ②다른 용기에 덜어낸 뒤 희석액을 넣어서 붓으로 칠하기 좋은 농도로 조정한다. ③시험 삼아 칠해본 다음 색과 농도를 확인한다. 그리고 이 뒤에 실제 도색에 들어가는 것이다.

## 모노아이 칠하기

외눈의 카메라 렌즈, 「모노아이」도 건프라에서는 포인트가 되는 부분. 단색으로 칠하기만 해도 좋지만, 더 돋보이도록 궁리 해보자.

▲1:100 MG 자쿠 Ver.2.0의 모노아이. 이것은 클리어 부품으로 표면에 핑크색 씰을 붙이도록 지정되어 있다. 하지만 표현이 반구형인지라 씰로는 붙이기 힘드니 칠하는 쪽이 더욱 실감이 날 것이다.

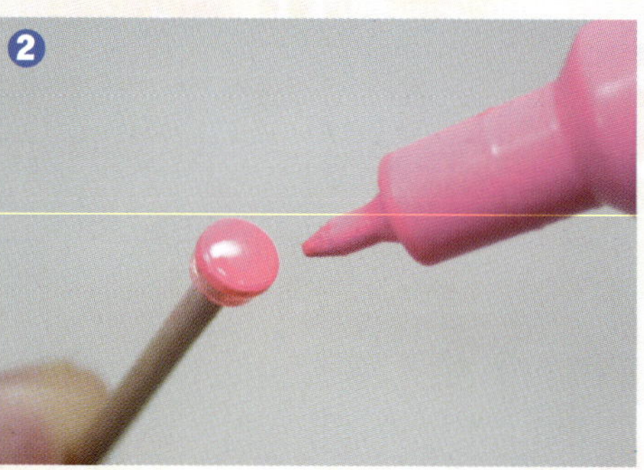

▲모노아이는 형광 핑크로 지정되어 있지만 최근의 모형용 도료에서 형광 핑크는 무광 도료이다. 거기에 클리어를 덧칠하는 것보다는 건담 마커로 칠하는 쪽이 속편하다. 덧붙여서 이쪽은 유광이다.

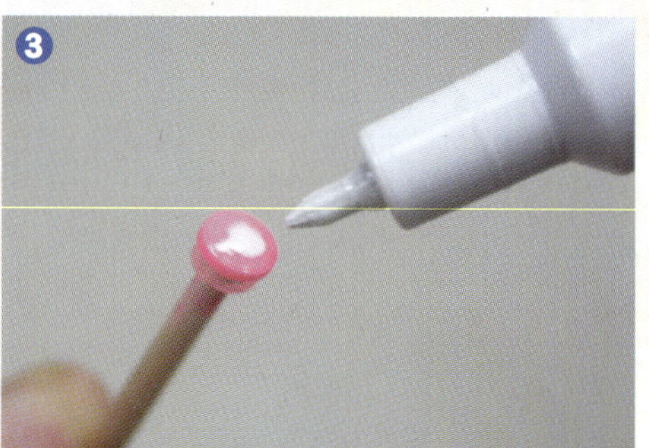

▲ 단색으로는 표현이 부족하니 가운데에 하이라이트를 넣어보자. 핑크색을 두껍게 칠하고, 마르기 전에 흰색을 조금 찍어준다. 그렇게 하면 미묘하게 번져서 가장자리가 흐릿하게 된다.

## 칠한 가장자리를 정리하자

여기서 소개할 것은, 칠한 부분의 가장자리를 정리하는 방법. 삐져나온 뒤에 수정하는 방법 이외에, 미리 삐져나오기 어렵게 하는 방법도 있다. 이런 것을 알아두면 도색에도 도전하기 쉬울 것이다.

▲ 부품 표면의 요철을 회색으로 칠한 예. 주위에 조금 삐져나온 부분이 있다. 이 부분을 수정해 보도록 하자.

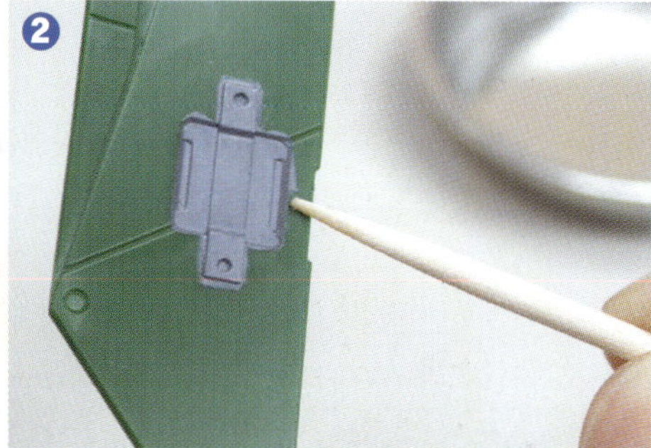

▲ 도료의 희석액을 묻힌 이쑤시개로 삐져나온 부분을 문질러준다. 이쑤시개라면 문질러도 부품에 상처를 입힐 확률이 낮다. 우묵한 부분에 사용할 때는 끝을 나이프로 다듬어서 뾰족하게 해주면 편리.

▲ 삐져나온 부분을 나이프로 긁어내면 더욱 간단하다. 단, 표면이 조금 깎이게 된다. 하지만 이 뒤에 무광 클리어를 뿌리면 이 정도 흠집은 눈에 띄지 않게 할 수 있다.

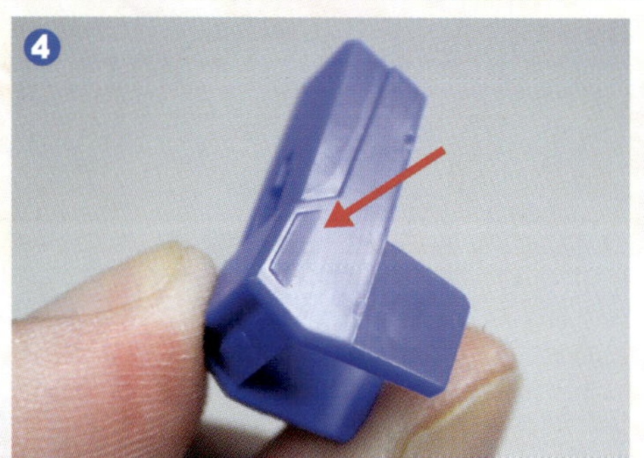

▲ 이쪽은, 칠할 부분의 경계가 부품의 형상으로는 확실히 구분되지 않은 예. 튀어나온 곳을 노랗게 칠해야 하는데 화살표 부분에 명확한 경계가 없다.

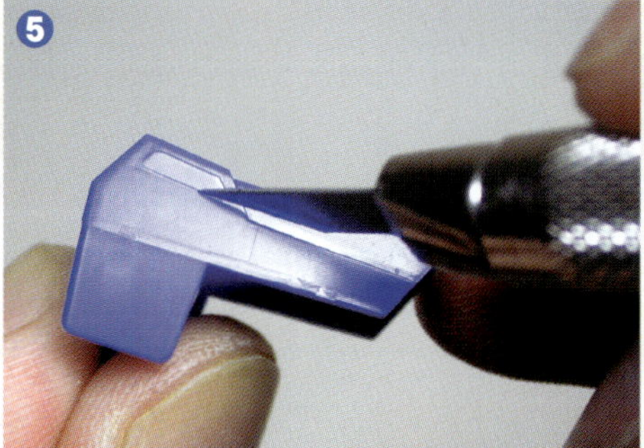

▲ 이런 경우에는, 칠할 곳에 나이프로 칼자국을 내 주자. 어긋나지 않도록 가이드로 스카치 테이프 등을 붙여주면 좋다.

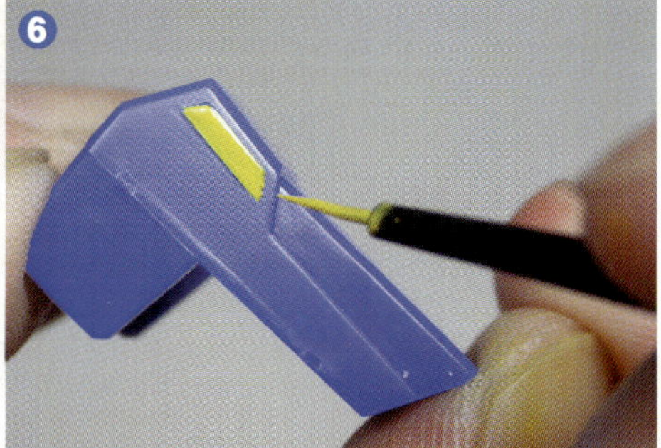

▲ 노란색으로 부분 도색을 한 모습. 나이프로 칼자국을 낸 곳에 주목. 약간 홈이 생긴 덕에, 도료나 붓이 그곳을 넘기 힘들어서, 샤프한 경계선이 되었다.

### CHECK POINT

**●붓의 세척**

▶붓을 사용했으면 재빨리 희석액으로 닦아두자.
①도료 접시에 희석액을 넣고, 붓 끝을 저어서 도료를 털어낸다.
② 그리고 붓 끝에 티슈를 뭉쳐서 문질러주면서 희석액과 도료를 흡수시킨다. 이것을 여러 번 반복할 것.

# 3. 금속 테이프의 활용

도색으로는 표현이 어려운, 금속의 광택. 그것을 간단히 더해줄 수 있는 것이, 시판되고 있는 금속 테이프이다. 얇고 점착력이 있는 것이기에 평면은 물론, 완만한 곡면에도 붙일 수 있다. 도금이 된 부품의 접합선 수정이나 보수에도 쓸 수 있으니 키트를 스트레이트 빌드하는데 있어서는 반가운 아이템이다. 색도 금색, 은색 외에도, 파랑, 빨강, 초록 등이 있어서 키트 부속의 호일 씰 대용으로도 쓸 수 있을 것이다. 또한, 부품 표면에 붙이는 것만이 아니라 클리어 부품의 뒷면이나 안쪽에 붙여주면 반사면으로 활용하는 것도 가능하다.

## 이런 곳에 사용하면 편리

금속 테이프의 소재를 그대로 살려서, 도금 부품의 접합선을 눈에 띄지 않게 해 보자. 그 외에도 반사면이나 호일 씰 대용으로도 쓸 수 있다.

1

▲ 부담없는 가격으로 구할 수 있는 금속 테이프가 「라피 테이프」와 「마이 랩」. 색도 여러 종류를 고를 수 있다. 넓은 면에 붙이고 싶은 경우에는 주방용「키친 테이프」도 마찬가지로 사용할 수 있지만, 이쪽의 색은 은색뿐이다.

2

▲금색 도금의 부품을 조립한 상태. 부품간의 접합선이 약간 눈에 띈다. 이것을 금속 테이프로 가려보자.

3

▲ 붙일 면의 한 쪽을 잡고, 가볍게 당기면서 구겨지지 않도록 붙여준다. 이 예에서는 여백을 나중에 잘라내지만, 일단 씰의 대지 등에 붙여서 필요한 모양으로 자른 뒤에 붙이는 방법도 있다.

4

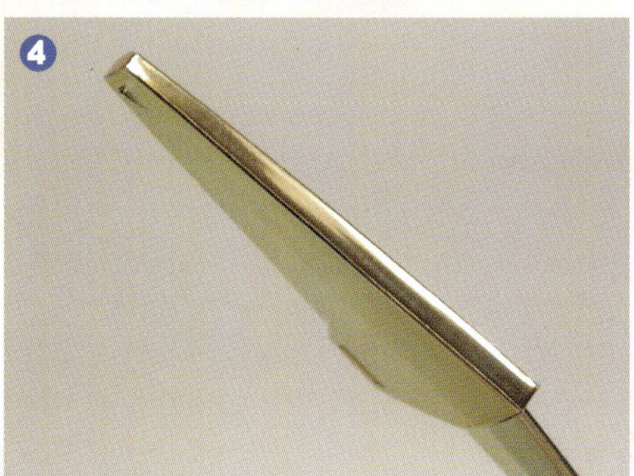

▲ 여백을 잘라내서 마무리한 모습. 테이프를 위쪽까지 돌려서 붙인 것을 알 수 있겠는지? 둥근 면에서는 확실히 밀착되지 않는 부분이 생기지만, 단순한 모서리라면, 이렇게 붙일 수 있다.

5

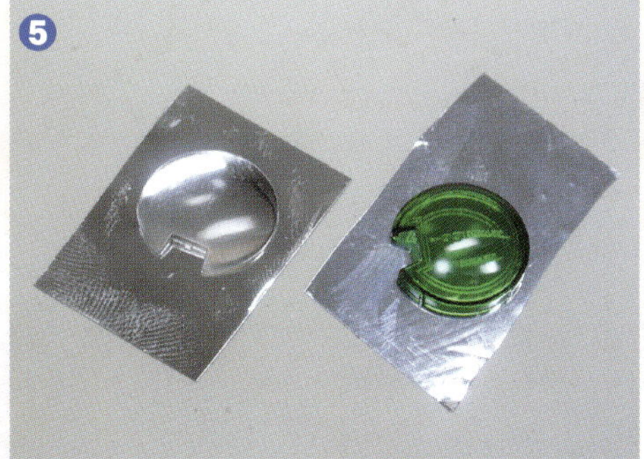

▲ 클리어 부품의 뒤쪽에 금속 테이프를 붙여서, 반사면으로 삼은 모습. 빛을 반사해서 반짝이기 때문에, 클리어가 보다 돋보이게 된다. 자동차 모형 등의 라이트 렌즈 부위의 재현에서도 자주 사용되는 방법이다.

6

▲ 왼쪽은 각 색상의 금속 테이프. 이것들을 그대로 붙이는 외에도, 표면에 도색용 마커를 칠해서, 호일 씰처럼 사용하는 것도 가능하다.

CHECK POINT

### ●붙일 면을 다듬어 주자

◀부품의 접합선에 테이프를 붙일 때, 단차나 빈틈이 있으면, 테이프를 밀착시켰을 때에 그것도 드러나게 된다. 그렇게 되지 않도록, 평평하게 다듬어준 뒤에 테이프를 붙이자.

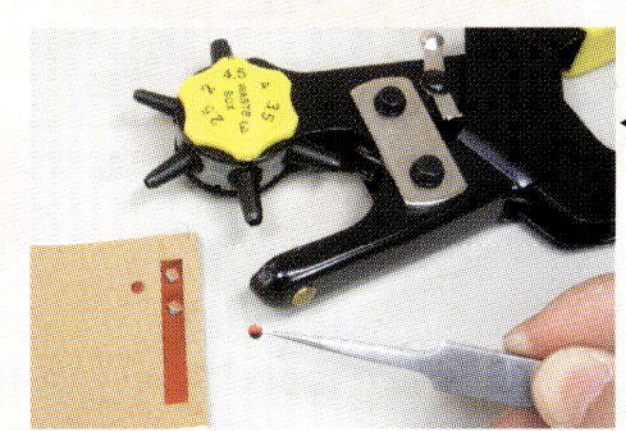

### ●둥글게 잘라내자

◀금속 테이프를 둥글게 잘라내고 싶을 때에는, 펀치를 사용하면 편리하다. 구멍을 뚫는데 사용하는 펀치는, 사진의 예와 같이 각 사이즈가 회전식으로 되어있는 것 외에, 끝부분 교환식, 한가지 크기만 있는 것도 있다.

# 4. 웨더링(Weathering)

「웨더링」이란 오염된 부위를 표현하는 도색 기법을 말한다. 기체의 색이 바래거나, 녹이 슨 부분 등의 표현을 더해줘서, 하나의 작품이라도, 그것이 어떻게 사용되었는지 또는 시간의 경과 등 스토리를 느낄 수 있도록 만드는 것이다. 오염의 원인을 상상해서 리얼리티에 집착해서 하는 방법도 있고, 작품이 근사하게 보이도록 색이나 더러움을 연출하여 더해주는 것도 좋을 것이다.

웨더링에는 모형용의 도료를 사용하는 것 외에도, 질감이 다른 전용 매터리얼도 여러 가지가 발매되어 있으니 우선은 간단히 이것을 이용해 보는 것도 좋을 것이다. 본 챕터에서는 도색하지 않은 1:100 MG 자쿠 Ver.2.0에 각종 웨더링 표현을 하여 마무리 해 보려고 한다.

## 웨더링용 매터리얼

펜 타입부터 분말, 반 고형 등 형태도 색도 많은 종류가 있는 웨더링 매터리얼. 먼저 각각의 특징을 소개해 두겠다.

1

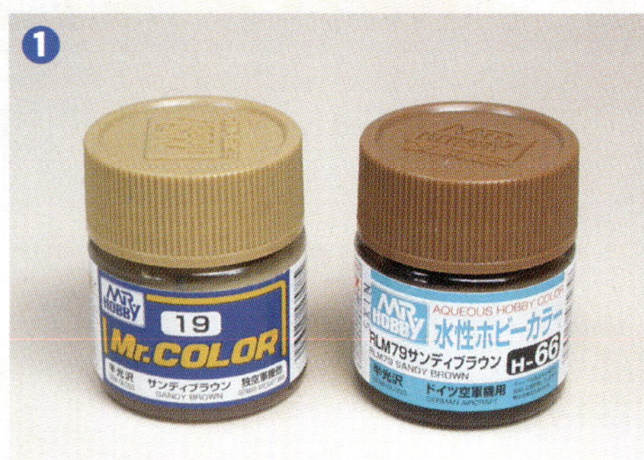


▲ 모형용 도료「Mr.컬러」와「수성 하비 컬러」. 모형용 도료를 그대로 사용해도 칠하는 방법에 따라서는 질감을 바꾸거나, 더러움을 표현할 수 있다. 락커계로 칠한 위에 겹쳐 칠한다면, 수성을 사용하는 쪽이 좋다.

2

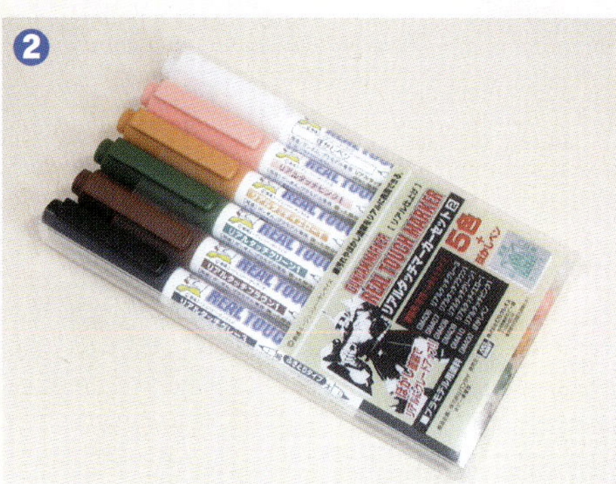

▲「건담 마커 리얼 터치 마커」(GSI크레오스/1,260엔). 먹선의 항에서도 소개했지만 그린 뒤에 번지게 하는 터치를 해서, 웨더링이나 그라데이션에 사용하는 것이 본래의 용도.

3

▲ 건담 마커 웨더링 마커(GSI크레오스/ 1,260엔). 특정의 오염 유형에 맞춘 6자루의 마커 세트. 「진흙」「녹」「그을음」「모래」의 4자루는 그린 뒤 닦아내는 타입이며, 「번트 아이언(burnt iron)」과 「은색」은 부분 도색용.

4

▲ 「웨더링 파스텔」(GSI크레오스/945엔). 분말 상태인 파스텔 세트. 문질러주거나 칠해서 사용한다. 「녹」「흙」「모래」의 3색 세트. 그 외에 「붉은 녹」「먼지」「그을음」의 세트도 있다.

5

▲「타미야 웨더링 마스터」(타미야/ 630엔). 화장품 같은 팔레트에 안료가 굳혀져 있어서, 이것을 동봉된 스폰지나 브러시로 문질러 사용한다. A~E의 5종류가 있고, 금속조의 색상도 있다.

6

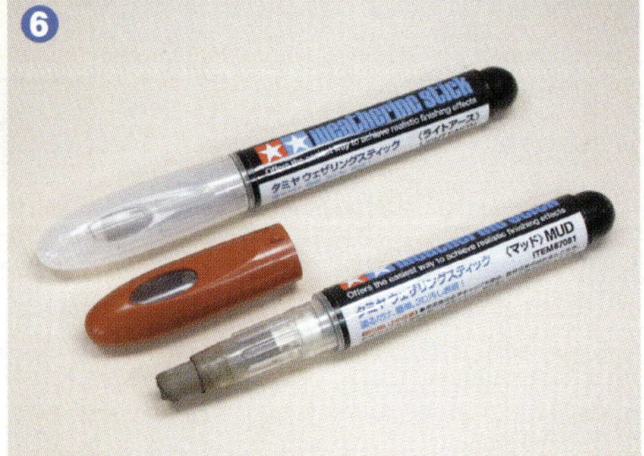


▲「타미야 웨더링 스틱」(타미야/315엔). 딱풀처럼 칠해서 사용하는 것. 내용물은 반 고형으로, 덩어리로 발라주거나, 물로 녹여서 입히는 것도 가능하다. 전 4종.

### CHECK POINT

#### ● 매터리얼의 정착

▶ 웨더링 매터리얼은 부품 표면에 그대로 바르면 잘 정착하지 않는다. 사진은, 부품의 오른쪽 절반에만 무광 스프레이를 뿌린 뒤에 리얼 터치 마커를 바른 것. 정착도의 차이를 알 수 있을 것이다.

# 밑바탕을 만들자

웨더링에서는 문지르거나, 닦아내는 작업이 많다. 키트의 부품 표면 그대로는 정착성이 그다지 좋지 않기 때문에, 적절히 정착되도록 "밑바탕"을 준비해 두자.

▲ 정착성을 높이는 간단한 방법으로는 부품에 무광 스프레이를 뿌려주는 방법이 있다. 이럴 때는 락커계의 도료를 사용하는 것을 추천. 닦아내거나, 지우개 펜에도 강하다.

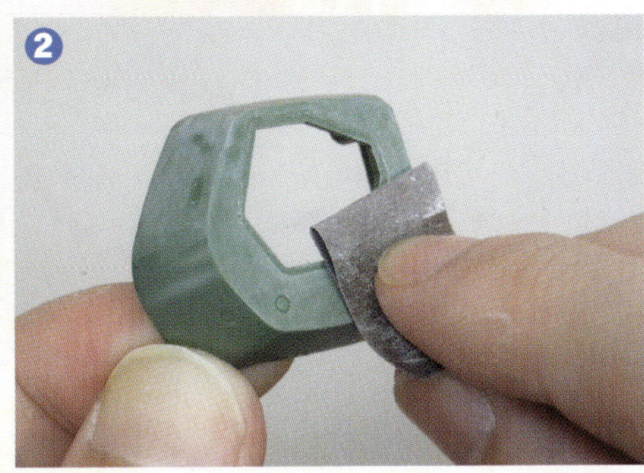

▲부품 전체를 800번 종이 사포로 문질러주는 방법. 표면에 자잘한 흠집이 생겨서 정착성이 높아진다. 번거롭기는 하지만, 게이트 처리나 파팅 라인 지우기와 같이 해주면 된다. 본 작례에서는 이 방법을 사용.

▲넓은 면이나 곡면의 사포질에는, 「스폰지 사포」를 추천. 소재 부분이 스폰지라서 곡면에 맞추기 쉽고, 빠르게 처리할 수 있다. 단, 샤프한 모서리가 둥글게 되기 쉬우니 주의.

# 문질러서 도료의 퇴색을 표현

웨더링의 첫 단계는 오래 사용해서 색이 바랜「퇴색」의 표현. 이것을 모형용 도료로 처리해 보자. 붓 끝을 마른 상태로 해서 문질러주거나 쳐주듯이 바르는「드라이 브러싱」이라는 기법이다.

▲ 왼쪽의 녹색 부품을 예로 삼아보자. 겹칠 색은 부품 색에 샌디 브라운을 더해주는 것으로 약간 밝게 하고, 「플랫 베이스」를 더해서 광택을 죽인다. 붓은 평붓의 끝을 짧게 자른 것.

▲ 붓에 도료를 묻히고, 종이 등에 문질러서 여분의 도료를 떨군 뒤 약간 마른 느낌으로 해 준다. 어느 정도 도료를 묻히고, 얼마나 말라야 좋은지는 런너 등에 시험 삼아 칠해보면 알기 쉬울 것이다.

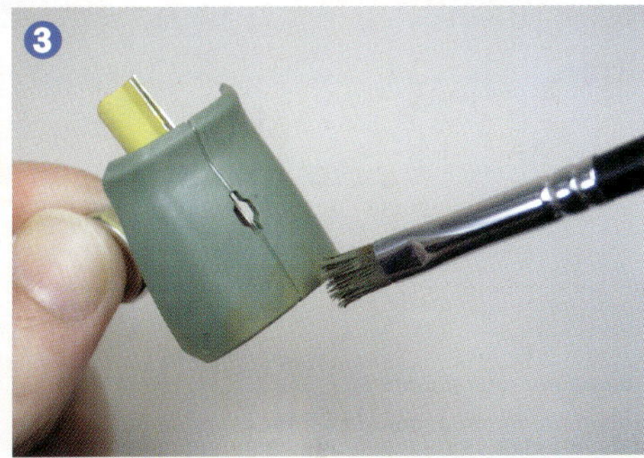

▲ 부품의 가장자리를 붓으로 찍어주듯 해서, 긁힌 자국을 만들어 준다. 자잘한 붓 자국이 남아서 그럴 듯 해 보인다. 도료가 너무 많이 묻지 않게 해주는 것이 포인트. 부품 표면을 붓 끝으로 친다는 느낌으로 발라도 좋을 것이다.

▲ 이번엔 빠르게 치듯 해서 표면에 자국을 만들어 간다. 테두리나 몰드의 가장자리 등 붓 끝이 스치기 쉬운 곳에 자연스럽게 도료가 묻는다.

▲ 계속해서 몸체 부품 전체에 처리한 모습. 회색 부분에도 같은 색으로 해줬다. 색의 차이가 있어서, 그 효과를 알기 쉽다. 돌기나 가장자리 부분에 밝은 색이 들어가 부품의 요철도 강조되고 있다.

▲붓 끝으로 쳐주는 방법은, 털의 뿌리 쪽에서 도료가 굳어 탄력이 없어지면 점점 터치의 상태가 좋지 않게 된다. 붓을 자주 씻어서 부드러운 상태를 유지하도록 하자.

CHECK POINT

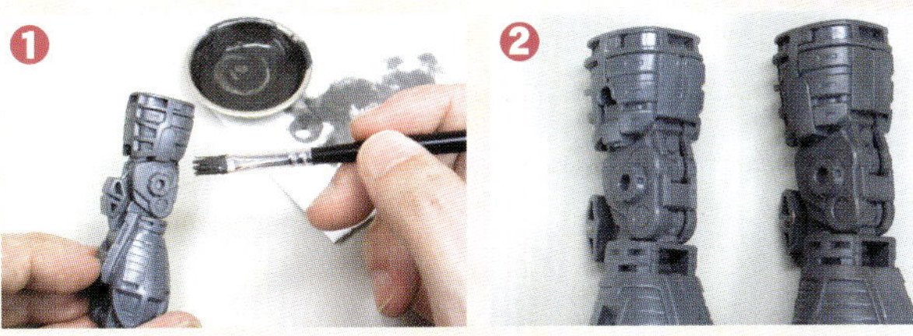

## ● 드라이 브러시로 금속 질감을 연출

◀ 메탈릭 도료를 사용한 드라이 브러시로 부품 표면에 금속 질감을 연출해 보겠다. ②예는 자쿠의 프레임 부품. 왼쪽이 키트 그대로, 오른쪽이 도색 후. 테두리 부분이 둔탁하게 빛나서, 금속 소재가 드러나 있는 것 같은 느낌이 든다. 또한, 화학적 내성이 비교적 약하여 도색을 추천하지 않는 ABS 부품이라도 이런 방법으로 칠해주면 용제의 영향도 적기에 파손될 걱정도 없다.

# 리얼 터치 마커

더럽힘이나 그라데이션 도색을 간단하게 할 수 있는「리얼 터치 마커」. 이번엔 이 마커로 퇴색 표현을 해 보자. 먹선의 경우와는 달리 적당히 남기는 "닦아내기의 조절"이 포인트다.

▲ 리얼 터치 마커의 잉크는 밑색이 비치므로 펜의 색이 그대로 나오는 것이 아니라 색감을 변화시키는 방법으로 사용하게 된다. 진한 색의 위에서는 색의 차이가 잘 드러나지 않는다. 위에서부터 브라운, 옐로우, 오렌지를 바른 예.

▲자쿠의 밝은 녹색 위에「리얼 터치 옐로우-1」로 더럽혀진 부분을 그려 넣는다. 나중에 번지게 할테니, 이 단계에서는 일단 더럽힐 위치에 그려준다, 라는 느낌이다.

▲「지우개 펜」을 사용해, 잉크를 녹여서 넓게 퍼지게 해 준다. 거기에 면봉으로 주위를 문질러서 퍼뜨리거나, 닦아주거나 해서 모양을 내 준다.

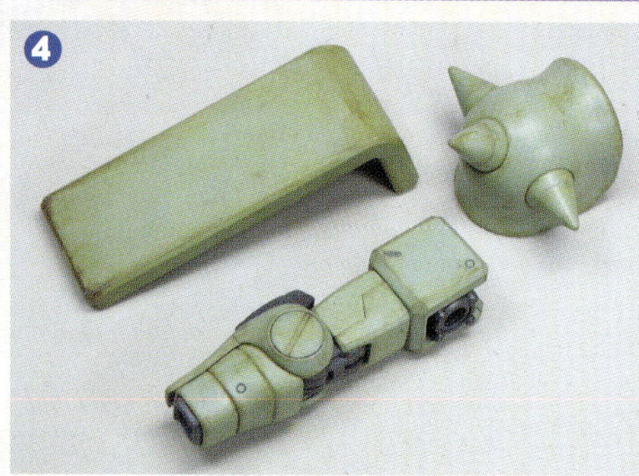

▲ 몰드나 가장자리 부근에 남도록 해서 완성된 모습. 하나의 색이라도 잉크가 남은 정도로 농담의 변화를 줄 수 있으니, 약간 더럽혀진 느낌이라면, 찌든 정도의 표현까지 가능하다.

▲드라이 브러시로 퇴색시킨 위에, 녹이 슨 느낌을 그려보자. 여기서는 브라운을 가장자리나 면의 바깥쪽을 중심으로 칠하고 있다. 위의 파이프 부분 등 세부의 먹선 효과도 겸하고 있다.

▲ 앞서와 마찬가지로 면봉으로 모양을 내 준다. 퇴색해서 색이 옅어진 가장자리에 녹까지 슬었다는 느낌이 되었다. 이렇게 더럽힘을 겹쳐주는 것에 의해 더욱 깊이 있는 효과를 냈다.

# 웨더링 마커

「웨더링 마커」에는 닦아내는 타입과 도색용이 있지만, 도색용의 취급은 다른 색과 마찬가지니, 여기서는 닦아내는 타입을 예로 소개한다. 닦아내는 타입은, 마르면 광택이 완전히 없어지는 것도 특징이다.

▲ 러스트 레드(rust red:녹)으로 어깨 장갑의 가장자리에 녹을 그려준다. 이렇게 하면 확실히 색이 입혀지고, 광택이 없어지는데. 이대로는 터치를 하기도 힘들고 단조로운 느낌이다. 펜촉 다루는 방법은 도색용 마커와 같다.

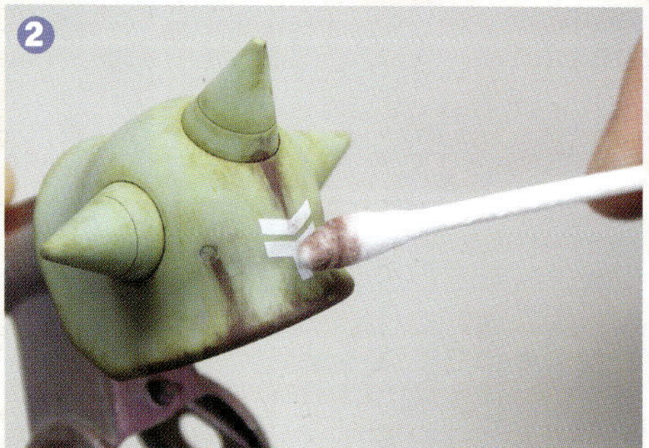

▲ 마르면 면봉으로 조금씩 닦아내서, 칠한 범위를 조정하거나, 번지게 해 준다. 여기서는 녹이 아래로 흐른듯한 터치로 했다. 또한, 너무 더럽혔을 때는, 물을 묻혀서 문지르면 잘 지워진다.

▲ 이쪽은 데미지를 입은 곳의 우묵한 부분을, 수트 블랙(soot black:그을음)으로 검게 그을린 표현을 했다. 이 색은 광택이 없어진 블랙이기에 우묵한 곳의 안을 검게 칠해주는 느낌으로 색 표현을 할 때도 사용한다.

## CHECK POINT

### ● 지우개 펜이 더러워지면

▶ 지우개 펜의 촉이 더러워지면, 색을 번지게 할 때 탁해져 버리니 촉을 깨끗이 해 두자. 티슈를 말아서, 펜촉을 감싸고 주물러주면, 배어있던 색을 티슈가 빨아들인다.

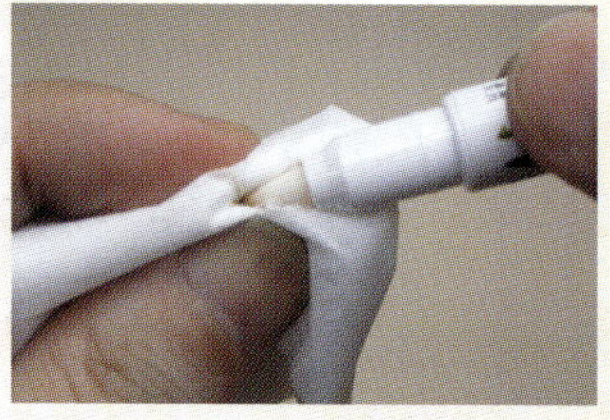

### ● 데미지 표현

▶ 웨더링은 아니지만, 위에서 소개한 데미지 표현의 방법. 불을 붙인 향을 부품에 가까이 대면, 그 열에 플라스틱이 녹으면서, 탄흔 같은 우묵한 모양을 간단히 만들 수 있다.

## 웨더링 마스터

색조 화장품 같은 이미지로, 간단히 더러움을 표현할 수 있는 것이 타미야의 「웨더링 마스터」. 칠해주기만 하면 그만이니, 이런 것으로 웨더링을 체험해 보는 것도 좋을 것이다.

▲ 웨더링 마스터는 팔레트의 안료를 부속의 스폰지나 솔로 문질러서 칠하는 방식. 솔로 칠해주면 가루 같은 표현이 된다. 전용 스폰지 붓도 별도로 판매되고 있다.

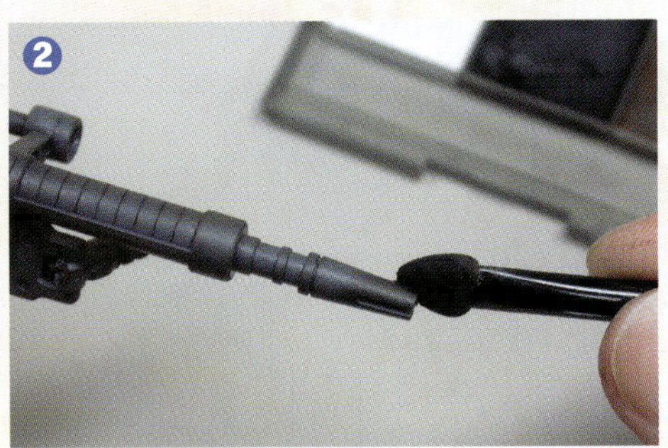

▲「B세트」의 가운데 부분인 「그을음」을 머신건의 끝 부분에 발라서 그을음을 표현해 줬다. 스폰지로 바르면 약간 점성이 있어서 표면에 쉽게 정착된다. 너무 발랐다면 티슈나 면봉 등으로 닦아주면 된다.

▲ 이쪽은 「A세트」의 「모래」를 솔로 바르고 있는 모습. 솔로 문질러 주면 가루 상태가 되어, 모래가 묻은 모습이나 찌든 표현에 좋다. 단, 정착성은 그리 좋지 않다.

## 웨더링 파스텔

웨더링용으로, 가루 상태의 안료 세트. 그대로 칠해줘도 좋고, 수성 도료의 용제와 섞어서 정착성을 높이는 것도 가능하다.

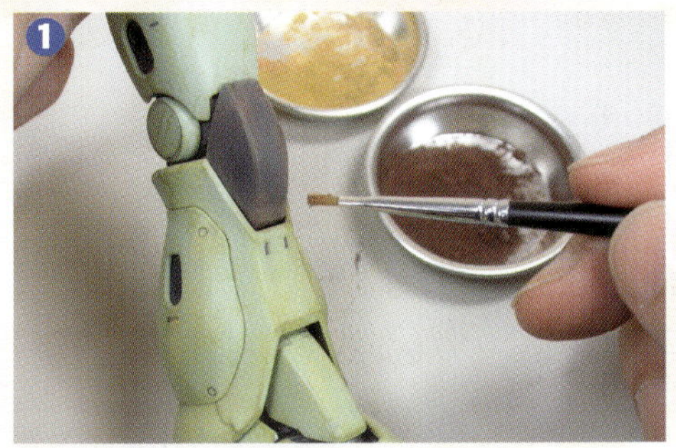

▲ 붓으로 파스텔 가루를 칠해준다. 가루가 옅게 묻어서 살짝 더러워진 느낌을 표현할 수 있다. 파스텔을 단색으로 바르면 단조로우니, 여러 색을 섞어서 사용하면 더욱 효과적이다.

▲ 가루를 칠하는 것 만으로는 벗겨지기 쉬우니, 정착성을 높이는 방법. 파스텔에 수성 하비 컬러의 희석액을 더해서 섞어주는 것이다. 웨더링 표현으로서는 약간 더러워진 것이 아니라, 거칠거칠하게 굳은 느낌이 난다.

▲ 발밑에 흙이 묻은 표현으로 칠해 준 모습. 붓 끝으로 쳐주면 「진흙이 튄」모습도 그럴 듯 하게 표현할 수 있다. 마른 뒤에는 칠했을 때 보다 밝은 느낌이 되니 그 점에 주의. 이 예에서는 발끝 부분이 건조되고 있다.

## 웨더링 스틱

진흙이나 눈이 들러붙은 상태 등, 발라서 입체적인 표현을 할 수 있는 것이 특징인 아이템. 흔히 보는 딱풀 같은 형태이며, 같은 방법으로 다룬다.

▲ 스틱의 자루를 돌리면, 이렇게 펜촉이 나온다. 끝은 안료를 굳힌 것으로, 약간 말랑하다. 부품에 눌러주듯 하며 발라주면, 형태가 뭉개지며 표면에 부착된다.

▲「진흙」을 발 밑의 진흙이 묻은 상태에 사용해 보자. 보시는 대로, 표면에 묻은 느낌이 되었다. 단지 이 상태로는 단조롭고, 분위기가 잘 나지 않는다. 조금 더 연구해 보자.

▲ 웨더링 스틱의 안료는 물에 녹으니 물을 묻힌 붓으로 터치해준다. 얇게 발라주거나 덩어리를 남겨 두는 표현 등을 통해 스케일 적으로도 자연스러워 졌다.

**CHECK POINT**

### ●파스텔의 벗겨짐

◀ 파스텔 등 표면에 칠해주기만 한 매터리얼은 손을 타면 벗겨져 버리니, 다룰 때는 주의하도록. 특히 손의 유분이 묻은 채로 만졌다가는 이 모양이 되어버린다.

### ●시판 파스텔

◀ 분말 상태의 안료를 웨더링에 사용할 때 예전에는 미술용 파스텔을 갈아서 사용했다. 전용 매터리얼이 아니라도, 이렇게 사용할 수 있는 것이다. 파스텔은 한 개에 100엔 정도부터 입수 가능.

# 5. 완성

웨더링을 중심으로 실감을 높이는 마무리를 해 준 1:100 MG 자쿠 Ver.2.0. 본래 도색의 마지막 마무리로 해주는 「웨더링」을 하는 것 만으로도 이 정도의 완성도가 된다. 최신 건프라의 높은 퀄리티를 살린 작례라고 할 수 있으리라.

또한, 기체가 실제로 존재했다면 어떨 것인가 하는 이미지를 떠올리며, 여러 가지 표현을 더해가는 것은, 그 자체만으로도 즐거운 것. 깔끔하게 만드는 것뿐만 아니라, 이런 표현을 담아주는 것도 건프라의 즐거움이다.

## MS-06J ZAKU Ⅱ

BANDAI 1:100 scale plastic kit "MG"

### 간단 웨더링으로 실감 만점의 완성도

▲ 각 부분을 드라이 브러시와 웨더링 마커로 표현해준 뒤, 마크를 붙이고, 수성의 무광 스프레이를 뿌려서 광택을 잡아줬다.

▲ 탄흔의 데미지 표현을 해준 실드. 표면의 오염이 아래쪽으로 흐르는 듯한 방향이라는 점에 주목.

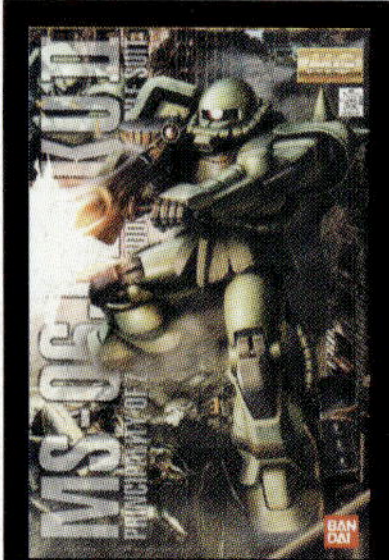

**MG 양산형 자쿠 Ver.2.0**
●발매원/ 반다이 하비 사업부 ●1:100 스케일 플라스틱 키트, 전고 18cm ●정가/ 3,675엔 ●2007년 4월 발매 ●등장 작품/『기동전사 건담』

▲스파이크 아머에는 퇴색 표현 위에 녹을 겹쳤으며, 거기에 파스텔의 샌드(모래색)을 얇게 칠해서 표현을 안정되게 해줬다.

▲머신건의 스코프는 클리어 부품 안쪽에 금속 테이프 빨간색을 붙여서 표현했다. 안에서 빛이 반사되어서 깊이가 느껴진다.

▲머신건도 프레임 부분과 마찬가지로, 가장자리 부근을 메탈릭 그레이로 드라이 브러싱 해서, 금속 질감을 강조.

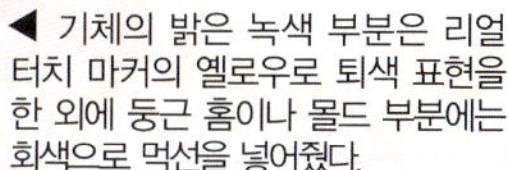

◀ 기체의 밝은 녹색 부분은 리얼 터치 마커의 옐로우로 퇴색 표현을 한 외에 둥근 홈이나 몰드 부분에는 회색으로 먹선을 넣어줬다.

▼프레임 부분은 드라이 브러시로 금속처럼 도색. 테두리를 두드러지게 해서 디테일을 강조했다.

▲ 발밑이나 뒤쪽의 챙 부분에는, 진흙 덩어리와 흙이 튄 분위기를 살려봤다. 이쪽은 전용 매터리얼이 잘 활용되었다.

# MSN-02 ZEONG

**BANDAI 1:144 scale plastic kit "HGUC"**

▶컬러링은 MSV「사이코뮤 고기동 시험형 자쿠」의 흐름을 이어, 라이트 그레이의 바디에 붉은 라인을 넣어 주었다.

## 몰드를 추가해서 메카닉으로서의 MS를 표현

### HGUC 지온그

제작/ 노모토 켄이치

키트를 제작할 때, 자기 나름대로 고찰해서 디테일을 추가하거나, 컬러링을 바꿔보는 것도 재미있는 일이다. 이 작품은 그런 생각으로 기체의 각 부분에 패널라인을 추가, 컬러링도 변경해 봤다. 주된 추가 공작인 패널라인 작업(engraving)은, 철필이나 디자인나이프, 에칭 톱을 사용. 몰드가 비뚤어지지 않도록 스카치테이프를 가이드로 붙이거나, 같은 패턴인 부분은 프라판으로 전용 틀을 만들어서 사용했다. 도색 작업에서는 그러한 것들을 강조하듯, 먹선을 넣어줬다.「월간 하비 재팬」2001년 8월호 게재.

▶거북 등딱지 같은 몰드를 추가해 준 스커트 주변. 머리에는 샤아가 탈출에 사용했던 후면 해치도 추가했다.

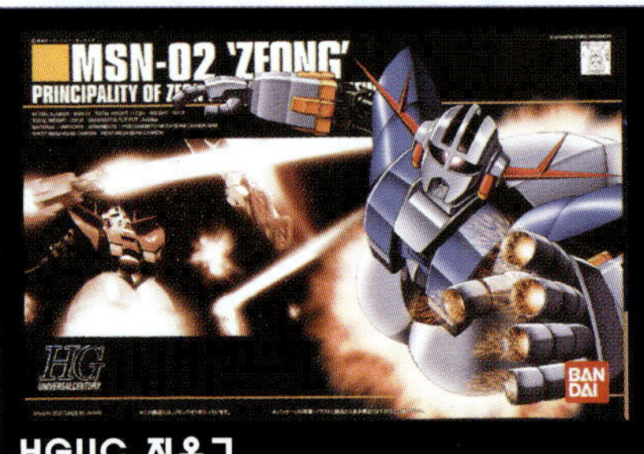


**HGUC 지온그**

●발매원/ 반다이 하비 사업부 ●1:144 스케일 플라스틱 키트, 전고 13cm ●정가/ 1,890엔 ●2001년 6월 발매 ●등장 작품/『기동전사 Z 건담』

# Step-up 테크닉 공작 편

STEP 4

RX-78-2
GUNDAM Ver.2.0
BANDAI 1:100 scale plastic kit "MG"

# 정밀감을 높이기 위한 추가 공작

## 이것이 STEP4의 포인트!

키트의 부품에 손을 대서 완성도를 높이는 공작을 알아보자. 본래의 디자인에 가깝게 하기 위하여 부품의 접합선을 지우거나 마무리에 신경쓴 표면 처리 등의 추가 공작이 그것이다. 최근의 건프라는 접합선이 눈에 띄지 않게 하는 분할이 되어있지만 조금 오래된 키트나 부품이 적은 키트에서는, 이런 작업이 필요한 경우도 많다. 여기에 더하여 도색하기 전의 밑바탕 만들기와 부품의 결합이나 관절의 움직임을 조정하는 방법도 여기서 소개하고자 한다.

### 1. 부품의 가공

●안전을 위해 부품에 붙어있는 "여백"을 잘라내거나, 부품을 뾰족하게 해서 샤프하게 마무리 해보자. 또한, 간단한 공작으로 가동 범위를 넓히는 가공 등도 소개한다.

### 2. 부품의 접착

●접착이 필요 없는 스냅 핏이라도 보다 확실히 고정하고 싶은 곳을 접착해주면, 완성 후에도 안심. 소재나 끼우는 방법 등에 따라, 사용하는 접착제도 달라진다.

### 3. 접합선의 수정

●부품들이 만나는 부분에 생기는 틈이나 단차. 이것을 메워서 매끈하게 마무리 하면 「장난감 같은 느낌」이 없어지면서 겉보기도 확실히 달라진다.

### 4. 표면 정리

●부품의 표면에 생기는 "수축"이나 각종 가공으로 생긴 흠집자국 등을 없애, 깔끔하게 다듬는 것이 표면 처리. 도색을 할 경우의 밑바탕 만들기도 겸해서「서페이서 뿌리기」도 소개한다.

### 5. 결합 부위의 조정

●추가 공작이나 도색을 하게 되면 스냅 핏의 결합을 느슨하게 하고 싶은 경우가 생긴다. 반대로 타이트하게 만들고 싶은 경우의 대처법 등도?

### 6. 관절의 조정

●손목이나 목, 허리 등 각 부위의 가동 기믹 등, 다양한 곳의 움직임을 지탱하는 "관절". 자유로이 포즈를 취하려고 해도 이것이 헐렁해서는 제대로 자세가 나오지 않는다. 그런 경우의 대처법을 소개.

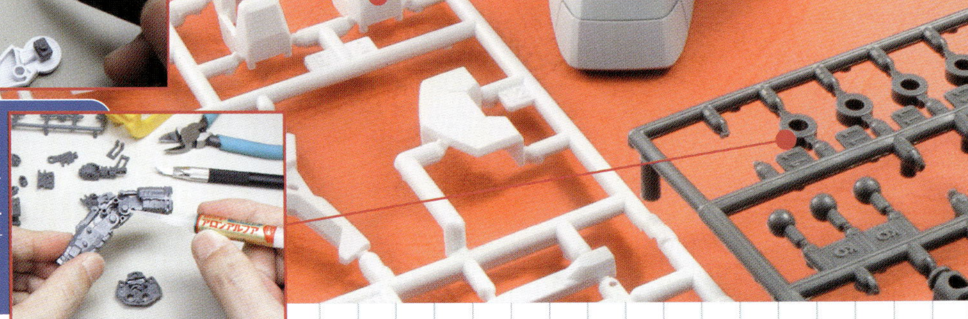

# 여기서 사용하는 도구는?

## ●줄

단단한 소재를 깎거나, 특정 형상으로 가공할 때에 편리한 것이, 금속제「줄」이다. 다양한 종류와 크기가 있지만, 우선은 모형용으로 판매되고 있는, 적당한 사이즈의「줄 세트」를 구입 하면 좋을 것이다. 600엔 정도부터 구할 수 있다.

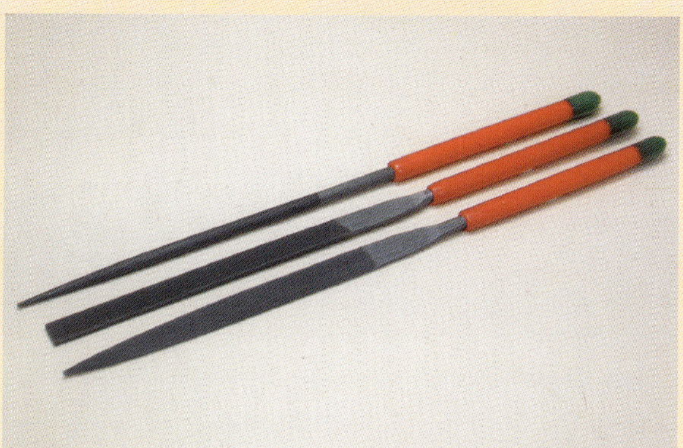

▶ 위에서부터「원」「평면」「반원」.
이 세가지가 모형 공작에 자주 사용되는 것. 그 외에 삼각이나 사각 등도 있다.
갈아내는 면의 모양은 날이 교차하는 모양의「겹날」이 일반적.

## ●접착제

프라모델 제작에서는, 플라스틱을 녹여서 붙이는「프라모델용 접착제」를 사용하는 것이 기본.
하지만「순간 접착제」나, 그 외의 접착제가 편리한 경우도 있다.
접착한 뒤의 마무리, 다음 작업으로 넘어갈 때까지의 시간, 또한 틈새 메우기를 겸할지 어떨지 등의 경우에 따라 구분해서 사용하면 편리하다. 각각의 특징을 이해해두는 것이 중요!

▲ 왼쪽의「Mr. 시멘트」는 수지 성분이 들어있는 통상 타입의 접착제. 오른쪽의「Mr. 시멘트S(흘려 넣는 타입)」은 용제 성분만 들어있는 저점도 타입으로, 물처럼 흐른다. 틈새에 슬쩍 흘려 넣어서 사용한다. (각 157엔, 262엔/ GSI 크레오스)

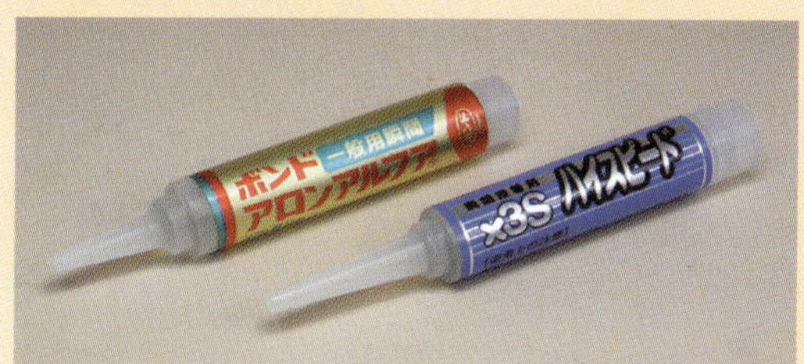


◀ 대표적인 순간 접착제인「아론 알파」(472엔/ 코니시)는 점도가 있는 타입. 접착 외에 틈새를 메우는데도 사용할 수 있다. 오른쪽의「x3S 하이스피드」(3개들이, 473엔/ 웨이브)는 점도가 낮은 타입으로, 부품을 끼워 맞춘 뒤에 흘려 넣어서 사용한다.

◀ 수성 비닐계 접착제「타미야 크래프트 본드」(314엔/ 타미야). 플라스틱을 녹이지 않고, 삐져 나와도 굳기 전이라면 닦아낼 수 있으며 굳으면 투명해진다. 클리어 부품 등, 도색 후의 작은 부품의 접착에 편리.

## ●락커 퍼티

▲「타미야 퍼티」(262엔/ 타미야). 찰흙 같은 페이스트로, 색은 회색 외에 흰색도 있다. 락커계 용제와 섞어서 희석시킨 이른바「녹인 퍼티」로 사용하는 경우도 많다.

플라스틱 소재의 우묵한 부분이나 흠집을 메우는데 사용하는 충진제. 「플라스틱 퍼티」라고도 불리운다. 용제 성분이 플라스틱을 녹여서, 표면에 정착되기 쉽다. 다만 용제계이기 때문에 건조 시간이 오래 걸리고, 건조된 뒤에는 수축되는 경향이 있는 관계로 두껍게 발라 작업하는 데는 어울리지 않는다.

## ●서페이서

절삭 작업을 마친 부품의 표면 정리나, 도색 전의 밑바탕으로 칠하는 것이 바로 서페이서.
자잘한 흠집을 메우는 동시에 표면의 색을 정리해서 흠집을 발견 하기 쉽게 하거나, 위에 덧칠할 도료가 잘 정착되도록 하는 효과가 있다.
스프레이 타입이 일반적이지만, 병에 든 타입도 판매되고 있다.

◀「Mr. 서페이서 1000」과,「1200」(각 630엔/ GSI 크레오스). 숫자는 입자의 고운 정도를 나타낸다. 사포와 마찬가지로, 숫자가 큰 쪽이 입자가 곱다.

# 1. 부품의 가공

건프라에서는 안전을 고려해서 부품의 일부가 본래의 디자인보다 굵게 되어있거나「플래그」라고 불리는 "여백"이 붙어있는 경우가 있다. 그냥 조립하는데 있어서는 굳이 부품의 형상에 손을 댈 필요는 없지만 이런 곳을 샤프하게 깎아주거나 잘라내는 작업을 통해 의해 완성품의 정밀도가 달라지게 된다.

또한 키트에 따라서는 관절 부분 등에 약간의 가공을 해 주면 더욱 자유롭게 움직이게 되어 가동 범위가 넓어지는 포인트도 있다.

부품의 가공이라고 하면 어렵게 들릴지도 모르지만 우선은 이러한 "간단하고 효과적인 포인트"부터 손을 대보도록 하자.

## 플래그를 잘라낸다

머리의 안테나 등 가는 부품의 끝에 돌출된 부분을「플래그」라고 한다. 이것은 저연령층의 안전을 위해, 끝이 뾰족해지지 않게 하도록 달려있는 것이다. 잘라내서 원래의 모습으로 만들어 보자.

▲빨간 색으로 표시한 곳이 안전을 위해 설치되어 있는「플래그」이 부품에는 4곳에 있고 전부 눈에 띄지 않도록 뒤쪽에 붙어있다. 이곳을 잘라내려면 어떻게 해야할까?

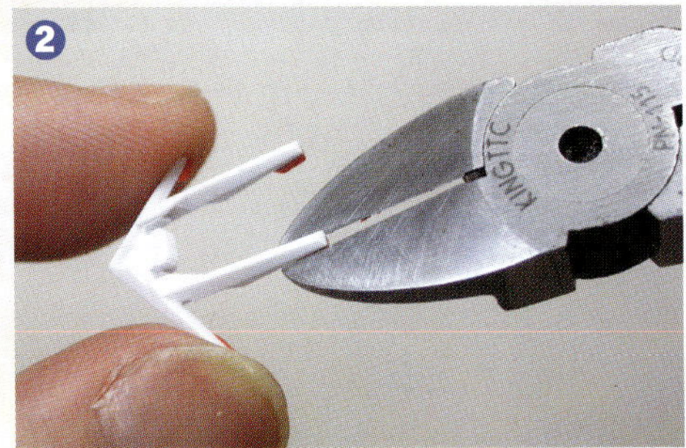


▲ 가장 간단한 것은 니퍼로 잘라내는 방법. 게이트를 잘라내는 요령으로 플래그를 잘라내면 된다. 필요한 부분까지 잘라버리지 않도록 주의하자. 잘라낸 자리를 다듬는 것은 STEP1과 STEP2에서 소개한 대로.

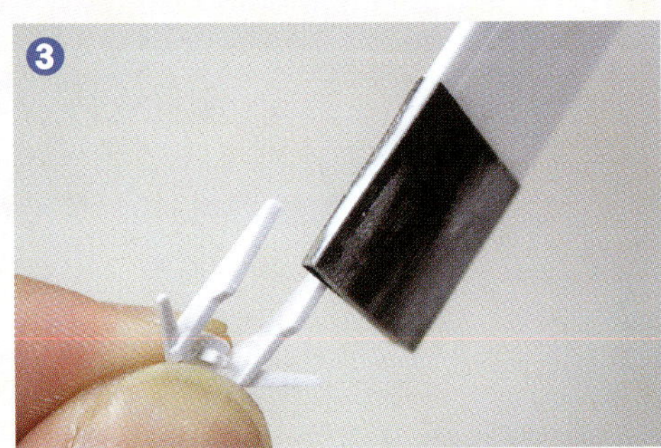

▲ 플래그를 잘라낸 자리를 사포로 평평하게 다듬는다. 이런 절단 부위를 다듬는 것은 P.22의 「게이트 자국의 처리」를 참고하여 주위와 깔끔하게 이어지도록 사포로 다듬어주자.

## 안테나를 예리하게 만들자

이번에는 안테나를 깎아서, 날카롭고 뾰족하게 해 주는 작업. 이런 곳을 샤프하게 만드는 것만으로도 작품의 정밀도가 크게 올라간다. 작은 부품이니 부러뜨리지 않도록 주의하면서 해주자.

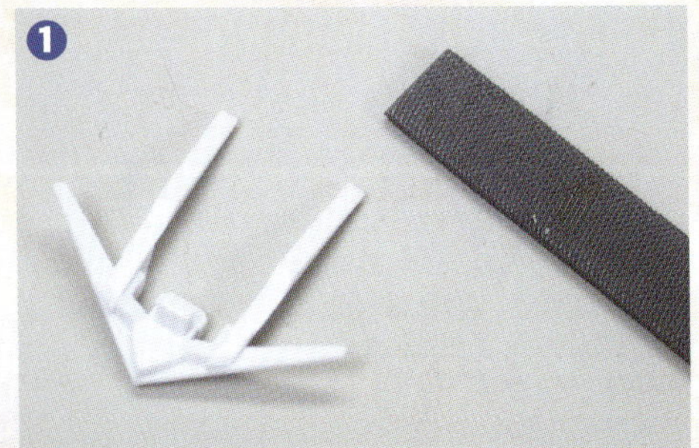

▲ 앞에서 플래그를 잘라낸 안테나 부품. 세로 안테나 두 개가 뿌리부터 끝까지 같은 폭이다. 이곳을 위로 갈수록 가늘게 되도록, 쇠 줄로 갈아준다.

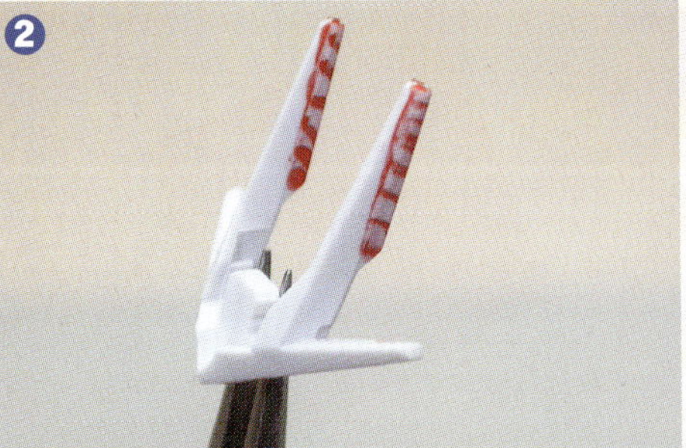

▲안테나 옆면에 빨간 표시를 해 둔 곳이 갈아낼 부분. 잘라내는 것이 아니라 두께를 얇게 하는 것이니 착각하지 않도록 하자. 위쪽을 더 많이 갈아내서, 끝쪽을 뾰족하게 한다.

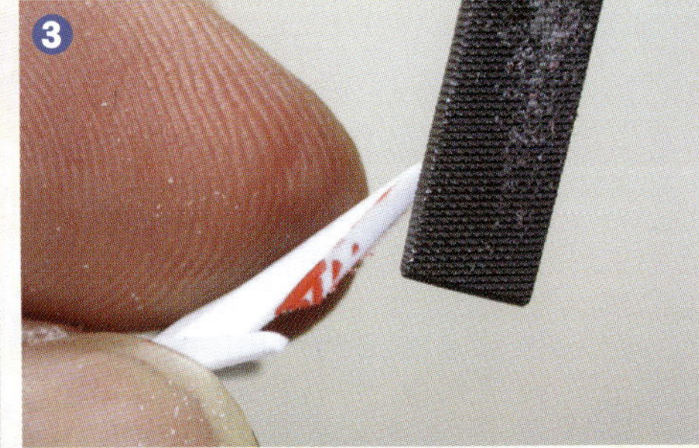

▲ 줄은 미는 방향으로 갈린다. 무턱대고 앞뒤로 움직이는 것이 아니라,「밀어서 깎고→다시 당긴다」는 느낌의 동작을 반복하는 것이다. 작은 부품이니 줄로 너무 세게 누르지 않도록 주의. 갈아낼 부분 뒤쪽을 손가락으로 받쳐주면 좋다.

### CHECK POINT

#### ● 덧붙여서 뾰족하게

▶①이것은 자쿠의 어깨 장갑 부위에 있는 스파이크. 왼쪽이 키트의 부품인데, 끝이 뭉툭한 형상이다. 오른쪽은 플라스틱을 덧대어 뾰족하게 가공해 준 상태. ②둥근 끝부분을 줄로 평탄하게 깎아주고 거기에 잘라낸 런너를 접착. 그리고 주위의 형태에 맞춰서 나머지 부분을 갈아냈다.

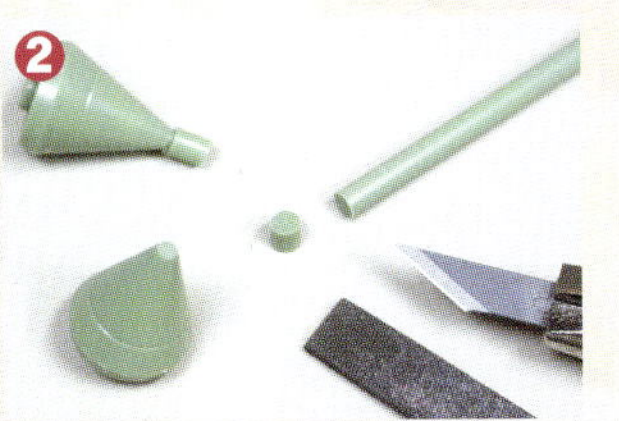

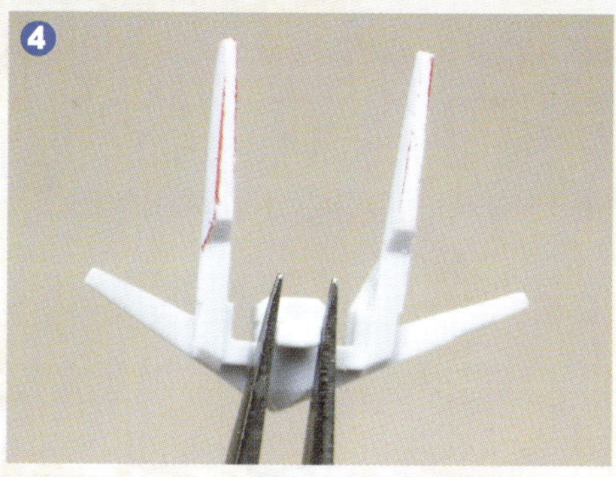

▲ 갈아준 부품. 위로 갈수록 좌우의 폭이 좁아지는 것을 알 수 있을 것이다. 줄로 절삭한 부분의 가장자리도 깨끗하게 각이 살아있다. 두 개가 있으니 똑같은 모양으로 만들어주는 것도 중요한 포인트.

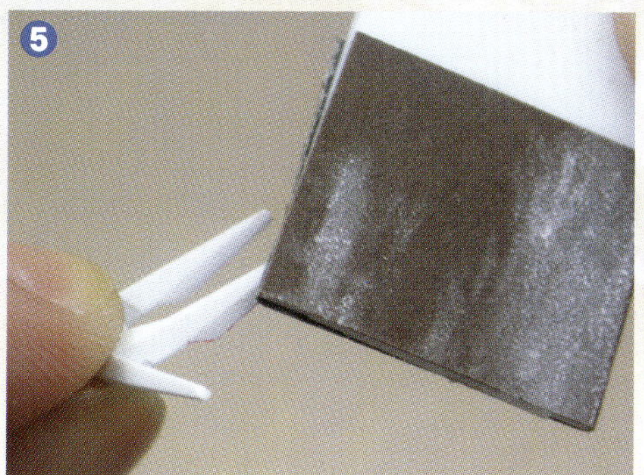

▲ 줄로 갈아준 면을 사포로 마무리 한다. 갈아낸 흠집의 크기에 따라 다르지만, 400~800번 정도가 좋을 것이다. 평평하게 만들 곳, 각을 살릴 곳, 각각을 의식하면서 만들어간다.

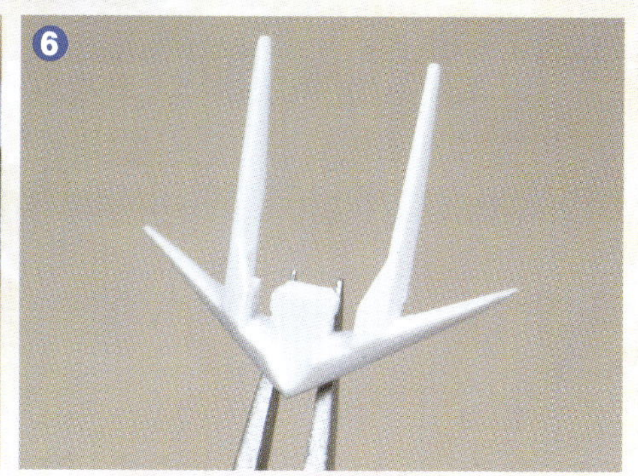

▲ 완성된 안테나 부품. 옆의 두 개도 같은 방법으로 샤프하게 만들었다. 절삭에 익숙해지지 않으면 깔끔하게 만들기 어려울지도 모르지만 주위와 비교해서 갈아준 부분이 눈에 띄지 않는 것이 이상적이다.

## 손가락을 분할해보자

여기서부터는 약간의 가공으로 가동 범위를 넓힌 예. 우선 MG 시리즈의 손가락 부품 등에 흔히 있는 부분을 살펴보자. 가동되는 손가락의 일부가 키트 그대로는 벙어리장갑처럼 붙어있는 것을 알 수 있을 것이다. 이것을 각각 독립 가동되도록 만들어보자.

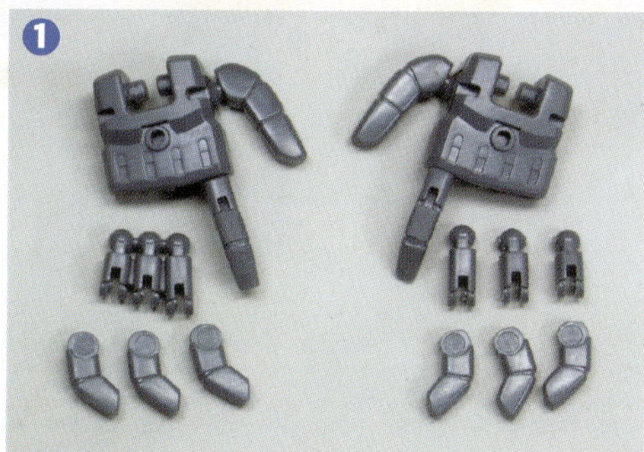

▲ MG 건담 Ver.2.0의 손 부품. 왼쪽(오른손)이 키트 그대로. 오른쪽(왼손)은 일체 성형된 가운데~새끼 손가락을 분할한 모습. 이걸로 모든 손가락이 자유롭게 움직이게 된다. 단, 부속된 무장을 쥐어주기에는 원래의 상태가 더 수월하다.

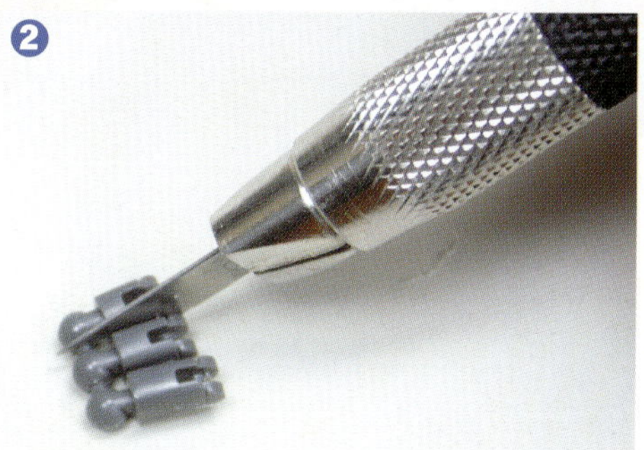

▲ 각 손가락의 절단은 니퍼나 나이프로 하면 된다. 나이프의 경우에는 날을 이렇게 대고 눌러준다. 잘라낸 부품이 튕겨나지 않도록, 손가락으로 눌러주면서 조금씩 잘라나간다.

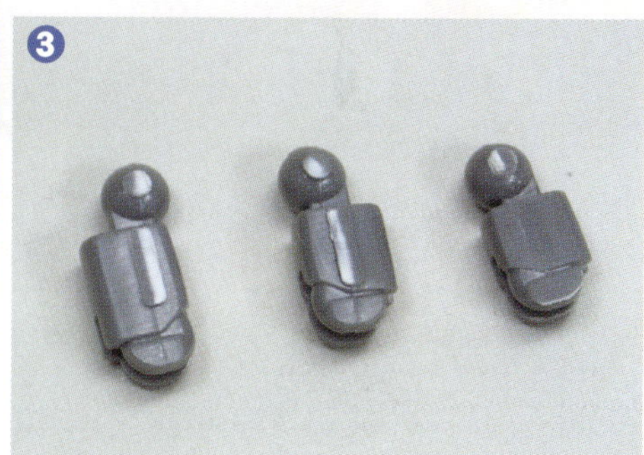

▲ 나눠진 손가락 부품의 단면. 잘라낸 곳에는 게이트 같은 것이 남는다. 가장 오른쪽 부품처럼 깔끔하게 다듬어 주면서 동시에 파팅 라인도 없애주는 것이 효과적이다.

## 프런트 아머의 분할

이번엔 HG 시리즈 등에서 볼 수 있는 부분. 고관절을 가려주는 장갑판이, 힌지 부분에서 좌우가 연결되어 있는 경우다. 중앙을 잘라주기만 해도, 좌우가 독립적으로 가동하게 된다. 분리했을 경우 탈락될 우려가 있는 부품인지 아닌지는 형태를 잘 보고 판단하도록.

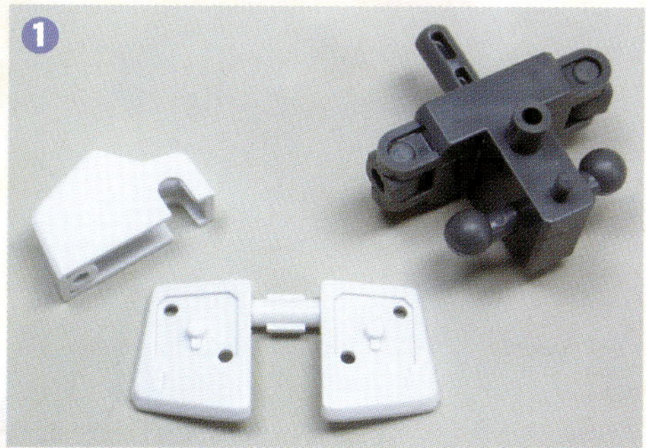

▲ 이것은 1:144 HGUC 건담의 허리 부품. 프런트 아머는 좌우가 연결되어 있는데 따로 떼어주면 다리의 가동 범위가 크게 넓어진다. 좌우로 나눠도 빠지지는 않을 것 같으니 과감히 잘라내 주자.

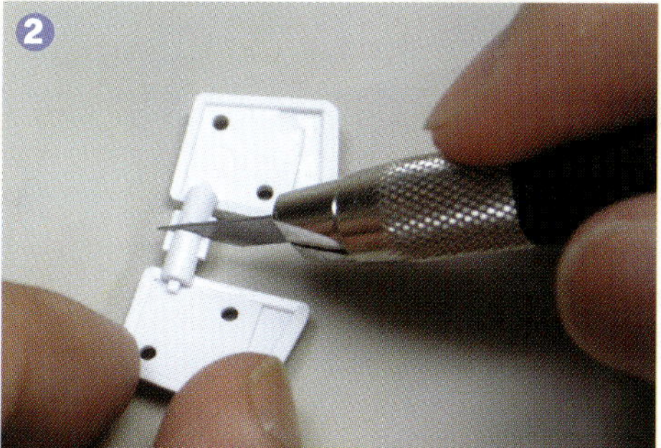

▲ 좌우가 이어진 부분에 칼집을 낸다. 니퍼로 자르면 한쪽 부분의 형태가 일그러지니, 여기도 나이프를 사용하는 것이 좋다. 주위를 나이프로 눌러서, 조금씩 잘라나가자.

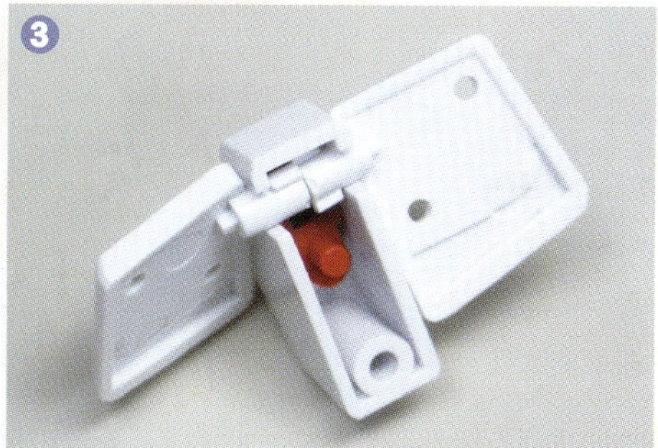

▲ 절단해서, 중앙의 부품에 끼운 모습. 보다시피 좌우가 각자 독립적으로 움직이게 되었다. 이런 가공이 가능할지 어떨지는, 가동의 구조, 부품을 지탱하는 방법을 파악하는 것이 포인트다.

**CHECK POINT**

### ●간단히 분할할 수 있는 곳도

◀ 이것도 비슷한 예. 좌우의 허리 아머가 볼 모양의 접합부에서 이어져 있다. 지탱하는 부품의 형상을 보면 좌우로 나눠도 지탱할 것 같고, 볼 축으로 가동 범위도 넓어질 것 같아 보인다. 이런 모양이라면 한 가운데를 니퍼로 잘라주기만 해도 그만이다.

# 2. 부품의 접착

현재의 건프라는 스냅 핏 방식이라서 접착할 필요는 없고, 끼워 맞추기만 하면 완성된다. 하지만 이런저런 포즈를 취하거나, 무기를 쥐어주다 보면 여러 가지로 부하가 걸린 탓에 부품이 빠져버리는 일도 있다. 이런 경우 가동에 지장이 없다면 부품이 빠지지 않도록 접착시키는 쪽이 확실하고 다루기도 쉬워진다.

접착은 소재나 장소에 맞는 접착제를 고르는 것이 제일. 프라모델 전용의 접착제에도 여러 종류가 있고 다른 접착제를 사용하는 일도 있다. 또한 접착제가 삐져나와서 지저분해지지 않도록 다루는 방법에도 주의가 필요하다.

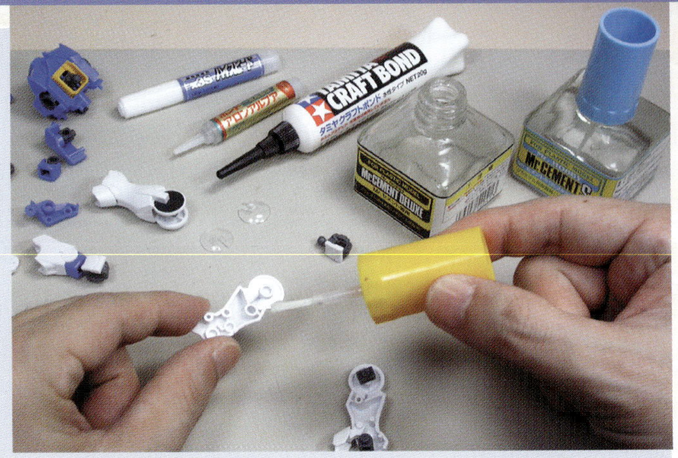


## 플라스틱 부품의 접착

플라스틱 접착의 기본은 전용의 접착제. 이 접착제는 플라스틱을 녹여서 붙게 하는 것으로, 통상 타입(수지 포함)과 흘려 넣는 타입(무수지)의 두 종류가 있다. 각각의 사용 방법을 잘 알아두도록 하자.

①

▲총을 들거나 하면 빠지기 쉬운 것이, 손등의 장갑. 핀이 빠지지 않도록, 여기에 접착제를 발라서 고정하는 것이 좋을 것 같다. 부분적으로 바르는 데는 통상 타입을 사용한다.

②

▲ 접착제는 용기의 뚜껑에 붙어있는 솔로 발라 준다. 튀어나온 핀에 바르는 쪽이 구멍에 바르는 것 보다 바르기 쉽다. 부품의 다른 부분에 부착되지 않도록 발라주자.

③

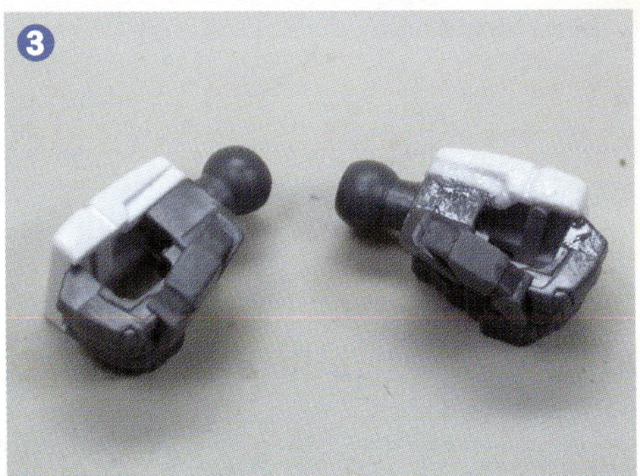

▲부품을 끼웠으면, 움직이지 말고 접착제가 굳기를 기다린다. 원래 스냅 핏 부분이기에, 강력하게 고정된다. 오른쪽은 접착제가 삐져나온 상태. 이렇게 되면 섣부르게 건드리지 말고 마른 다음에 다듬도록. 대처법은 P.94에서.

④

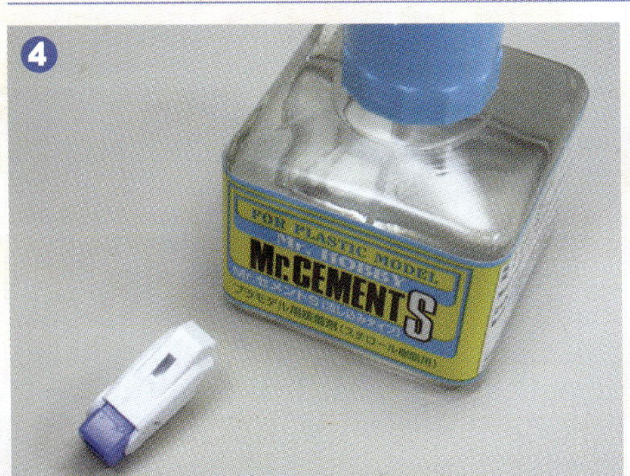


▲ 부품을 조립한 상태에서 접착하고 싶은 경우나 큰 부품의 접착에는 흘려 넣는 타입의 접착제가 편리. 단, 부품들이 딱 들어맞아야 하는 것이 조건이다. 최근의 건프라라면 문제없다.

⑤

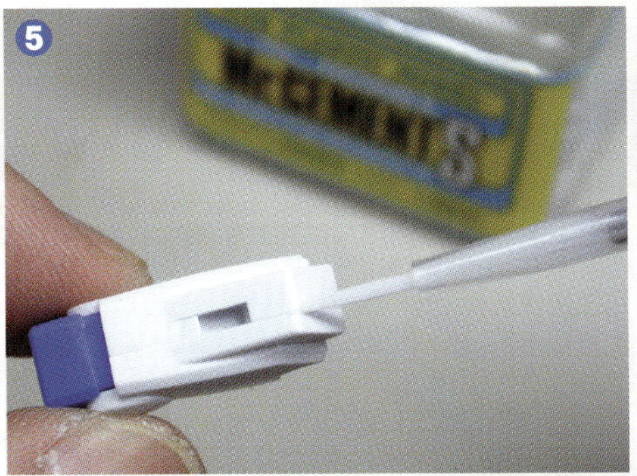


▲ 접착제를 붓에 묻혀서 부품의 접합선에 살짝 묻혀준다. 그러면 모세관 현상으로 접합선에 접착제가 흘러들어간다. 남은 것은 건조를 기다리는 것뿐. 많이 바르면 플라스틱이 필요 이상으로 녹으므로 되려 좋지 않다.

⑥

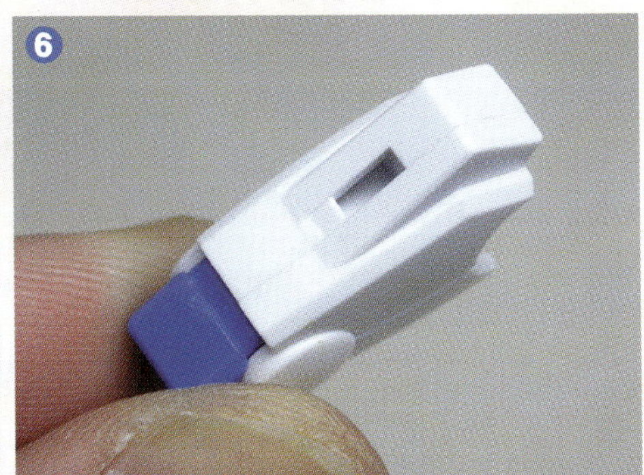

▲접착 부분의 확대 사진. 흘려 넣는 타입은 건조도 빠르고 조금만 바를 뿐이라서, 삐져나오는 일도 적다. 단, 엉뚱한 곳에 흘러들어가거나, 고이지 않도록 주의해서 사용하자.

### CHECK POINT

### ●접착의 원리

▶ ①프라모델 전용 접착제는 양쪽의 플라스틱 표면을 녹인 뒤 마르면서 부품이 결합되어 일체화되는 방식이다. ②일반적으로 쓰이는 '본드'는 두 개의 부품 사이에서 접착제 자체가굳으면서 각각을 결합하는 방식

① ■프라모델 전용 접착제를 이용한 접착

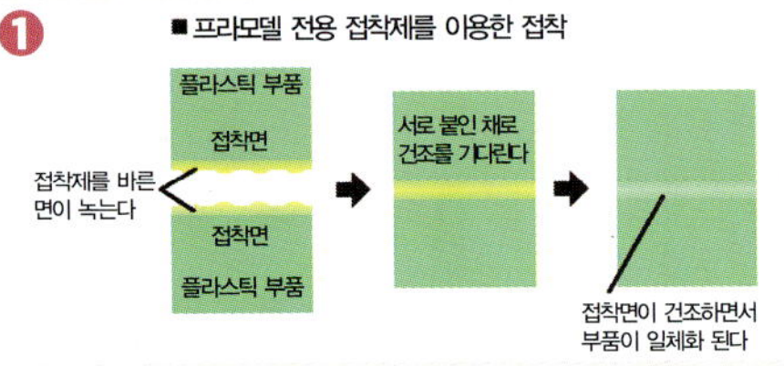


②

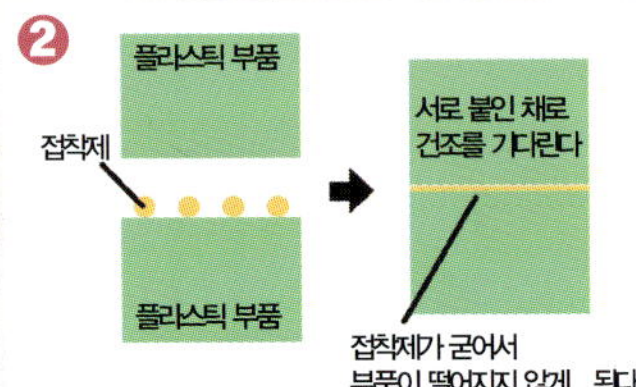

## 순간 접착제에 의한 접착

순간 접착제는 순식간에, 그것도 강력하게 붙으니 매우 편리하다. 하지만 다시 되돌릴 수 없고 잘못 다루면 엉뚱한 곳까지 붙어버린다는 점에도 주의해야 한다. 눈으로 보이는 완성도에 영향이 없는 곳에 사용하면 좋다.

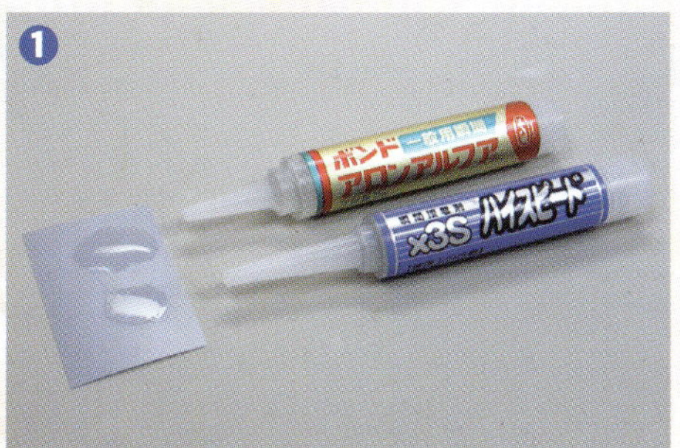

▲ 순간 접착제에도 점도의 차이가 있다. 위쪽이 중간 점도, 아래쪽이 낮은 점도의 예. 중간 점도는 부분적으로 붙일 경우나 틈새가 있는 곳에 좋다. 낮은 점도는 접합선에 흘려 넣어서 사용한다.

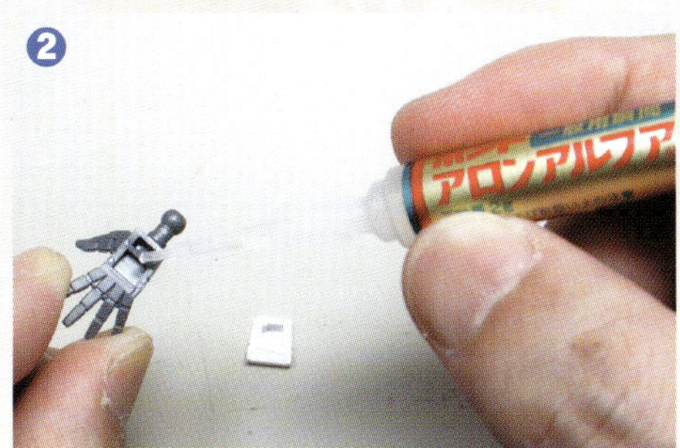

▲ 손 부품의 접착 예. 이 경우는 프라모델 전용 접착제와 반대로, 핀 구멍 쪽이 붙이기 쉽고, 끼워 맞출 때에 자신의 손에 묻는 일도 적다. 만일 끝의 노즐이 막히면 앞쪽을 나이프로 잘라서 사용하자.

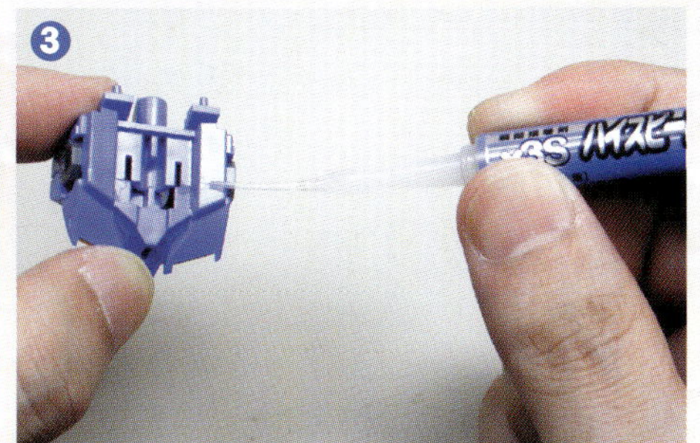

▲ 낮은 점도 타입의 흘려 넣기 접착. 접합선에 조금만 흘려 넣는다. 프라모델 전용 접착제보다 접착 자국이 남기 쉽고, 실수로 너무 많이 짜내면 부품 표면에 퍼지는 등, '대형 사고'가 일어난다. 도색하지 않고 사용할 때는 피하는 쪽이 무난하다.

## 클리어 부품의 접착

클리어 부품은 색이 있는 부품과 마찬가지로 접착할 수 있지만, 삐져나오거나 더럽혀지지 않도록, 깔끔하게 접착하고 싶다. 이 경우에는 삐져나온 것을 닦아낼 수 있는 접착제를 사용하면 좋다.

▲ 클리어 부품에서도 핀이 완성 후에 눈에 띄지 않는 곳에 있다면 프라모델 전용 접착제로 접착해도 OK. 물론, 삐져나와서 표면이 녹지 않도록 주의할 것.

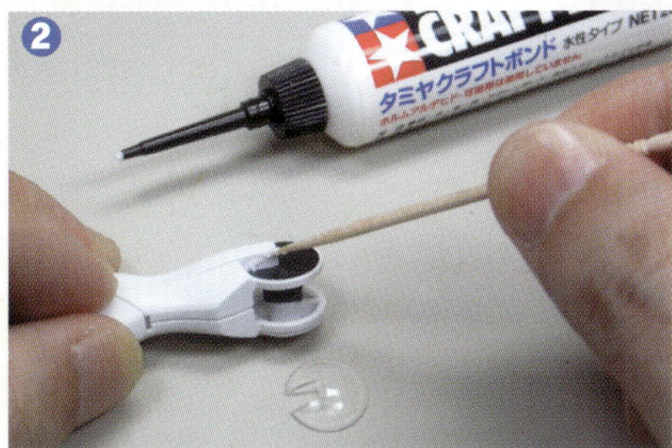

▲ 핀이 없이 부품에 그대로 발라야 하는 경우에는 크래프트 본드를 사용하면 편리하다. 이것은 접착면에 이쑤시개로 바르는 모습. 이 다음에 클리어 부품을 끼운다.

▲ 부품을 끼웠으면 삐져나온 것을 이쑤시개로 문질러 닦아낸다. 크래프트 본드는 수성이기 때문에 물로 희석해서 사용해도 좋다. 마르면 투명해지니 접착한 곳도 눈에 띄지 않게 된다.

## ABS* 부품의 접착

건프라의 관절 등에 사용되고 있는 ABS 부품. ABS는 탄성이 높은 합성수지로, 겉보기에는 플라스틱과 비슷해서 똑같이 다루는 경우도 있지만, 접착은 그렇게 해서는 곤란하다.

▲ ABS는 통상 타입의 프라모델 전용 접착제로는 접착할 수 없다. 사용하면 표면은 조금 녹지만 성분이 달라서 서로 엉겨붙지 않는다. ABS 부품이라는 것을 확인하고, 실수하지 않도록 하자.

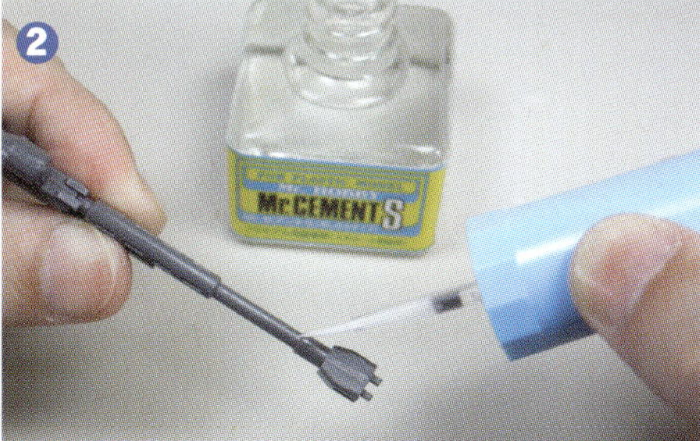

▲ 하지만, 흘려 넣는 타입의 무수지 접착제라면 접착할 수 있다. 부품을 맞춘 곳에 흘려 넣는 것은 일반 플라스틱과 같다.

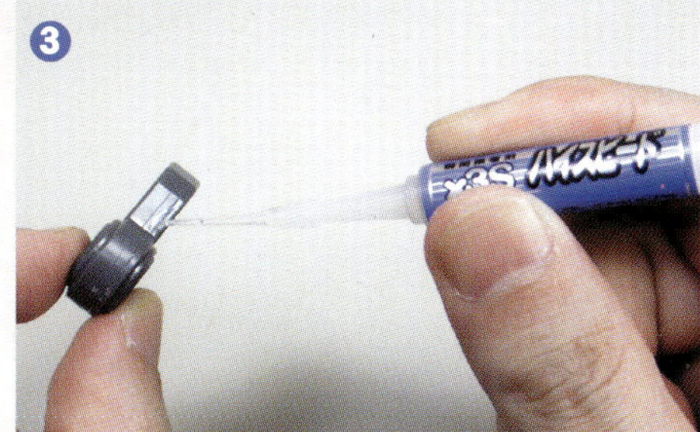

▲ 순간 접착제도 사용할 수 있다. 사용 방법은 플라스틱 때와 같다. 다음 페이지에서 소개할 「접합선 수정」을 ABS 부품에서 할 때는, 순간 접착제를 사용하는 쪽을 추천한다.

*ABS : 스타이렌·아크릴로나이트릴·뷰타다이엔의 세 성분으로 이뤄진 스타이렌 수지의 일종. 가공성이 좋고 내충격성이 강하여 각종 공업용품에 금속 대신 쓰이기도 한다.

**CHECK POINT**

### ● 도금 부품의 접착

◀ 도금처리된부품을 접착 할 경우에는, 양쪽 부품의 접합면의 도금을 벗겨낸 뒤에 한다.
사진은 오른쪽이 도금을 벗겨낸 것. 핀에 접착 할 경우에는 핀 부분도 벗겨내 주자.

### ● 순간 접착제의 주의사항

◀ 순간 접착제를 흘려 넣을 때에는 겉에서는 보이지 않아도 안쪽으로 흘러 들어가기도 하니 주의하자.
또한 접착제가 고인 뒤에 굳으면 주위가 하얗게 되는 경우도 있다. 이것도 표면을 갈아주지 않으면 떨어지지 않아서, 상당히 골치 아프다.

# 3. 접합선 수정

부품 분할의 문제로 어쩔 수 없이 표면에 보이게 되는 부품 간의 연결 부분. 최근의 건프라는 일종의 패널라인처럼 처리하거나 눈에 띄지 않는 위치에 두도록 궁리하고 있지만 그래도 표면에 나오게 되는 경우가 종종 존재한다. 그런 곳을 접착, 틈새를 메워서 단차를 없애고 매끈하게 다듬는 작업이 「접합선 수정」이다.

실제로 접합선을 수정할 때는 접착과 빈틈 메우기를 겸해서 하면 효율이 좋다. 특히 최근의 건프라는 연결 부분이나 단차가 거의 생기지 않으니 「접착→다듬기」라는 과정만으로도 충분하다.

여기에 더하여 역시 부품의 성형 과정에서 발생하는 「밀핀 자국」의 처리도 소개할까 한다.

## 접착제의 이용

「사출색 그대로 완성하고 싶지만, 접합선은 수정하고 싶다」라는 경우에 좋은 것이 프라모델 전용 접착제를 이용해서 접착과 접합선 수정을 겸하는 방법. 건조까지는 시간이 좀 걸리지만 완성도는 높다.

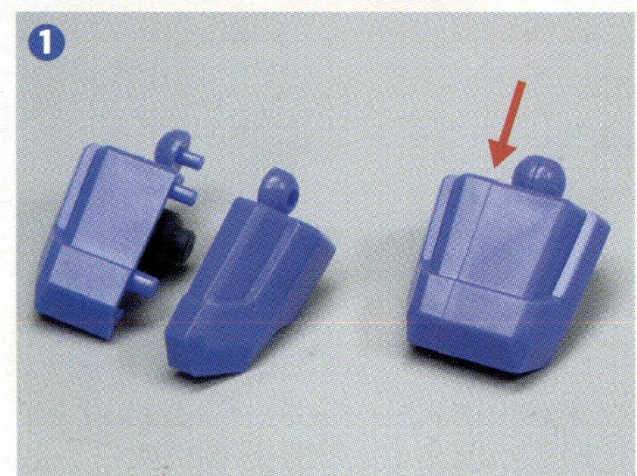


▲ 우선 「접합선」의 상태를 확인하자. 접합선은, 오른쪽처럼 부품들을 끼워 맞춘 부분에 있는 선. 이대로 사포 등을 이용해서 표면을 다듬어도 선은 사라지지 않으니, 먼저 접착을 하자.

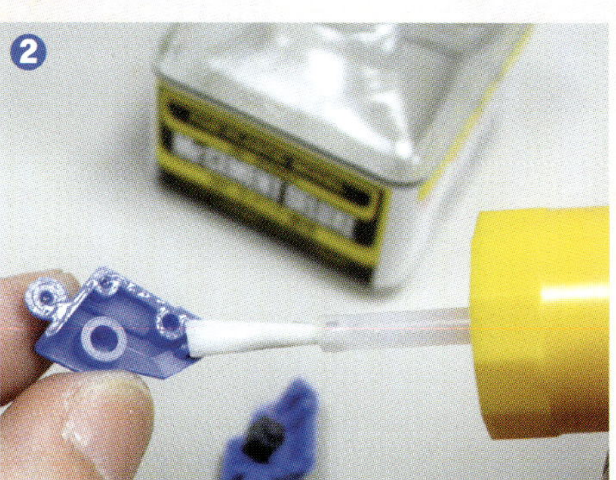


▲ 여기서 사용할 접착제는 수지가 들어간 통상 타입. 이것을 접착면의 양측에 많이 발라준다. 너무 많이 바르면 부품을 끼워 맞출 때에 삐져나오지만, 이 경우에는 오히려 약간 삐져나오는 쪽이 좋다.

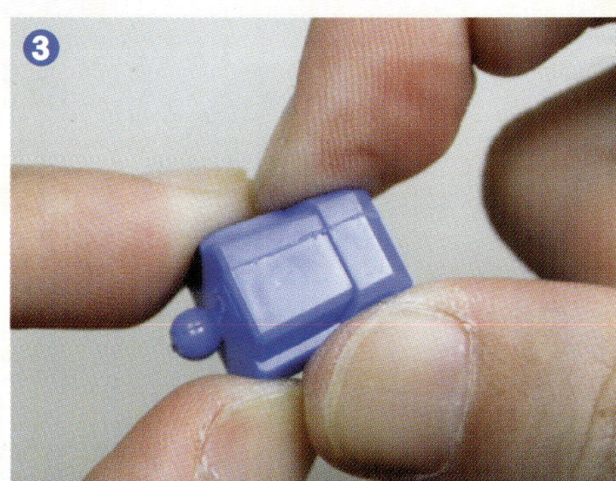


▲ 접착제를 바르면 잠시 기다려서 플라스틱이 녹는 것을 기다리고, 양쪽 부품을 끼워 맞춰서 세게 눌러준다. 그러면, 접합선을 따라서 「쭈욱」하고 수지가 삐져나오게 된다. 이것이 틈새를 메워 주는 것이다.

▲ 삐져 나왔으면 건조. 완전히 굳을 때까지 기다린다. 접착제를 많이 발랐기에 적어도 하루, 가능하면 2~3일 지난 다음에 다듬기에 들어가도록. 표면이 건조되어도 내부의 건조에는 시간이 걸리니 신중하게!

▲ 건조되었으면 사포로 다듬는다. 여기서부터의 정형 방법은 파팅 라인의 수정과 마찬가지. 400~800번 정도로 다듬는 것이 좋다. 단차 부분이나 가장자리까지 주위의 부품 형태를 따라서 다듬는다.

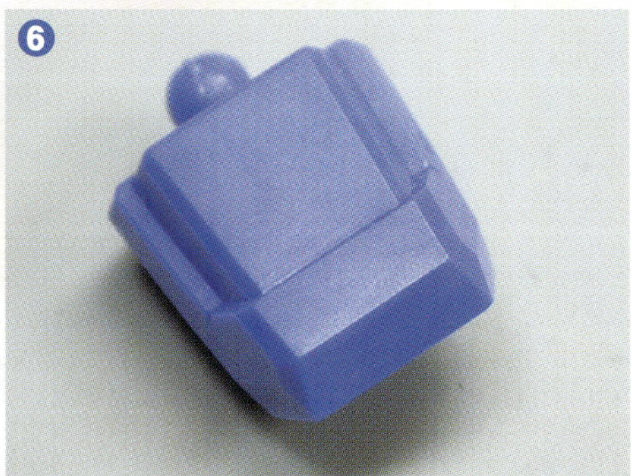


▲ 800번까지의 사포질을 끝낸 모습. 부품 표면이 평평해져서, 접합선 자국을 전혀 알 수 없게 되었다. 나머지는 사포 자국을 더욱 다듬어서 없애던가, 클리어를 뿌려서 지우면 그만이다.

**CHECK POINT**

### ●완전히 굳지 않으면…

▶ 접합 부위가 완전히 경화되지 않았을 때 사포질을 하면 아직 부드러운 수지가 움직여서 하얗게 되어 버린다.
그리고 이 상태에서 일단 평평하게 다듬어도, 그 뒤에 건조해서 우묵하게 주저앉아 버리는 탓에 좋은 완성도를 기대하기는 어려워진다.

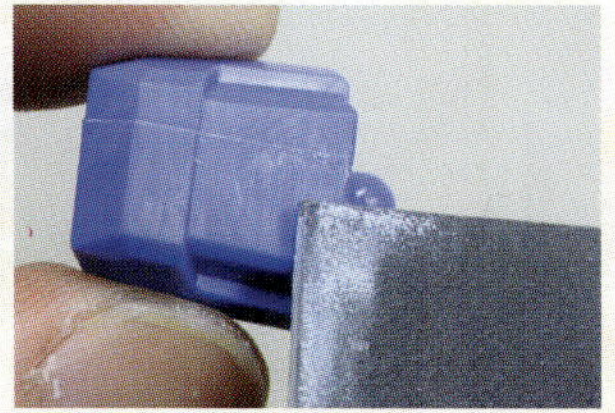

### ●오목한 부분 다듬기

▶ 오목한 부분을 사포로 다듬을 때는 종이 사포를 양면 테이프로 적당한 형태의 막대에 붙여서 사용하면 편리하다. 이 예에서는 5mm 프라 각재의 끝을 비스듬하게 잘라서 사용하고 있다.

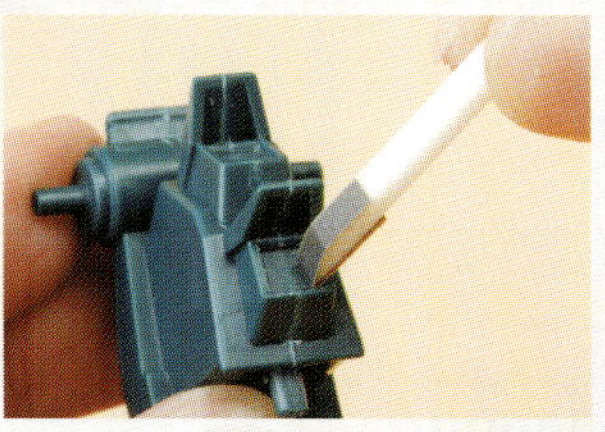

# 순간 접착제의 이용

순간 접착제를 사용한 접합선 수정 작업은 경화가 빨라서 신속하게 작업을 진행할 수 있다는 메리트가 있다. 단지, 프라모델 전용 접착제처럼 자국을 알아볼 수 없을 정도로는 되지 않으니 어디까지나 도색을 전제로 한 경우에 추천.

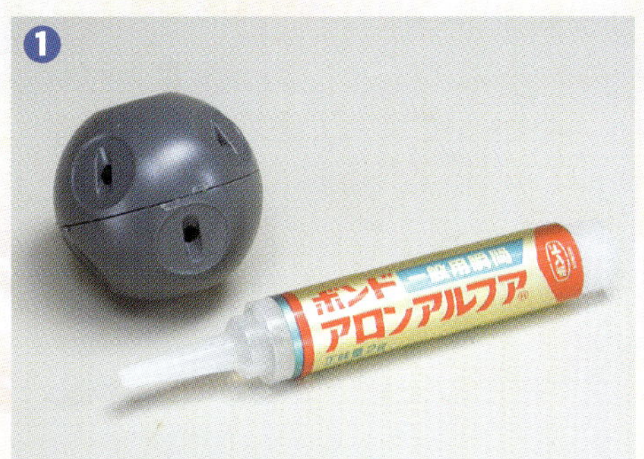


▲ 예로 사용한 것은 건담 해머. 중앙의 접합선에 순간 접착제를 발라준다. 중간 점도라도 약간은 접합선으로 흘러 들어가니, 이걸로도 충분하다. 먼저 낮은 점도로 흘려넣어서 접착을 하고, 그 뒤에 중간 점도를 칠해도 좋다.

▲ 부품을 끼워 맞춘 곳에 순간 접착제를 칠한다. 이것이 프라 세멘트에서의 "삐져나옴"과 같은 역할을 한다. 바른 상태의 순간 접착제는, 10분 정도면 완전히 굳는다.

▲ 순간 접착제가 굳으면 다듬기에 들어가자. 원래 구형이므로 사포질을 해준 곳만 평평해지는 일이 없도록 사포의 각도를 자주 바꿔주면서 순간 접착제를 중심으로 다듬어 주도록.

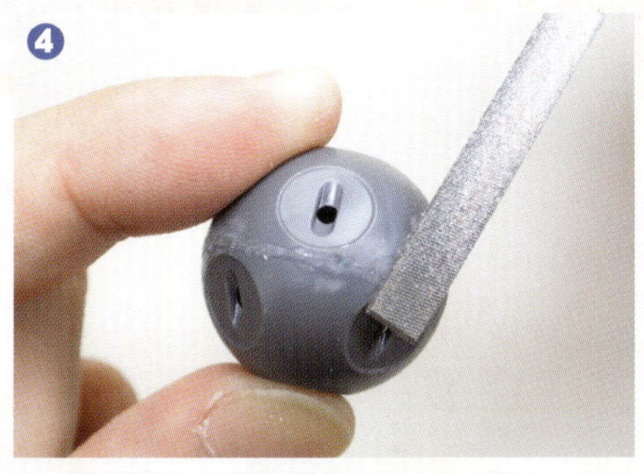

▲ 순간 접착제를 바른 부분은 플라스틱 보다 딱딱하니 사포만으로 갈아내는 것 보다는, 줄로 거칠게 갈아주는 쪽이 효율이 좋다. 단, 깊은 상처가 생기기 쉬우니 실수로 주위까지 갈아버리지 않도록 주의하자.

▲ 쇠 줄이나 사포로 주된 정형을 마쳤다면 마무리는 둥근 면이 잘 살아나도록 부드러운 것을 버팀판으로 삼아서 갈아주자. 이 예에서는 지우개를 사용하고 있다.

▲ 접합선 부분이 매끈하게 이어진 모습으로 완성되었다. 하지만 접합선 자국은 알 수 있으니 이것을 눈에 띄지 않게 하려면 색을 칠하는 방법 밖에 없다. 서페이서를 뿌려 상태를 확인한 뒤에 도색하는 것이 좋다.

# 밀핀 자국을 메우자

「밀핀 자국」이란, 프라모델의 부품을 금형에서 밀어내는 봉의 자국을 말한다. 보통은 부품의 뒷면에 있지만, 완성 후에도 눈에 띄는 장소에 생기는 경우도 있다. 약간 오목한 부분이니 이것을 메워서 평평하게 해 주자.

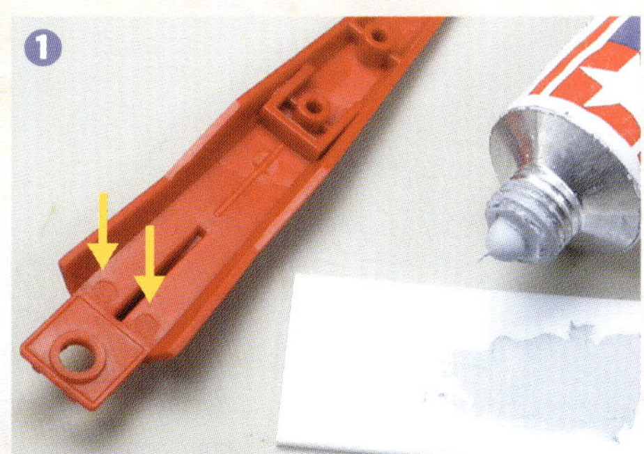

▲화살표로 표시된 둥글게 보이는 부분이 바로 밀핀 자국. 오목한 부분을 메우는 데는 순간 접착제를 사용해도 좋지만, 쇠줄을 대기에는 힘들어 보이는 곳이니 플라스틱에 잘 정착되는 락커 퍼티로 메우기로 한다.

▲ 락커 퍼티는 락커계 도료의 희석액을 첨가해서 점도를 낮출 수 있다. 튜브에서 짜낸 상태보다 조금 부드럽게 해 주는 쪽이 오목한 곳에 바르기 쉽다. 오목한 곳에는 주위보다는 조금 높아지도록 발라준다.

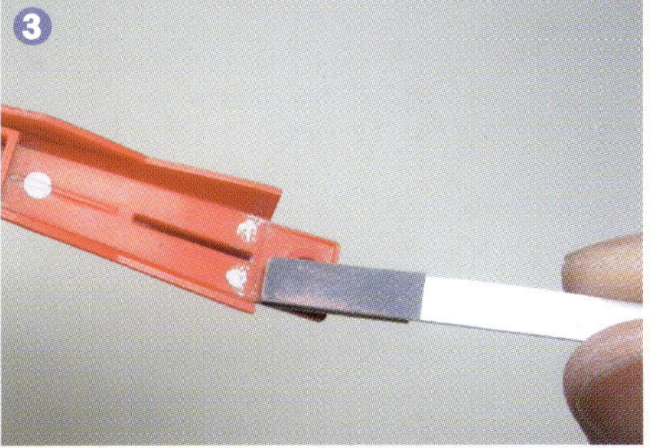

▲ 퍼티가 건조되면 사포로 다듬는다. 사진은 다듬기가 거의 끝난 상태. 딱 보기에도 퍼티의 색이 다르기 때문에 확실히 메워졌는지 확인하기 어려우니 서페이서를 뿌려서 색을 정리한 뒤에 확인하는 것이 좋다.

**CHECK POINT**

## ● 바른 뒤에 깎아내자

◀ 접합선 없애기나 핀 자국을 지우는 예에서도 알 수 있듯이, 빈 틈이나 오목한 곳을 메워서 다듬을 때에는, 우선 주의보다 높게 발라주고, 그 뒤에 깎아서 다듬도록 하자.

## ● 메워진 몰드를 살려보자

◀ 접합선을 횡단 하듯이 패널라인이나 몰드가 있는 장소에서는, 접착에 의해 이러한 골이 메워져 버리는 일이 있다. 건조 후에 원래의 형태에 가까워지도록, 나이프 등으로 다시 깎아주자.

# 4. 표면 처리

표면 처리는 부품 가공의 최종 마무리. 흠집이나 왜곡이 없는 매끈한 표면을 만드는 작업이다. 게이트 처리나 접합선 지우기로 생긴 사포 자국을 지우는 외에 수지의 수축 부위를 수정하기도 한다.

이러한 표면 처리에 편리한 것이 스프레이식「서페이서」. 그 효과는 미세한 사포 자국을 메우거나, 색을 맞춰서 남은 상처를 발견하기 쉽게 하며, 서로 다른 소재의 질감을 정리하고, 소재 뒷면에서의 빛의 투과를 막아주며 도료가 잘 정착되도록 하는 것이다. 도료의 정착을 돕는 효과가 있다는 것은 표면 처리에서 도색의 밑바탕까지를 일련의 작업으로 행할 수 있다는 것을 의미한다. 그렇다고 해도, 반드시 "표면 처리=서페이서"는 아니다. 꼼꼼한 사포 작업이 최우선인 것이다.

## 수축을 메우자

수축은 부품 표면에 생기는, 약간의 움푹한 부분(P. 41 참조). 이런 수축이 발생하는 것은 프라모델의 소재 관계상 어쩔 수 없는 점이지만, 수축 부위를 평탄하게 갈아주는 것만으로도, 한 단계 높은 완성도를 얻을 수 있다.

▲ 수축이 있는 부품의 예. 빛을 비춰보면 중앙이 가라앉아 있는 것을 알 수 있다. 이러한 작은 부분 때문에 모형이 아닌 완구처럼 보이고 만다. 이 부분을 평평하게 다듬어 주자.

▲ 수축이 있는 면을 사포로 다듬어준다. 약간의 수축이라면, 이정도로 없앨 수 있다. 처음에는 수축 부분에 사포가 닿지 않으니, 상태를 잘 알 수 있다.

▲ 더욱 평평하게 갈아서, 수축이 없어진 상태. 자잘한 작업이지만 정밀감을 높이는 데는 이런 것도 중요한 것이다. 우묵한 부분이 깊거나, 부품의 형태를 바꾸고 싶지 않으면, 퍼티를 발라서 깎아내면 된다.

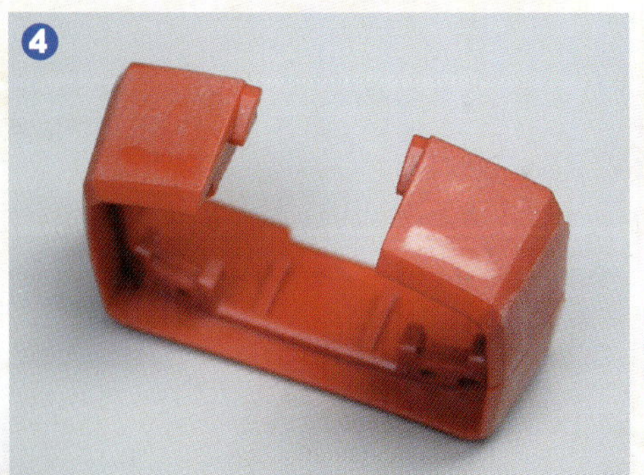


▲ 이쪽은 부품 표면을 약간 사포로 다듬어서, 수축을 알기 쉽게 해 준 것. 이대로 갈아주면 가장자리의 면의 형태가 달라져 버리기 때문에, 여기는 먼저 우묵한 부분을 메워주기로 한다.

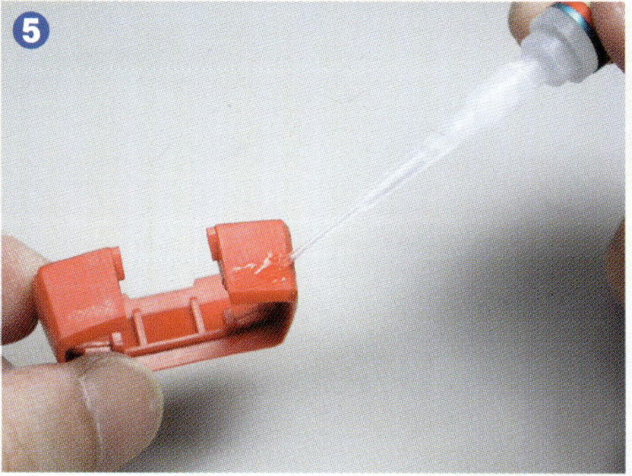


▲ 수축을 메우는 데는 락커 퍼티를 사용하는 경우가 많지만, 사출색 그대로 마무리하고 싶은 경우에는, 순간 접착제를 사용하면 색이 바뀌지 않아서 좋다. 잘 입혀지도록 표면에 사포질을 약간 해 준 뒤에 접착제를 바른다.

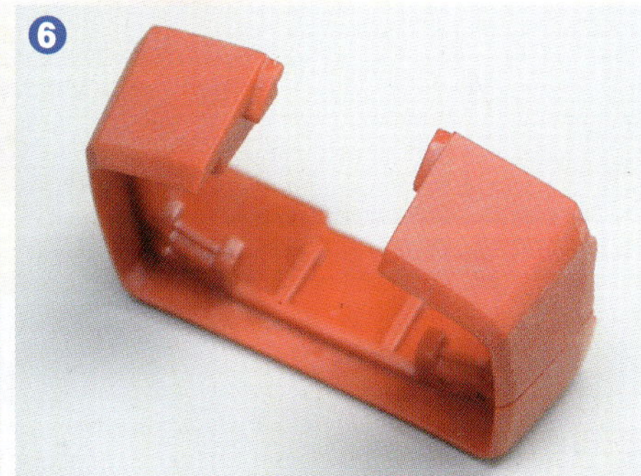


▲건조 후에 사포로 다듬어서, 평평하게 해준 상태. 수축이 없어지고, 메운 자국도 알 수 없다. 사출색 마무리로도 충분할 것이다. 사포질 방법은 접합선 수정과 같은 요령으로.

**CHECK POINT**

### ●빈 구멍의 대처

▶ ①왼쪽은 뒤쪽에 빈 구멍이 있는 부품. 오른쪽은 에폭시 퍼티로 메워서 다듬은 것. ②에폭시 퍼티는 주물러 섞어서 사용하는 점토 같은 퍼티. 사진은「Mr. 강력 퍼티」(315엔/ GSI 크레오스) ③삐져나올 정도로 바르고, 굳은 뒤에 사포를 이용해서 다듬어준다.

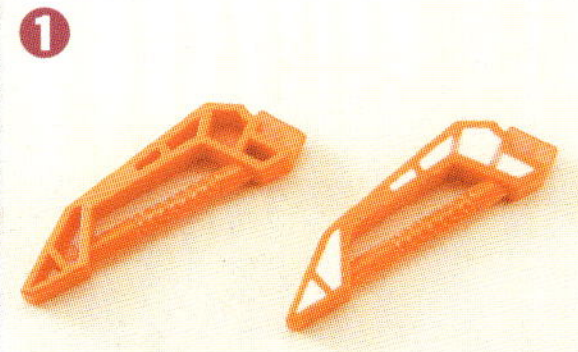


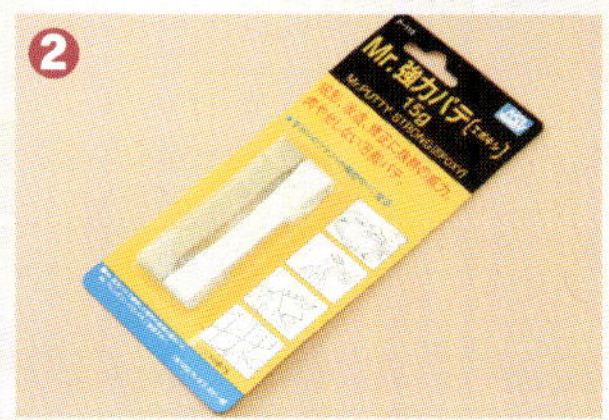


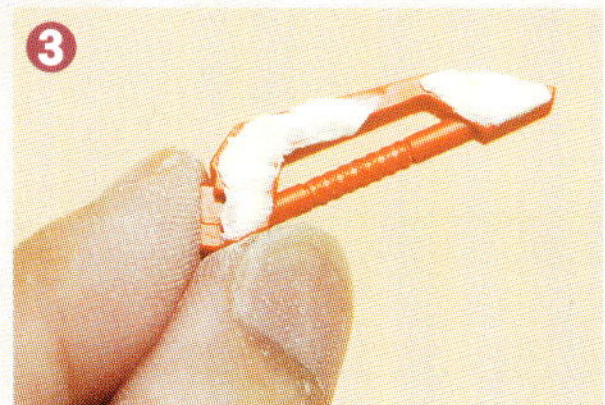

# 서페이서로 밑바탕 만들기

수축이나 접합선 수정 등으로 정형한 부품. 이러한 표면에 서페이서를 뿌려서 완성된 상태를 확인해보자. 색을 회색으로 맞추고 표면에 도료가 잘 입혀지도록 해서 도색의 밑바탕을 만드는 작업이기도 하다.

▲ 서페이서의 대표적인 예. Mr. 서페이서 1000과 1200. 칠하면 앞의 샘플과 같이 회색이 된다. 본 예제에서는, 입자가 고운 「1200」을 사용한다.

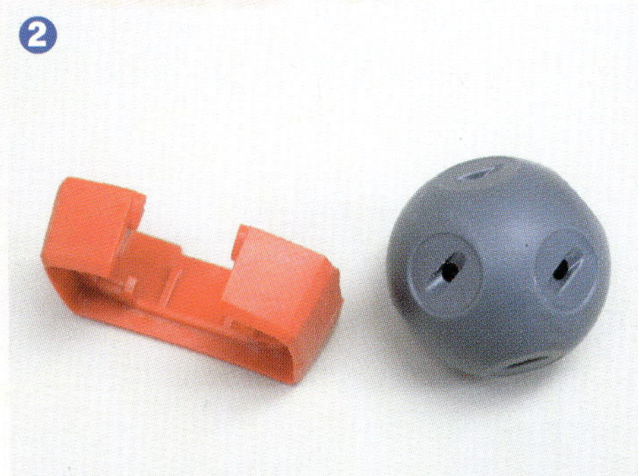

▲지금부터 서페이서를 뿌릴 부품. 서페이서로 자잘한 상처가 메워진다고는 하지만, 사포질 단계에서 깔끔하게 해 두는 것이 당연히 좋다.

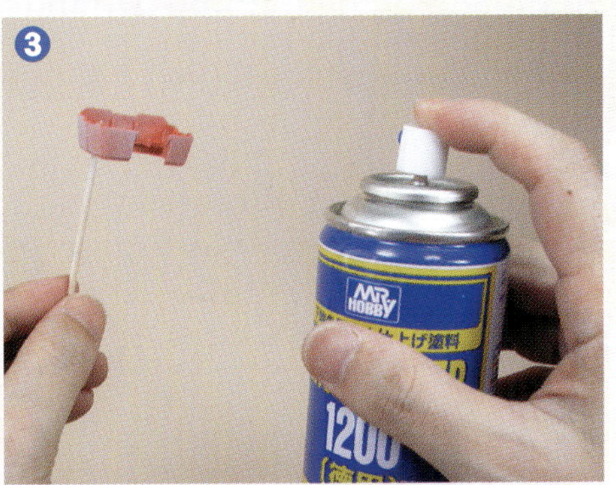

▲부품에 손잡이를 붙이고, 서페이서 스프레이를 뿌린다. 캔 스프레이의 기본대로 처음에는 전체에 살짝 얹어주는 정도로 하고 그 후에 확실히 색이 입혀지도록 덧칠해준다.

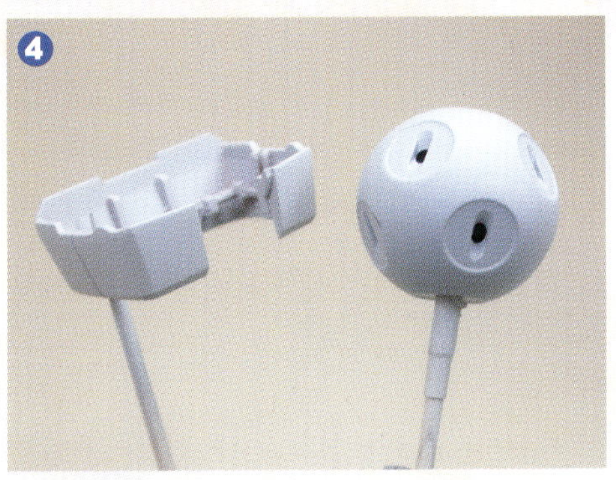

▲ 서페이서를 뿌리고, 건조된 상태. 왼쪽 부품은 흠집도 없이 깔끔하게 마무리 되었다. 오른쪽의 부품은 약간 흠집이 보인다. 조금 더 표면을 다듬는 쪽이 좋을 것 같다.

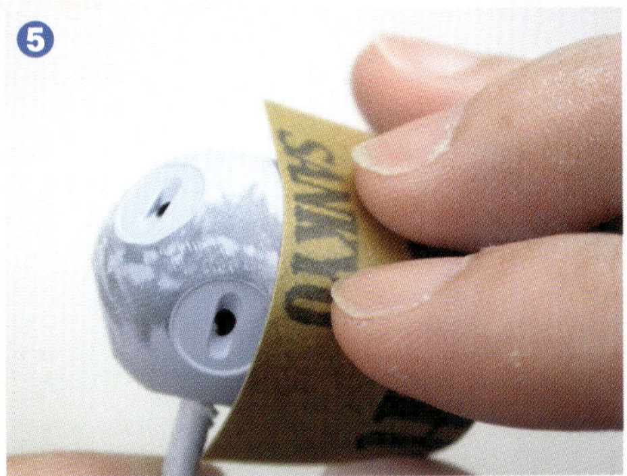

▲ 다시 한번 사포질. 구형을 유지하도록, 여기서는 버팀판 없이 문지르고 있다. 갈았을 때, 회색이 남는 부분이 흠집이나 오목하게 되어있는 곳이라는 것을 알 수 있다.

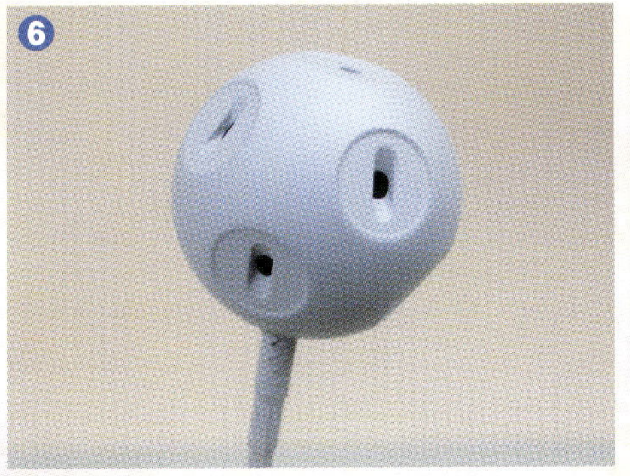

▲ 사포로 다듬은 뒤, 다시 서페이서를 뿌린 상태. 이번에는 흠집도 없고, 접합선 부근도 매끈하게 되었다. 서페이서를 여러 번 뿌리면 표면이 울퉁불퉁 해지니, 가능한 적은 회수로 끝내는 것이 좋다.

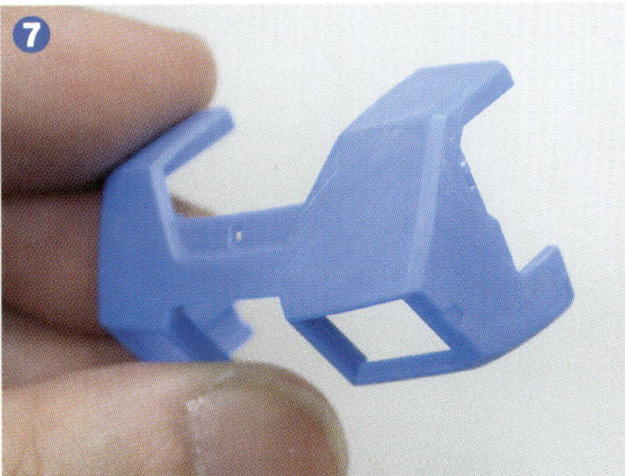

▲이쪽은 흠집을 메운 자국이 있는 부품. 게이트 자국도 조금 하얗게 되어있다. 이런 부분의 마무리의 확인이나, 색을 맞추기 위해 서페이서를 뿌리는 것인데, 도색하는 것을 전제로 하기 때문이기도 하다.

▲ MG 건담 Ver.2.0을 교재로 삼아, 외장 부품의 게이트 처리, 파팅 라인 지우기, 수축 메우기를 하고 서페이서를 뿌려서 표면 처리를 마친 작례. 본격 도색을 위한 밑바탕 만들기도 이걸로 종료.

**CHECK POINT**

## ●서페이서를 꼭 뿌려야 할까?

◀서페이서의 효과를 소개 했지만, 부품의 색이 회색이 되면, 선명한 색을 겹쳐 칠할 경우에는 번거롭기도 하고, 도막이 두꺼워진다는 폐해도 있다. 그런 것이 싫다면 서페이서 없이 도색하는 것도 하나의 방법이다. 이 경우에는 무엇을 우선시 할 것인지를 정하면 된다.

## ●병 서페이서

◀스프레이 외에도 병에 든 타입이 있다. 상처를 메울 때 붓으로 칠하거나, 스프레이 대신에 희석해서 에어브러시로 뿌리는 방법도 있다. 잘 저어서 사용하자. 사진은 Mr. 서페이서 1200(315엔/ GSI 크레오스). 그 외에 1000, 500도 있다.

# 5. 결합 부위의 조정

스냅 핏 방식의 키트라도 결합이 미묘하게 헐겁거나, 뻑뻑하거나 해서 때로는 이 유격을 조정하고 싶은 경우도 있다. 또한 접착을 전제로 해서 조립하는 경우나, 키트를 개조하기 위한 가조립, 분해할 때 등, 미리 헐겁게 해 두는 쪽이 편리한 경우도 있다. 도색해서 조립할 경우에는 도료의 두께 때문에 뻑뻑해지는 경우도 있으니 도막을 깎아내거나, 처음부터 헐겁게 해 두는 것도 고려할 필요가 있을 수 있다.

여기서는 그런 여러 가지 상황에 대응할 수 있도록 스냅 핏의 조정 방법을 소개하고자 한다. 핀의 가공으로 유격을 조정해서 외관이 변형되지 않도록 하는 것이 포인트다.

## 헐겁게 하고 싶을 때는

스냅 핏을 느슨하게 할 경우, 가장 간단한 것은 핀을 잘라내는 것이지만, 그래서는 위치 고정의 가이드가 없어지므로 좋지 않다. 어딘가를 깎아서, 조금 헐겁게 하는 편이 안전하다.

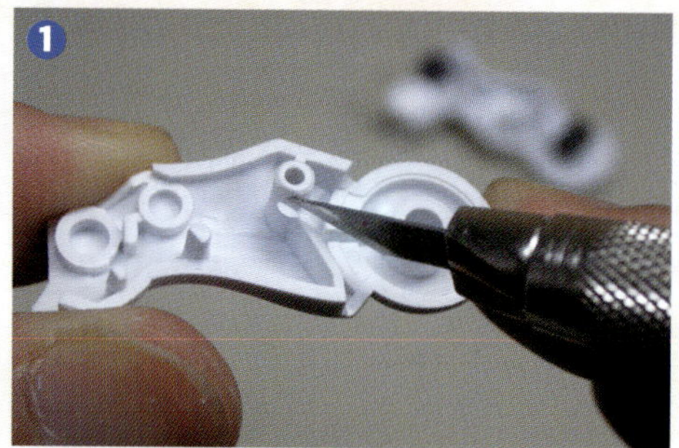

▲ 핀의 측면을 일부 깎아서, 단면이 「D」형이 되도록 했다. 이걸로 핀이 가늘어져서, 결합이 조금 헐거워 진다. 부품의 결합도 어느 정도 가능하니 가조립 할 때에도 문제 없다.

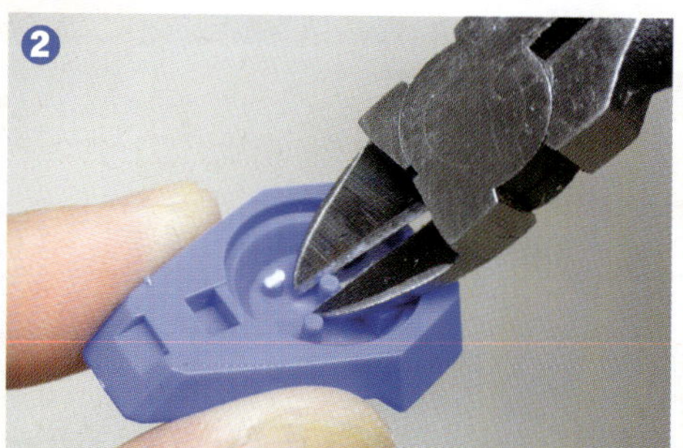

▲ 이 쪽은 핀을 짧게 만들기 위해, 잘라내고 있다. 조금 남겨두면 위치는 잡아줄 수 있으니 나중에 접착할 생각이라면 이런 방법도 좋을 것이다. 빠르게 대처하고 싶을 때에 좋다.

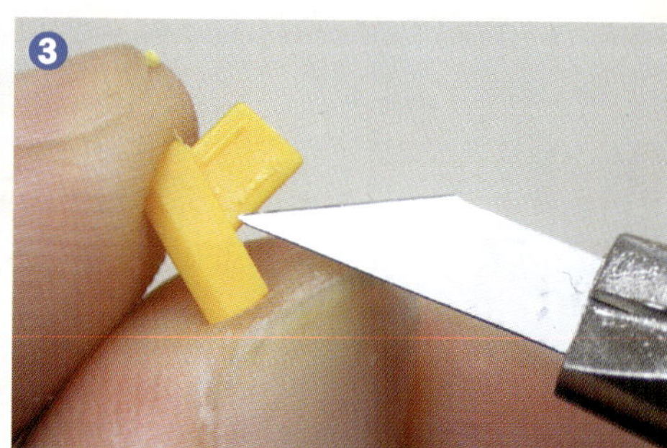

▲ 판 모양의 핀 표면의 돌기를 깎아내고 있다. 키트의 핀을 잘 보면 이런 작은 돌기가 있는 경우가 있다. 이것을 깎아내면 결합 부위가 헐거워 진다.

## 뻑뻑하게 하고 싶을 때는

간단하게 접착해 버리면 좋겠지만, 어디까지나 스냅 핏을 살려서 뻑뻑하게 하고 싶은 경우. 핀을 굵게 하거나, 핀 구멍을 좁게 해 주기, 그 외의 대처법도 있다.

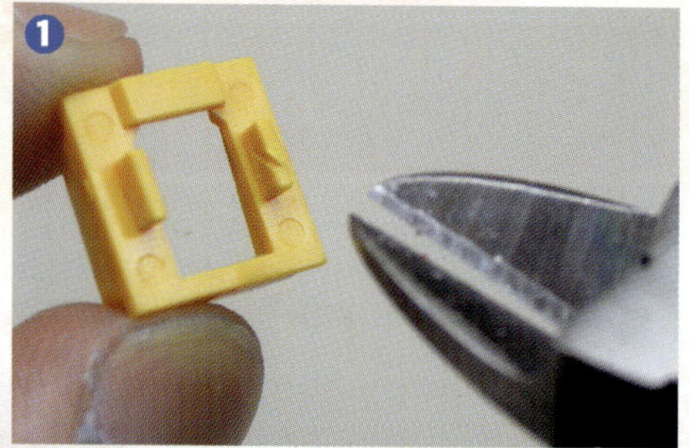

▲ 이것은 판 모양 핀의 경우. 핀을 니퍼로 집어서 약간 흠집을 내 주면, 흠집의 가장자리가 부풀어 올라서 뻑뻑해진다. 봉 모양 핀에도 같은 방법이 가능하다.

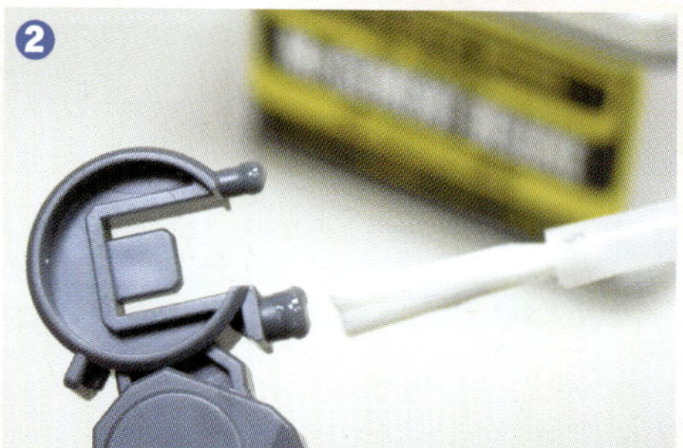

▲봉 모양의 끝쪽에 통상의 프라모델용 접착제(수지 타입)을 발라주는 모습. 이대로 건조시키면, 끝이 두꺼워진다. 빨리 처리하고 싶을 대는 순간 접착제도 좋지만, 적당한 상태로 하려면, 프라 세멘트 쪽이 하기 쉽다.

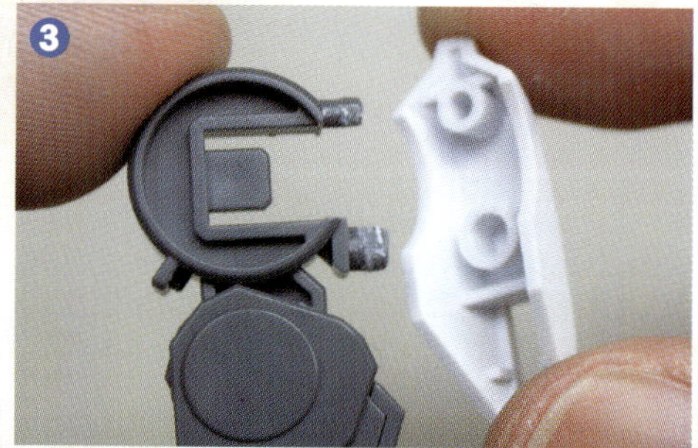

▲ 마른 뒤에 핀 구멍에 끼웠다가, 다시 뺀 상태. 접착제를 발라서 두껍게 한 곳은 구멍에 끼웠을 때에 뭉개져 깎이기 때문에, 적당히 좋은 상태가 된다. 순간접착제의 경우에는 적절히 깎아낸 다음에 하자.

### CHECK POINT

**●핀과 핀 구멍에 주목**

▶ 왼쪽은 핀 구멍이 「O」가 아니라, 「D」로 되어 있는 예. 이것은 드릴로 둥글게 구멍을 내 주면 헐거워진다. 오른쪽은 핀에 돌기가 있는 예. 이것을 깎아 주면 헐거워 진다. 이런 숨은 포인트도 있는 것이다.

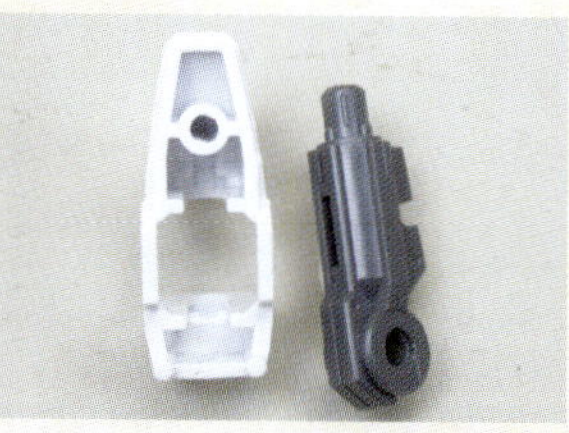

**●도색한 부품을 조립할 때**

▶ 도색 후에 부품을 결합 시킬 때에 핀까지 도료가 묻어 있으면 상당히 뻑뻑해진다.
무리해서 끼우기 보다는 핀에 묻은 도료를 깎아낸 뒤에 끼우는 쪽이 좋다.

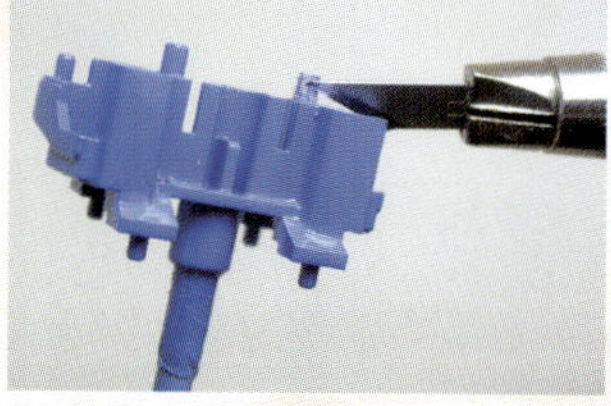

# 6. 관절의 조정

건프라는 다채로운 가동부위를 지니고 있지만, 여러 가지 포즈를 취하게 하다 보면「이 관절이 조금 더 뻑뻑했으면」이나,「너무 뻑뻑해서 움직이기 힘들다」라는 느낌이 드는 일도 있다. 그런 부분을 자기 힘으로 딱 좋게 조정해 보자. 기본적으로는 결합을 조정할 때처럼 관절축 등을 굵게 하거나, 깎거나 한다.

주의해야 할 점은 뻑뻑하게 한 관절을 움직이려고 하면 축의 뿌리나 주변의 부품에 부담이 걸려서, 휘거나 부러질 위험도 있다는 점. 그런 것을 충분히 고려해 두도록 하자.

또한, 헐겁게 하는 방법은 앞에서 설명한 결합부위의 조정을 참고하도록 하고, 여기서는 뻑뻑하게 조정하는 방법만을 소개한다.

## 관절을 뻑뻑하게 하려면

축을 안에 꽂아 넣는 타입의 관절이라면, 축을 굵게 하거나, 또는 구멍 쪽을 좁게 하면 된다. 그런 방법을 몇 가지 소개 하겠다.

▲ MG 건담 Ver.2.0의 다리 부품. 움직여 보고, 무릎의 위쪽 관절을 뻑뻑하게 해 주고 싶어졌다. 이대로는 대처할 수 없으니, 관절부까지 분해하자. 조금 귀찮지만, 어쩔 수 없다.

▲무릎 관절의 부품. 위쪽의 축받이 구멍 안쪽에 순간 접착제를 살짝 묻혀준다. 이걸로 조금 구멍이 좁아진다. 만약 너무 뻑뻑하다면, 둥근 줄 등으로 깎아주자.

▲ 다시 관절을 조립해서, 움직임을 확인. 실제로 무릎 위 관절이 뻑뻑해 졌다. 이 방법을 사용할 경우, 형상을 너무 변형시키면 힘을 받는 쪽이 일그러지거나 깨지는 일도 있으니, 적당한 범위에서 만족하도록 하자.

▲ 폴리캡에 꽂아 넣는 축에 순간 접착제를 묻혀서 굵게 해주는 예. 구멍 쪽의 폴리캡은 축을 꽂아 넣으면 그만큼 팽창하니, 폴리캡이 팽창하지 않도록, 주변을 감싸는 것으로 뻑뻑하게 하는 방법도 있다.

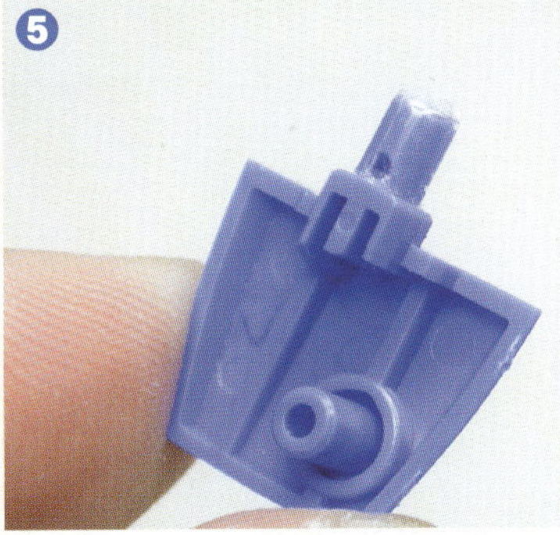

▲축을 굵게 하기 위해 스카치 테이프를 감은 예. 이대로 구멍에 꽂으면 주변에서 눌러주니 벗겨질 일은 없으며, 표면이 매끈하기에 움직임 자체도 부드럽다.

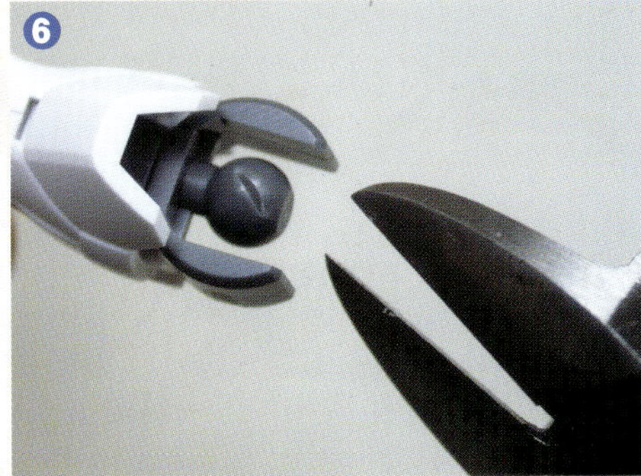

▲ 볼 조인트 부를 뻑뻑하게 할 경우, 볼을 간단히 굵게 만드는 방법은 니퍼로 집어서 자국을 내는 것이다. 너무 힘을 줘서, 잘라내지 않도록 주의하자.

**CHECK POINT**

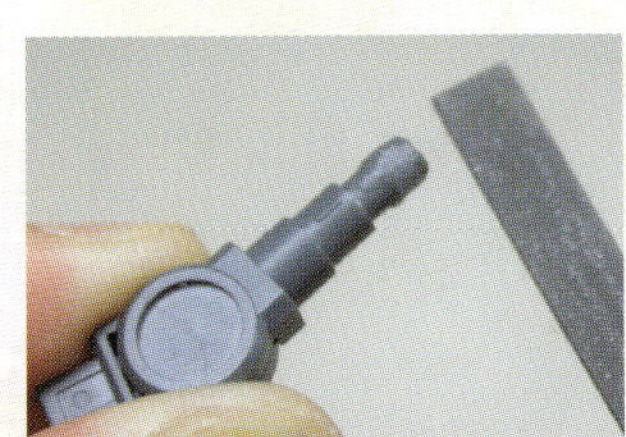

### ●적절한 굵기로 조정

◀ 순간 접착제로 굵게 만든 경우, 굳은 뒤에 적당한 굵기로 조절하기 위해, 깎아서 조정해주자. 약간 굵게 한 정도로도 효과는 충분히 있다.

### ●부러져 버렸다!!

◀ 뻑뻑한 관절을 무리하게 움직이려고 하면, 다른 곳에 부담이 걸려서, 부러지는 일도 있다. 이런 때의 복구법은 P.94를 참고할 것. 관절을 헐겁게 하는 경우에는, 축이나 구멍 중의 한 쪽을 깎아주면 된다.

# 개조 부품을 사용해서 배리에이션 기체를 재현

## MG 개조 자쿠 데저트 타입

제작/ 노모토 켄이치

프라모델을 베이스로 해서 다른 사양으로 만들기 위한 개조 키트라는 것이 있다. 이 작품은 MG 자쿠 Ver.2.0 J형을 베이스로, B클럽제「자쿠 데저트 타입」용 개조 키트를 사용해서 제작. 프레임이나 일부 외장은 베이스 키트 그대로, 외장의 대부분은 레진(무발포 폴리우레탄)제의 부품이다. 레진은 플라스틱 만큼 다루기 쉽지는 않지만, 이런 부품을 사용해서, 키트에는 없는 모습으로 만드는 것도 가능하다는 것을 보여주는 사례이다. 도색은 레진용 서페이서를 뿌린 것 외에는, 통상의 플라스틱 부품과 마찬가지.「월간 하비 재팬」2008년 11월호 게재.

# MS-06D ZAKU DESERT TYPE

BANDAI 1:100 scale plastic kit "MG" conversion

**MG 양산형 자쿠 Ver. 2.0**

●발매원/ 반다이 하비 사업부
●1:100 스케일 플라스틱 키트「MS-06j 양산형 자쿠 Ver.2.0」개조, 전고 18cm ●정가/ 3,675엔 ●2007년 4월 발매
●MS06D 자쿠 데저트 타입 개조 부품 (B-CLUB제 레진 키트, 17,400엔) 사용

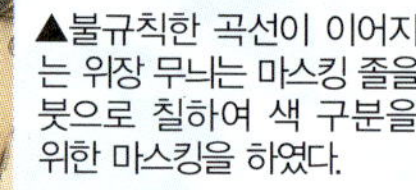

▲불규칙한 곡선이 이어지는 위장 무늬는 마스킹 졸을 붓으로 칠하여 색 구분을 위한 마스킹을 하였다.

◀ 스커트 모양의 장갑 측면에 있는 크래커 박스도 레진제 부품. 개폐를 위한 힌지는 황동선을 이용하여 제작.

STEP 5

# 전체 도색으로 완성 하자

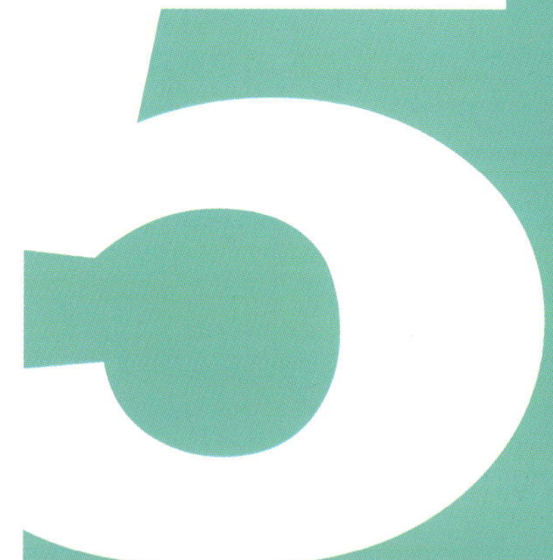

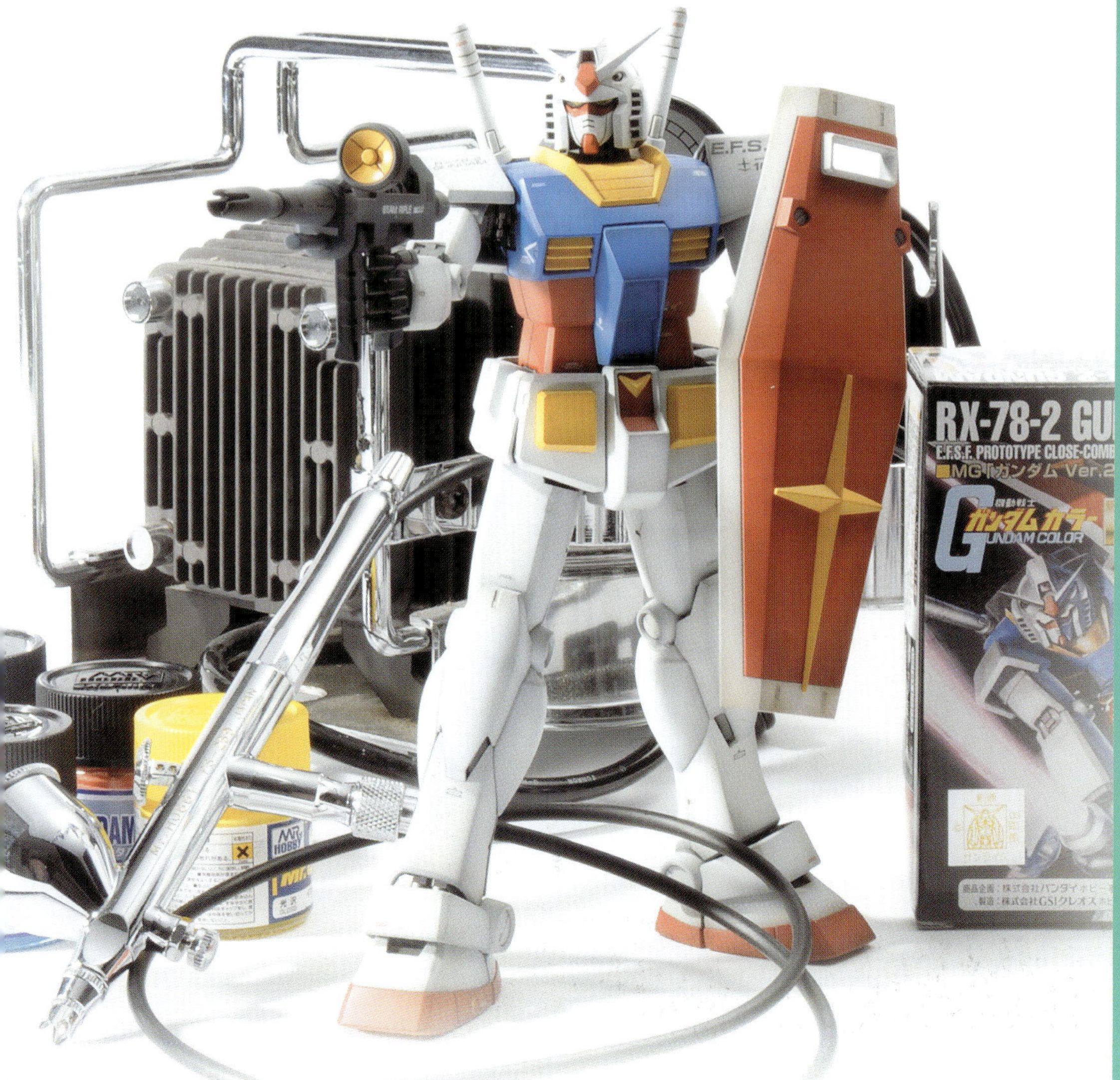

RX-78-2
GUNDAM Ver.2.0
BANDAI 1:100 scale plastic kit "MG"

# 에어브러시로 전체 도색 완성을 목표로.

## 이것이 STEP5의 포인트!

작품 전체를 도색해서 자기 취향의 컬러링으로 완성하는 것은 프라모델 제작에 있어 하나의 도달점. 각 색상별로 부품이 나뉘어져 있는 최근의 건프라는 색을 구분해서 칠하기도 쉽다. 도색을 하는 경우에도 상당히 친절한 사양이라고 할 수 있는 것이다. 이번 스텝에서는 캔 스프레이, 그리고 에어브러시를 사용해서 뿌리는 도색법을 중심으로, 각각의 취급 방법부터 응용 테크닉까지 소개하고자 한다. 이러한 도색법을 마스터 하면, 완성의 폭은 비약적으로 넓어질 것이다.

### 1. 캔 스프레이로 도색 해 보자

●간단히 뿌려서 도색할 수 있는 것이 캔 스프레이 도료. 깔끔하게 칠하기 위한 테크닉과 주의 사항을 소개한다. 작은 부품을 칠할 때의 연구도.

### 2. 에어브러시 도색의 기초

● 에어브러시를 사용하면 여러 가지 도색 표현이 가능한데 이를 위해서는 필수 도구들의 사용법이나 조정방법 등 기초 지식을 익혀 둘 필요가 있다.

### 3. 도색 실습

● 도색시에 트러블을 일으키지 않기 위한 준비, 그리고 깔끔하게 칠하기 위한 기본, 그리고 클리어 컬러, 메탈릭 도색의 특징 등도 소개.

### 4. 구분 도색

●샤프하게 색을 구분하기 위한 마스킹 테크닉과, 삐져나온 부분의 수정 방법, 거기에 관절 등 끼워 넣은 부품을 구분해서 칠할 때의 순서도 소개한다.

### 5. 그라데이션을 살린 도색

● 에어브러시 도색의 특징이라면 역시「그라데이션」. 이것을 살린 겹쳐 칠하기로, 부품에 색의 변화를 주거나, 그림자나 더럽힘 등 다양한 표현을 익혀보자.

### 6. 완성

●전체 도색과 구분 도색, 에어브러시에 의한 표현을 더해서 완성한 MG 건담.
지금까지의 STEP에서 소개해 온 Step-up테크닉도 전부 포함되어 있다.

# 여기서 사용하는 도구는?

## ●캔 스프레이

특정 색을 뿌려서 도색할 수 있는 스프레이 도료. 손질도 거의 필요 없고, 다루기도 간단. 넓은 면을 칠하기에 좋은 용품이지만, 작은 부품의 도색도 가능하다. 도료의 종류는 락커계. 색상 수도 매우 다양하고, 건프라 전용 색도 발매되어 있다.

▶다양한 색이 구비되어 있는「Mr. 컬러 스프레이」와 건프라 용으로 조색된「건담 컬러 스프레이」(각 525엔 / GSI 크레오스)

## ●에어브러시

에어브러시는 고압의 압축공기를 분출하는 것을 이용해서 도료를 분무하는 본격파 도색 용품. 사용할 색이나 도료의 종류, 뿌리는 정도도 자유롭게 조절할 수 있다. 에어브러시 본체(핸드 피스)는 여러 타입이 있지만 모형용으로는, 노즐 구경 0.3mm의 더블 액션 타입이 스탠다드. 사용하려면 컴프레셔를 비롯해, 주변 용품도 필요하다.

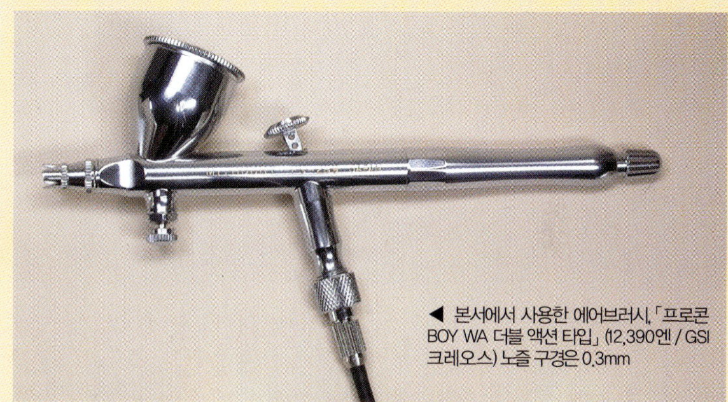

◀ 본서에서 사용한 에어브러시.「프로콘 BOY WA 더블 액션 타입」(12,390엔 / GSI 크레오스) 노즐 구경은 0.3mm

## ●도색 관련 용품

본격적인 도색을 하려면, 준비해 둬야 할 용품이 여러 가지 있다. 구분해서 칠하기 위한 마스킹 자재와, 도료의 농도 조절이나 색을 섞을 때의 용기, 여기에 더하여 도료의 미스트(도료 입자 등의 분진)을 밖으로 배출하는「도색 부스」가 있으면, 실내에서도 뿌리는 도색도 무리 없이 할 수 있다.

◀색을 구분할 때의 마스킹에 사용하는 용품. 왼쪽부터 마스킹 테이프, 스카치 테이프, 마스킹 졸. 졸은 액체로 바른 뒤에 마르면 고무처럼 굳는다.

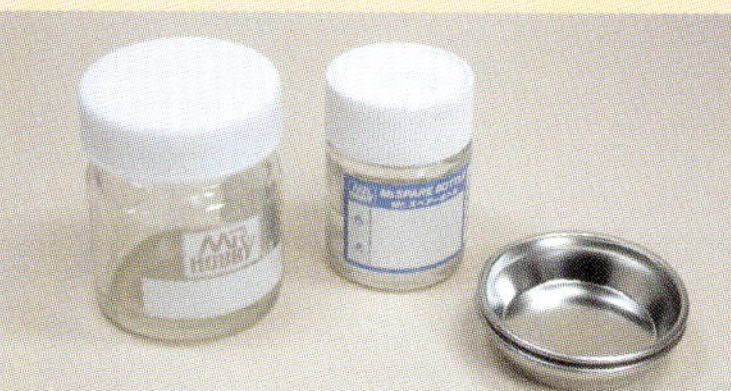

◀ 도료를 희석하거나, 색을 섞을 때에는 도료를 병에서 덜어서, 다른 용기에서 할 것. 스페어 보틀이나 도료 접시가 있으면 편리하다.

◀실내에서 도료를 분무할 경우 특히 편리한 도색 부스. 그물 모양의 면을 향해서 뿌리면 뒷면의 전동 팬에 의해 호스로 배출되는 구조.

## ●에어브러시 용품

에어브러시를 사용할 때에 반드시 필요한 것이 압축 공기를 공급해주는 기기. 에어 캔은 싸고 간편하지만, 장기적으로는 도리어 비용이 더 많이 든다. 처음에 좀 비싸다는 생각이 들어도 전동식의 공기 압축기, 컴프레셔를 입수하는 것이 이상적이다. 이 경우에는 수분 제거용 필터와 레귤레이터도 준비하는 것이 좋다.

◀ 압축 공기를 내보내는 전동 컴프레셔. 사진의「Mr. 리니어 컴프레셔 L5」(26,250엔/ GSI 크레오스)는 컴팩트하고 소리가 조용한 것이 특징

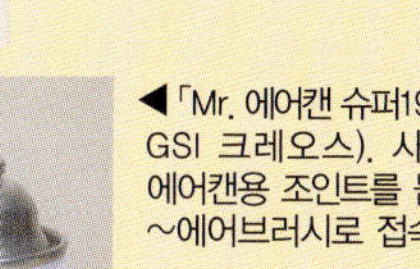

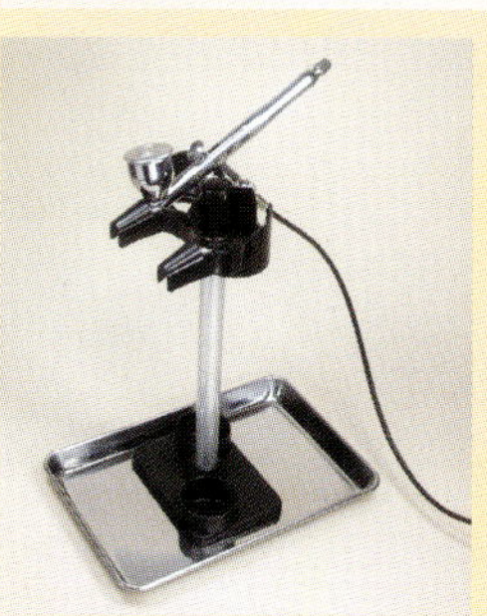

▲컵에 도료가 들어있는 채로 에어브러시를 놔둘 수 있는 거치대도 있으면 편리. 사진은「Mr. 에어브러시 스탠드&트레이 세트II」(1,575엔/ GSI 크레오스)

◀「Mr. 에어캔 슈퍼190」(630엔/ GSI 크레오스). 사진 왼쪽의 에어캔용 조인트를 붙여서 호스~에어브러시로 접속한다.

▶컴프레셔와 에어브러시 사이에 연결해 압력의 조정과 "수분 제거"를 겸하는「Mr. 에어 레귤레이터II」(7,140엔/ GSI 크레오스)

# 1. 캔 스프레이로 도색 해보자

캔 스프레이는 색의 수도 풍부하고, 간단히 분무 도색을 할 수 있는 편리한 도료다. 단색의 도색이라면 에어브러시를 사용하는 것 보다 빠르고, 붓이나 용구를 씻거나 하는 번거로움이 없는 것도 장점. 익숙해지면 캔 스프레이와 붓 도색의 조합만으로도 충분한 도색 완성이 가능할 것이다. 단지 다루는데 익숙하지 않으면, 너무 뿌려서 도료가 흐르거나, 표면이 거칠어지기 쉽다. 뿌리는 정도의 조정은 곤란하니, 도색할 면과의 거리, 캔을 움직이는 스피드로 도색면의 상태를 컨트롤 해보자.

## 캔 스프레이의 사용법

캔 스프레이 안에는 도료와 가스가 들어있다. 동작 방법은 위의 버튼을 누르면 노즐에서 도료와 가스가 뿜어 나오는 것뿐이다. 실제 도색에서는 「너무 뿌리지 않는 것」이 최대의 주의 사항. 두껍게 칠해서 흘러 버리면 수정이 어려우니 처음엔 신중히.

▲ 건담의 실드를 G레드①(반광)으로 칠해보자. 도색 중에 방향을 바꾸기 쉽게, 그리고 건조 시킬 때 바닥에 닿지 않은 채 둘 수 있도록 부품에는「지지대」를 붙여두자. 자세한 것은 P.74를 참조.

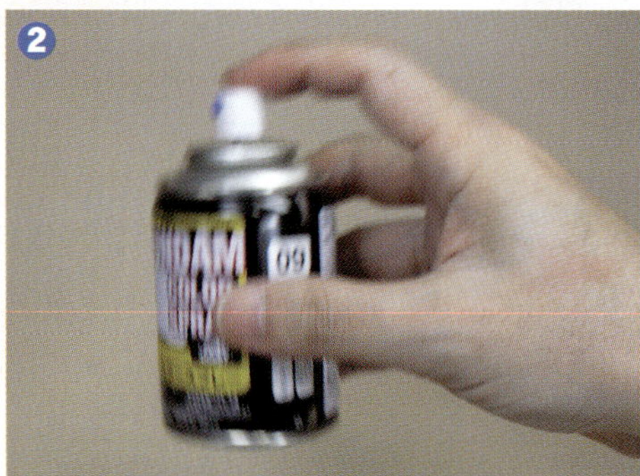


▲ 캔 스프레이는 사용하기 전에 캔을 잘 흔들어서 안의 도료를 섞어 주자. 실수로 도료를 뿜지 않도록, 노즐에 손가락을 얹지 않는 것이 좋다.

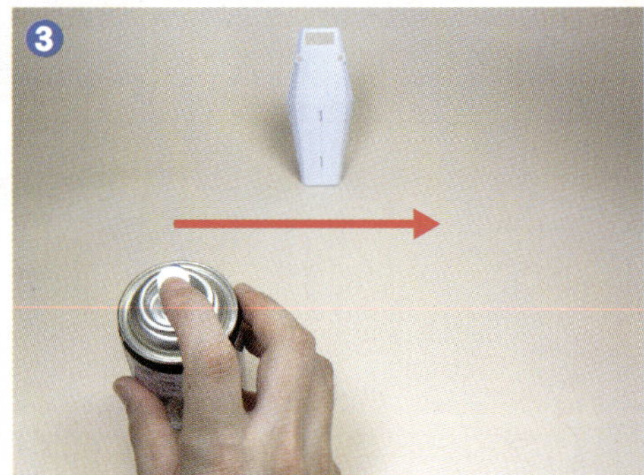


▲ 기본 동작. 부품과의 거리는 20~30cm. 분무된 도료 입자가 닿지 않는 곳부터 스프레이를 옆으로 이동 시키면서「슉」하고 뿌린다. 손은 멈추지 않도록 부품의 방향을 바꿔서 이 동작을 반복해서 칠해준다.

▲ 그러면 실전. 한 손에 부품. 또 한 손에 스프레이를 들고 도색 개시. 처음에는 거리를 떨어뜨린다는 느낌으로, 부품의 가장자리 등 칠하기 어려운 곳부터 칠해간다. 그리고 전체에 얇게 도료가 입혀진 상태에서, 일단 멈춘다.

▲얇게 입혀진 상태에서도 도료가 표면에 정착 되었으니, 다음부터는 잘 흐르지 않게 된다. 이번에는 색이 제대로 입혀지도록, 전체에 뿌려준다. 처음보다 거리는 가깝게, 스프레이를 약간 천천히 움직이자.

▲색이 완전히 입혀지면, 도색 면에도 주의. 입자 덩어리가 남아있는 것은 그리 좋지 않다. 표면이 조금 젖은 듯이 번들거리는 상태에서 끝내는 것이 좋다. 단, 두껍게 칠하는 것은 위험하니, 적당한 곳에서 멈추는 것이 무난.

### CHECK POINT

#### ●캔 스프레이가 차가울 때는

▶캔이 차가우면 가스의 압력이 올라가지 않아서 분출력이 약해지고 효율도 좋지 않다. 그런 때에는, 미지근한 물에서 사람 체온 정도로 데워주면 좋다. 절대 뜨거운 물이나 불로 데우지 말 것!!

#### ●노즐을 깨끗하게 하자

▶노즐에 도료가 고이거나 하면, 굵은 도료 입자 덩어리가 날아가곤 한다. 이 경우는 곧장 실패로 이어지니, 상태를 보고 종종 닦아주자. 도료가 굳어있을 때는, 희석액을 묻혀서 닦아주면 된다.

## 도색면의 상태

도색하는 색과는 별도로 도색면이 얼마나 깔끔한지도 완성했을 때의 인상을 크게 좌우한다. 광택이 있는 도료를 칠했는데 표면이 거칠어지는 일이 없도록 어떤 상태가 좋은지 확인해두자.

▲ 잘 된 사례. 다 뿌린 뒤에도 표면이 젖은 듯한 상태이고, 뭉친 곳도 없다. 특히 유광이나 반광 도색이라면, 이런 상태로 마무리되어야 한다. 이런 상태라면 무광 처리를 해도 깔끔하게 마무리 된다.

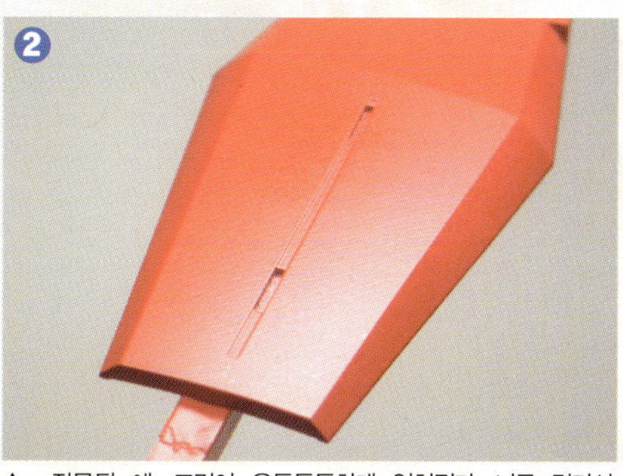

▲ 잘못된 예. 표면이 우둘투둘하게 입혀졌다. 너무 멀리서 뿌렸거나, 손을 너무 빨리 움직여서 약간 마른 입자가 입혀지면 이렇게 된다. 무광 처리를 할 때는 이런 상태가 되어도 눈에 잘 띄지 않는다.

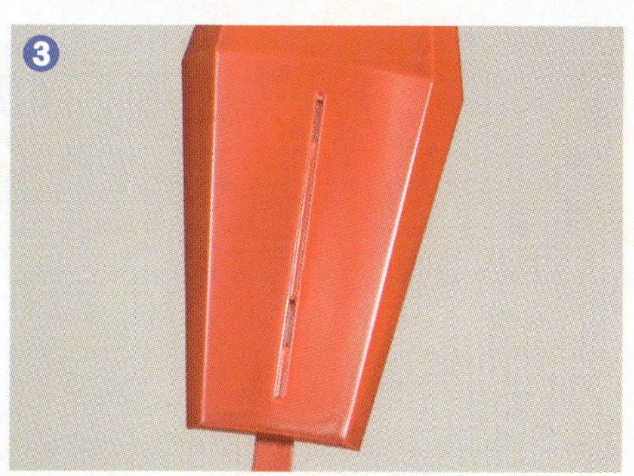

▲이것은 표면이 매끈해지도록 잔뜩 뿌렸더니, 흘러버린 경우. 「우둘투둘 해지지 않게….」에만 너무 의식하면 이런 일이 생긴다. 이런 조절은 익숙해질 필요가 있는 곳이기도 하다.

## 작은 부품, 세밀한 부분의 도색

캔 스프레이는 넓은 면적을 뿌리는데 가장 적합하다고는 하지만, 작은 부품이나 요철이 있는 부품을 칠하는 것도 충분히 가능하다. 칠하기 힘든 장소는 붓으로 보조해주자.

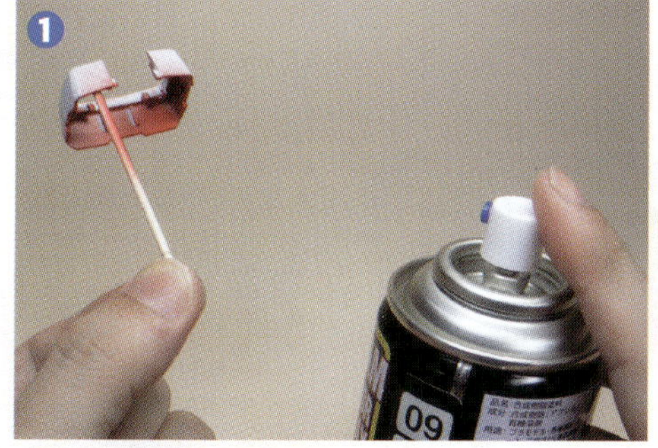

▲작은 부품을 칠할 때에도 기본은 앞의 예와 같다. 가장자리나 뒷면 등의 칠하기 힘든 곳부터, 처음에는 약간 마른 느낌으로 뿌려준다. 작은 부품이라도 한 자리에서 뿌리지 말고, 반드시 캔을 움직이며 뿌리자.

▲계속해서 부품의 각 면에 칠해지도록 상하좌우로 비스듬하게 각도를 바꿔가면서, 전체에 뿌려준다. 이걸로 전체에 색이 입혀지면 좋겠지만……

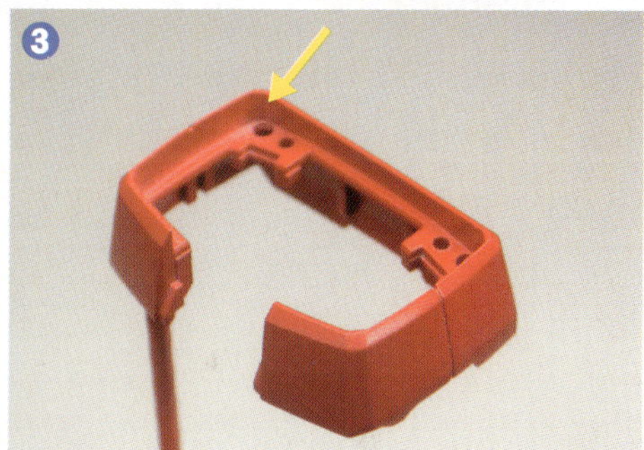

▲ 부품의 뒤, 구멍 등 도료 입자가 도달하기 힘든 곳처럼 미처 다 칠해지지 않은 부분이 있다. 더 많이 뿌리는 방법도 있지만 원래 잘 보이지 않는 곳이니 이런 곳은 붓으로 대처하는 쪽이 안전하다.

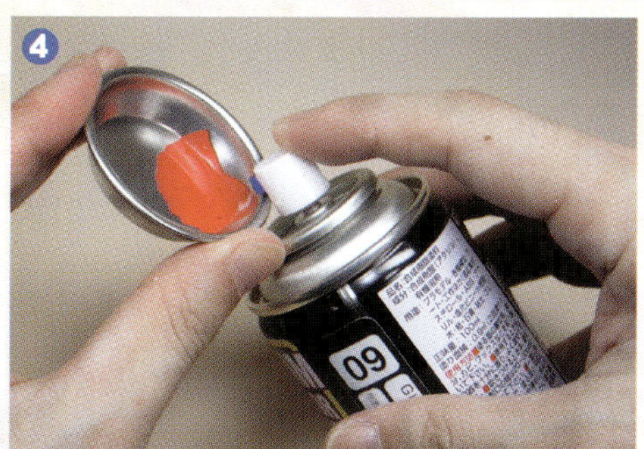

▲ 이런 경우에는, 캔 스프레이의 도료를 사용하도록 한다. 도료접시나 병에 조금만 뿌려서 사용하는 것이다. 주위에 날리지 않도록 조심!

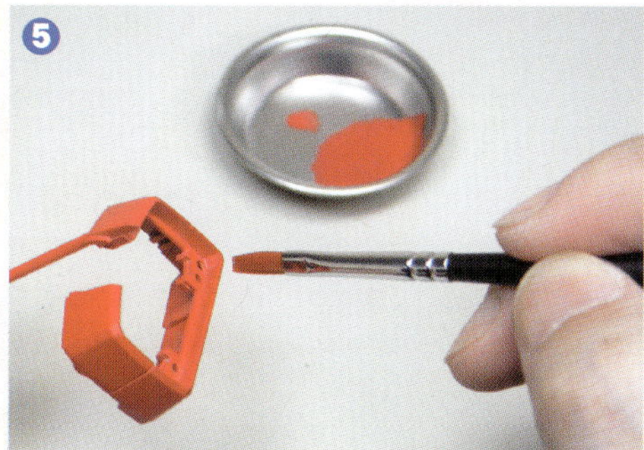

▲ 접시에 덜어낸 도료를 그대로 붓으로 칠한다. 같은 락커계 도료를 덧칠하는 것이니, 밑색이 녹지 않도록 주의. 듬뿍 바르는 것이 아니라 가벼운 터치로 단번에 끝내는 것이 좋다. 붓자국이 조금 남겠지만 별 도리가 없다.

▲ 붓칠로 색을 입힌 뒤, 다시 한번 전체에 뿌려준다. 이렇게 해서 붓으로 칠한 곳에도 도료가 입혀지고, 덧칠한 부분이 눈에 띄지 않게 된다. 칠하기 힘들어 보이는 곳을 미리 붓으로 칠해 두는 방법도 있다.

**CHECK POINT**

### ●캔 스프레이를 버릴 때는

◀ 스프레이의 내용물을 전부 빼낸 뒤에 분리수거할 것! 또한 내용물이 남아있을 때에는 적당한 용기에 신문지나 천 등을 채우고, 거기에 뿌려주면 된다. 도료가 배어있는 것은 마른 뒤에 버리자.

# 2. 에어브러시 도색의 기초

마음에 드는 색으로 도료를 뿌릴 수 있도록 해주는 에어브러시 도색. 좁은 곳부터 넓은 곳, 광택이나 메탈릭 도장, 그라데이션을 살린 도색 등, 다채로운 표현이 가능하다. 기재는 조금 비싸지만 본격적으로 모형이라는 취미를 즐기기 위해서는 꼭 제대로 다뤘으면 하는 용구이다.

에어브러시를 활용하기 위해서는 우선「자연스럽게 뿌리기」를 할 수 있게 되는 것이 포인트. 에어브러시의 구조와 조작을 이해하는 것은 물론, 에어브러시 도색에 적합한 도료의 농도를 파악하는 것도 중요하다. 또한, 캔 스프레이와 마찬가지로 부품과의 거리 움직이는 속도에 따라서도 표현이 달라진다. 실전에 들어가기 전에 에어브러시 도색의 기초를 배워두자.

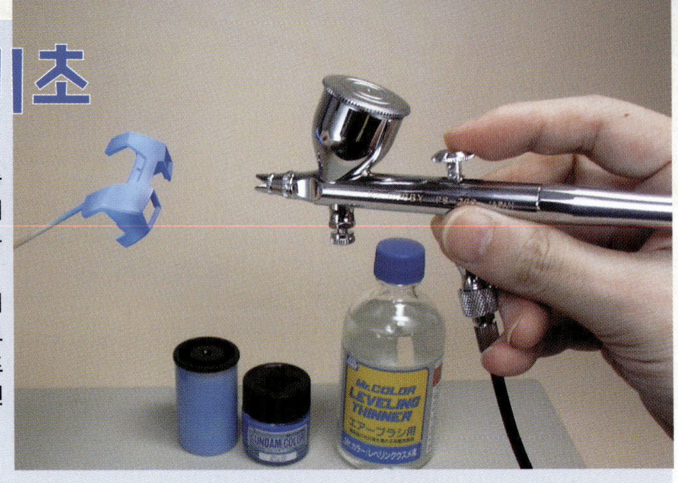


## 에어브러시의 구조

에어브러시는 압축 공기를 분출시키는 것에 의해 도료를 뿜어낸다. 모형용으로는 가장 일반적으로 쓰이는 "더블 액션 타입"을 교재로 하여, 그 조작과 구조, 각부의 명칭을 설명하겠다.

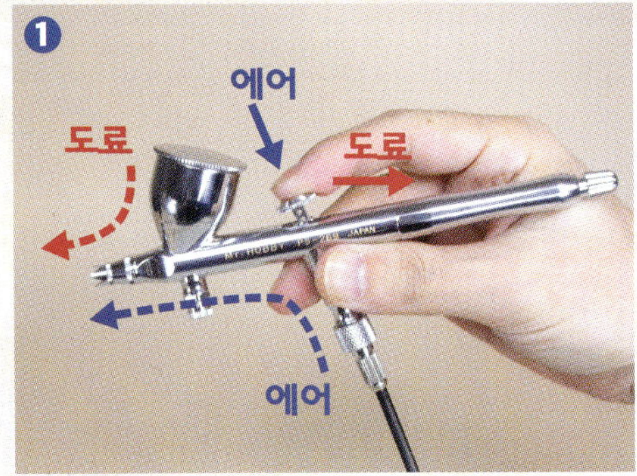


▲ 검지 손가락을 얹은 버튼은「누르기」「뒤로 당기기」라는 두 가지 동작이 가능하다(더블 액션). 버튼을 누르면 에어가 노즐에서 분출. 그 다음 버튼을 당기면 컵 안의 도료가 뿜어져 나온다.

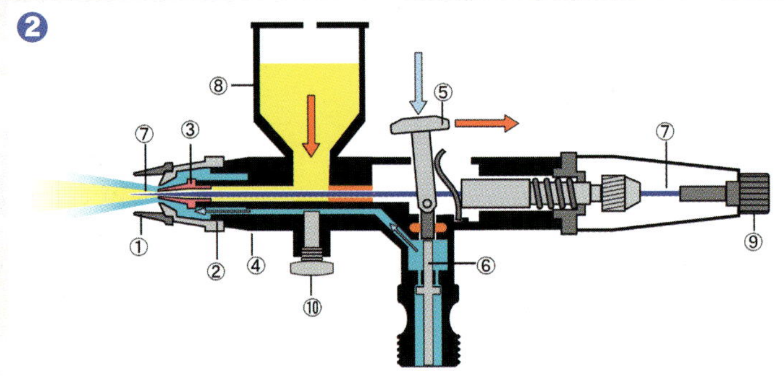


▲ 내부의 구조도. 버튼을 누르면 호스에서 공급되는 압축 공기가 밸브를 통해, 노즐과 노즐 캡의 틈에서 밖으로 뿜어져 나온다. 버튼을 당기면, 노즐을 막고 있는 니들이 뒤로 물러나, 노즐 안으로 도료가 흘러들어간다. 그러면 압축 공기에 의해 도료가 안개처럼 분무된다. 노즐의 열리는 정도를 「니들 개폐도」라고 부른다.

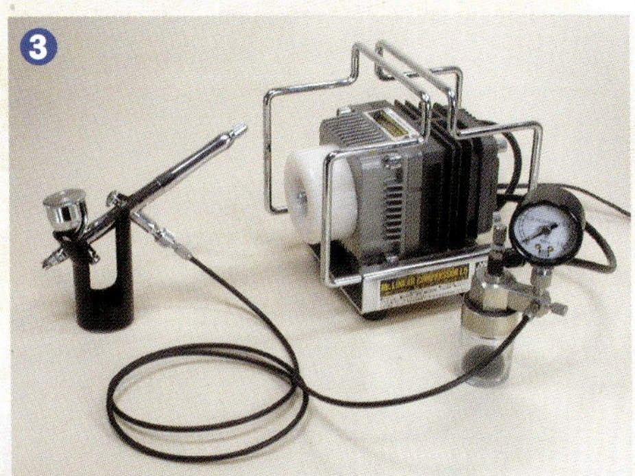


▲ 에어브러시에 수분 필터 겸 레귤레이터, 컴프레셔를 접속한 상태. 수분 필터는 공기가 압축되며 발생하는 수분을 제거하는 것, 레귤레이터는 컴프레셔에서 압축 공기의 압력을 조정한다.

▲ 다른 타입의 에어브러시도 소개 해두자. 이것은 싱글 액션 타입. 버튼은 누르는 것에 의해, 에어의 분출량만 조절. 도료의 양은 뒤쪽의 다이얼을 돌려서 조정. 돌린만큼 니들이 뒤로 물러난다.

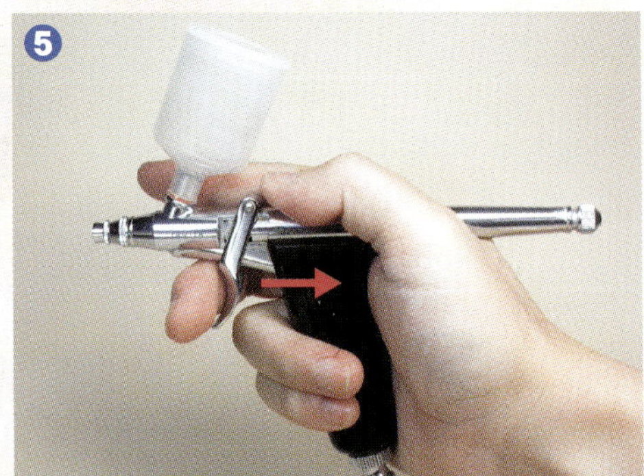


▲이쪽은 트리거 타입. 트리거는 당기는 것뿐인 동작이지만, 내부의 캠 기구에 의해, 조금 당기면 압축 공기만 나오고, 더 당기면 여기에 도료가 함께 나오는 양이 증가하게끔 되어있다.

**CHECK POINT**

### ●도색 부스의 설치

▶도색 부스는 ①처럼 작업대 위에 설치. 배기용 호스는 창문 등을 통해 밖으로 내보낸다. 빨아들이는 면의 앞쪽도 더러워지니, 주위에는 신문지 등을 깔아두면 좋다. 도색 중에는 ②처럼, 부품을 부스 쪽에 대서 여분의 도료 입자가 부스 방향으로 가도록 한다.

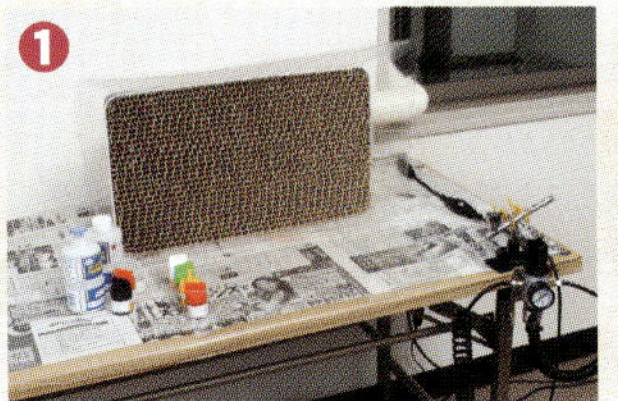

## 깔끔하게 뿌리기 위한 포인트

우선 에어브러시에서 도료가 깔끔하게 뿜어져 나오도록 조절해야한다. 그러기 위해서는 도료의 농도, 니들의 개폐도, 에어 압력의 세 가지를 조절할 필요가 있다. 각각의 상호 관계에 대해 이해해두자.

▲ 먼저 도료의 농도. 좁은 노즐 안에 부드럽게 흘러들어 깔끔하게 분무되기 위해서는, 병에 들어있던 상태보다 묽게 희석할 필요가 있다. 참고 기준은 캔 스프레이에서 뿜어낸 도료.

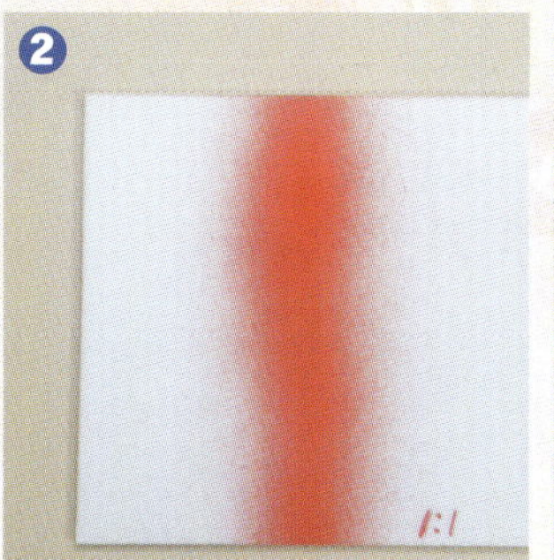


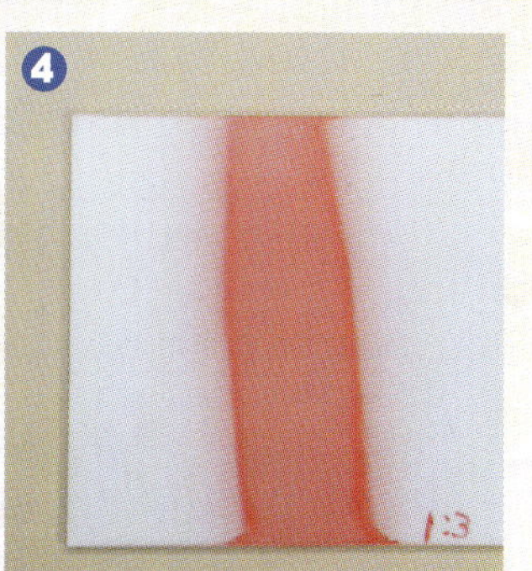


▲ 희석액의 농도를 바꿔서, 시험 삼아 뿌린 예. 숫자는 도료:희석액의 비율. 왼쪽부터 진함(1:1), 적절(1:2), 묽음(1:3)의 느낌. 비율은 도료의 건조 상태에 따라서도 달라지니 어디까지나 참고 정도로. 그보다도 뿌린 샘플의 번진 부분이나 색의 진한 정도로 판단하는 쪽이 좋다. 너무 진한 도료로 뿌리려고 하면 경우에 따라서는 노즐 안에서 막혀서 전혀 나오지 않는 일도 종종 있으니 주의.

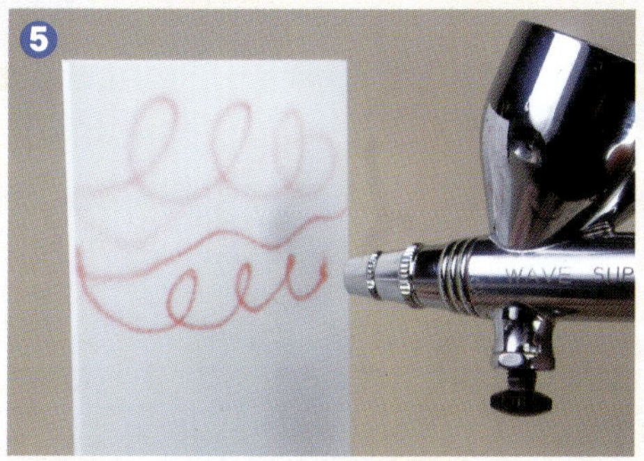


▲ 다음은 뿌리는 폭을 조정. 가늘게 뿌리기 위해서는 니들을 조금만 열어서 나오는 도료의 양을 줄이도록 한다. 도료는 적절 레벨 보다 묽게. 도색면에 에어브러시를 가깝게 대므로 공기압이 너무 강해지지 않도록, 압력은 낮게 설정하자.

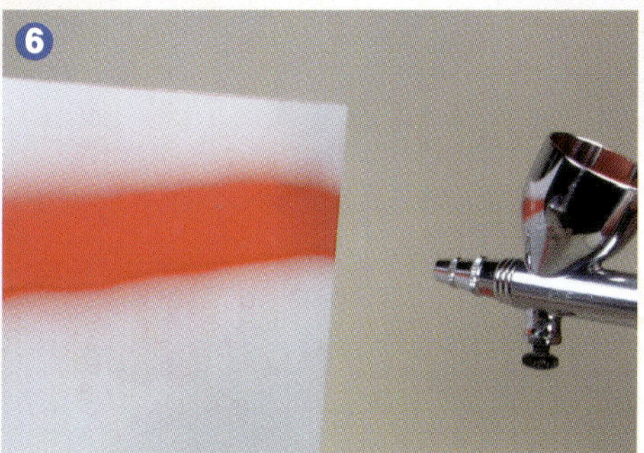


▲ 넓게 뿌릴 경우 니들을 열어서 폭 넓게 도료가 나오도록 한다. 도료가 흐르기 쉬우니, 에어 압력은 조금 높게 해줘야 깔끔한 도색면이 나온다. 도료는 약간 진해도 좋다. 에어브러시는 도색면에서 떨어진 느낌으로.

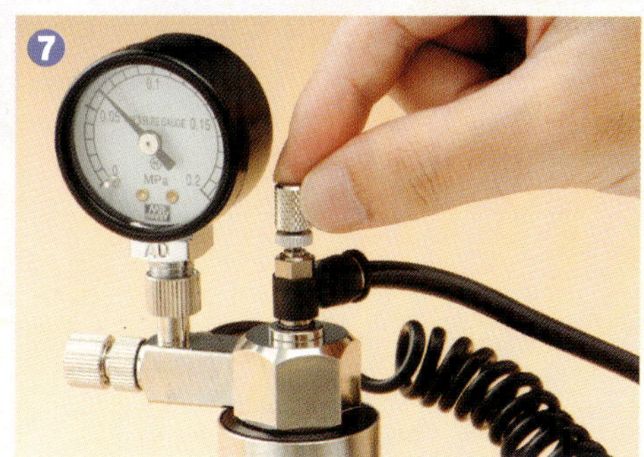


▲ 공기의 압력은, 레귤레이터의 밸브로 정량적으로 조절하는 것이 확실. 미터가 있으면, 가늘게 뿌릴 때와 넓게 뿌릴 때에 적절한 수치의 기준을 정할 수 있다. 그 외에, 버튼의 누르는 정도와, 에어 조절 밸브로 조절하는 방법도 있다.

### ●조정 포인트의 상관도

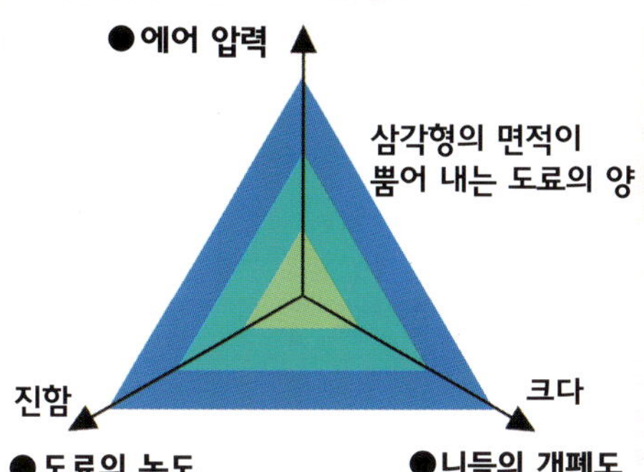


▲ 부드럽게 뿌리기 위한 각 조절 포인트의 상관 관계를 나타내는 그림. 각각의 요소가 밸런스를 취하면서 정삼각형이 되도록 조절하도록 한다. 안의 면적은 뿜어내는 도료의 양에 해당.

## 뿌릴 때의 포인트

에어브러시와 도색하려는 면 사이의 거리, 움직이는 속도를 바꾼다면 어떻게 될까? 그 차이를 확인해보자.

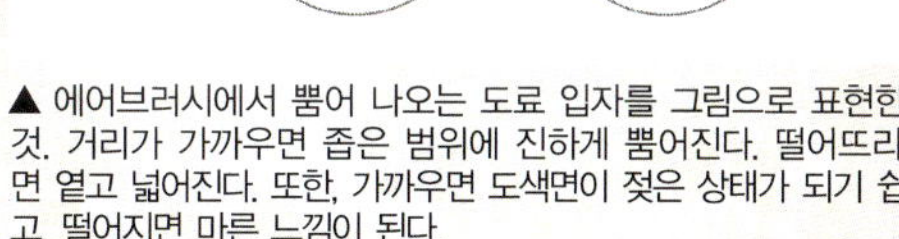

▲ 에어브러시에서 뿜어 나오는 도료 입자를 그림으로 표현한 것. 거리가 가까우면 좁은 범위에 진하게 뿜어진다. 떨어뜨리면 옅고 넓어진다. 또한, 가까우면 도색면이 젖은 상태가 되기 쉽고, 떨어지면 마른 느낌이 된다.

▲ 에어브러시를 이동시키는 속도를 바꿨을 경우의 비교. 같은 정도로 뿌려도, 빨리 움직이면 도색면에 입혀지는 입자가 적고, 거친 느낌이 된다. 천천히 해주면 도료가 많이 입혀져서 진하고 두껍게 칠해진다.

CHECK POINT

### ●컵 안에서 「가글」을 해주자

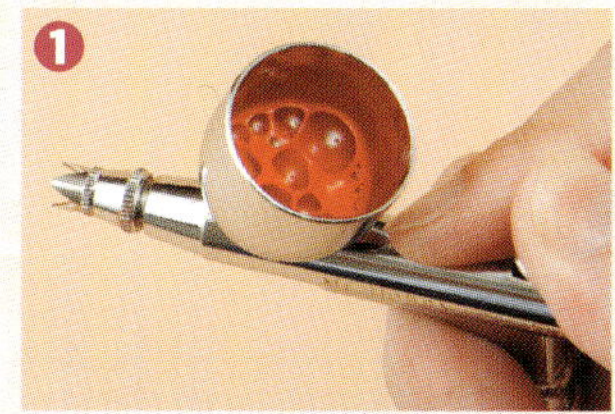

◀ 컵 안에 희석액을 넣고, 압축 공기를 역류시키는 것이 「가글」. 이걸로 컵 안의 도료를 섞어주거나, 도료컵을 닦아준다. ①니들 캡이 갈라져 있는 타입의 경우는, 노즐 캡의 뿌리를 1mm 정도 풀어준다. ②원형 타입은 끝을 손가락으로 막는다. 그리고 공기를 뿜으면서 니들을 조금씩 열어준다. 튀지 않도록 주의.

# 3. 에어브러시 도색 실습

먼저 도색에 필요한 준비부터. 부품에 손잡이를 달아주는 것은 이미 소개했지만, 이것을 에어브러시로 많은 부품을 칠할 때의 효율을 높이는 포인트이기도 하다. 여러 가지 방법이 있으니, 그것을 살펴보자. 그 다음으로 색에 대해서 설명하자면, 도색할 면의 색(밑색)에 따라 칠한 도료의 발색은 상당히 달라지는데 이것은 도색 전반에 해당하는 것이니 이 기회에 기억해두도록 하자.

준비가 됐으면, 실제로 부품을 칠해보자. 깔끔하게 칠하기 위한 뿌리는 방법, 거리감에 주목했으면 싶다. 작은 부품이나 클리어 부품을 칠할 경우의 주의할 점과, 금속색의 도장 사례도 다루도록 하겠다. 금속색의 입자를 고르게 칠할 수 있는 것도 에어브러시이기에 가능한 것이다.

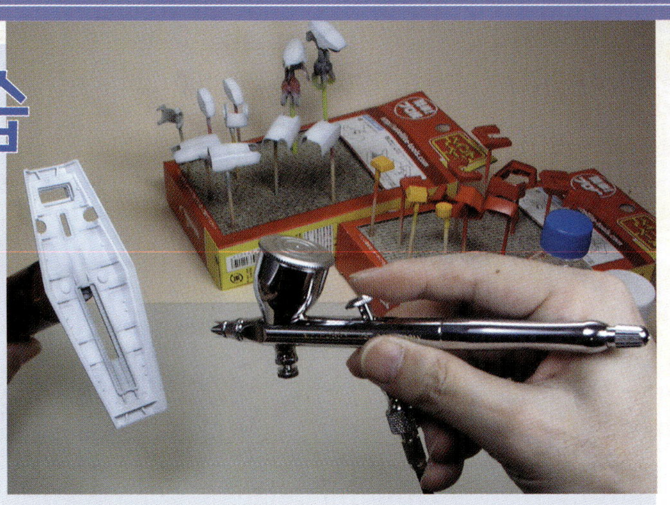

## 도색 전의 준비

뿌리는 도색에서는 부품을 직접 들 수 없기 때문에 반드시 「손잡이」를 달아주자. 칠할 때에 방향을 바꾸기도 쉽고 또한 건조시에 두기 편하므로 가능한 한 여러 가지 궁리를 해 보자.

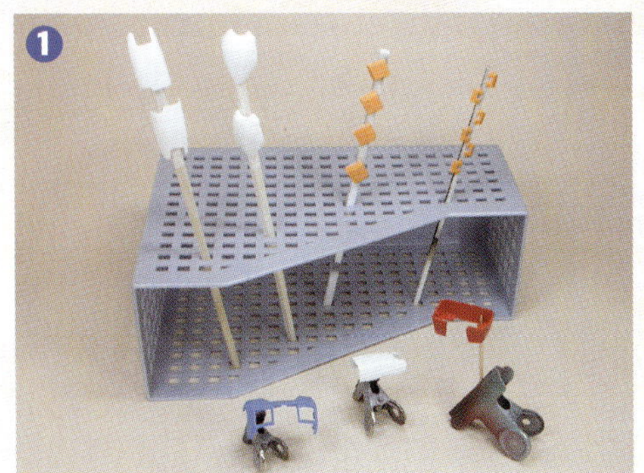

▲ 부품에 손잡이를 달아준 예. 막대나 클립에 고정해서, 도작 후에는 이렇게 띄워서 둘 수 있게 해준다. 이 예에서는 파일 케이스로 봉을 지탱하고 있다. 건조대 대신으로 찰흙이나 스티로폼에 꽂아두는 등의 방법도 있다.

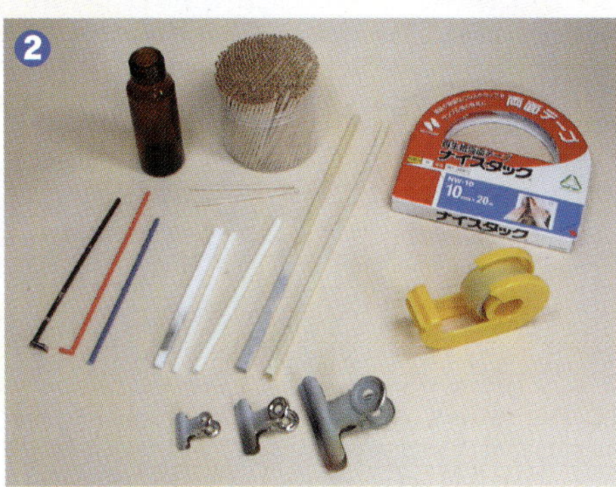

▲ 손잡이에 사용할 도구. 런너, 플라스틱 막대, 나무 젓가락, 이쑤시개, 빈 병 등. 이것에 양면 테이프나 스카치 테이프로 부품을 붙인다. 클립은 직접 집어주거나, 막대를 세워두는데 편리.

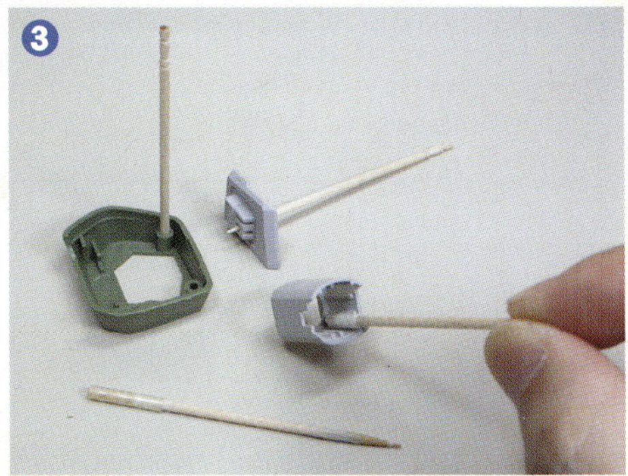

▲ 이쑤시개는 구멍이나 폴리캡에 꽂아서 사용한다. 뾰족한 부분을 잘라주거나, 스카치 테이프를 감아서, 적당한 굵기로 만들어주자. 양면 테이프를 감아서 부품 안쪽에 붙이는 방법도 있다.

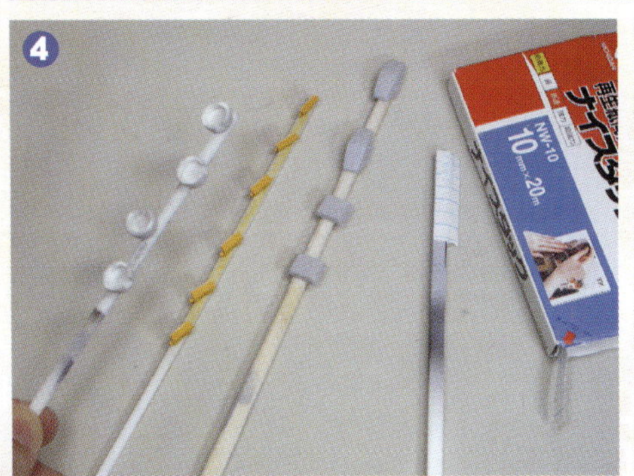

▲ 작은 부품을 양면 테이프로 막대에 붙인 모습. 한 개씩 칠하는 것보다, 여러 개를 붙여 두면 효율 좋게 칠할 수 있다. 조금 간격을 두거나, 비스듬하게 하는 것이 포인트. 한번 칠하면 부품 을 붙인 면을 뒤집어서 재사용.

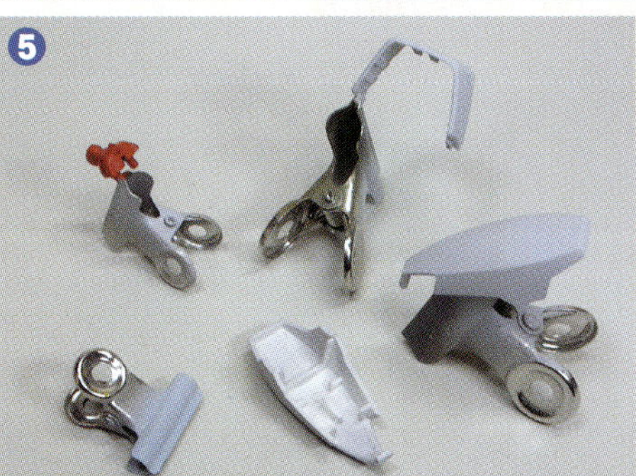

▲클립은 판 모양의 핀 등을 확실히 집을 수 있고, 그대로도 띄워둘 수 있다. 또한 부품에 끼운 이쑤시개나 막대를 세워두는 데도 편리하다. 잡은 면적이 너무 작으면 탄성에 의해 부품이 튀어나가는 경우도 있으니 주의.

▲작은 병에 부품을 양면 테이프로 붙여둔 예. 무게가 있고 안정되기 때문에 도색 후의 건조에도 안심. 둥근 모양이라 칠할 때 부품의 방향을 바꾸기 쉽다는 것도 이점이다. 양면 테이프를 두껍게 겹쳐서 붙이면 좋다.

### CHECK POINT

#### ●편리한 페인트 베이스

▶「페인트 베이스」(1,680엔/Gesse)는, 손잡이가 되는 「펙」과, 꽂아서 세워두는 베이스가 세트. 펙의 끝은 클립 모양 외에, 축이나 볼 모양으로, 관절 등에 꽂아두기 쉬운 형태로 되어있다.

#### ●마스크, 고글 착용

▶ 뿌리는 방식의 도색에서는 도료 입자가 공중에 흩날리거나, 부품에 부딪혀서 되돌아오기도 한다. 이런 것을 흡입하지 않도록, 마스크와 고글로 몸을 보호하자. 실내에서 도색 할 때에는 방의 환기에도 충분히 신경 쓰자.

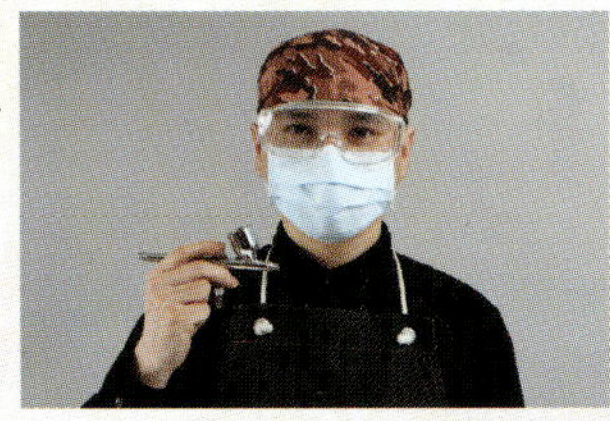

## 부품을 깨끗하게 해주자

도색하기 전에 부품을 깨끗하게 해 주는 것은 기본중의 기본. 하지만 자기도 모르는 사이에 부품 표면에 깎아낸 찌꺼기 등이 남아있는 경우도 있다. 그래서는 당연히 도색한 면이 지저분해지니 미리 없애주자.

▲ 깎아낸 부스러기나 먼지 등, 표면이 더러워진 것은 부드러운 솔이나 붓 등으로 털어내자. 이것은 서페이서나 캔 스프레이로 칠 할 때도 마찬가지. 사포질을 한 부품에는 필수이다.

▲ 도색하는 것이 아닌, 에어브러시로 에어만을 뿜어서 먼지를 날리고 있다. 이런 사용 방법도 편리하다. 관절 구멍 등에서 부품 안쪽으로 뿜어주면 더욱 좋다.

▲부품 표면에 묻은 손의 유분이나 깎은 부스러기, 더러움 등을 깨끗이 씻어내고 싶다면, 중성 세제를 묻혀서 물로 닦는 방법도 있다. 조금 번거로운 방법이니, 여기까지 할지는 각자의 선택 문제.

## 바탕색에 의한 영향

같은 도료라도, 밑바탕의 색에 따라 도색 후의 색감이 달라진다. 어두운 색에 선명한 색을 덧칠하면 색감이 탁해지는데, 그 위에 두껍게 겹칠을 하더라도 그리 개선되지 않는다. 선명한 색이나 밝은 색을 칠한다면 밑바탕부터 준비가 필요하다.

▲이것은 서페이서의 회색과 흰색을 칠한 판의 위쪽 부분에 빨간색을 도색한 테스트 피스. 회색 위에서는 칙칙하게 색감이 죽어 보이기 때문에, 하얀 바탕과는 상당히 다르게 보인다.

▲마찬가지로 노랑을 도색한 예. 이 경우에도 회색 위에서는 깔끔하게 발색되지 않았다. 선명한 빨강이나 노랑은, 특히 이런 밑색의 영향을 받기 쉽다.

▲마찬가지로 검정을 칠한 예. 이것은 전혀 차이가 없다. 이처럼 위에 겹칠하는 색에 따라, 바탕색의 영향에 차이가 있다. 발색이 특히 중요한 작업의 경우에는, 사전에 예행 연습을 해서 확인하고 칠하는 것이 안전하다.

▲왼쪽은 회색 사출색의 가장자리에, 그대로 빨강을 도색. 오른쪽은 사출색이 빨강이고, 회색을 도색한 것. 지정된 색으로 칠해도, 바탕색이 비쳐 버리면 이처럼 서로 색감이 맞지 않게 된다.

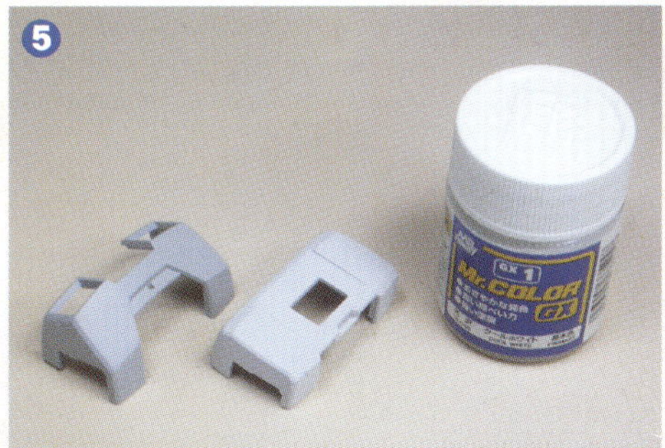


▲발색을 높이기 위해서는 흰색처럼 탁하지 않은 색을 바탕색으로 칠해 두면 좋다. 이런 작업에서는 차폐력이 강한 도료를 사용하는 것이 좋다. 단, 이렇게 겹쳐 칠하면 피막이 점점 두터워지면서 샤프한 몰드가 묻힐 위험이 있다.

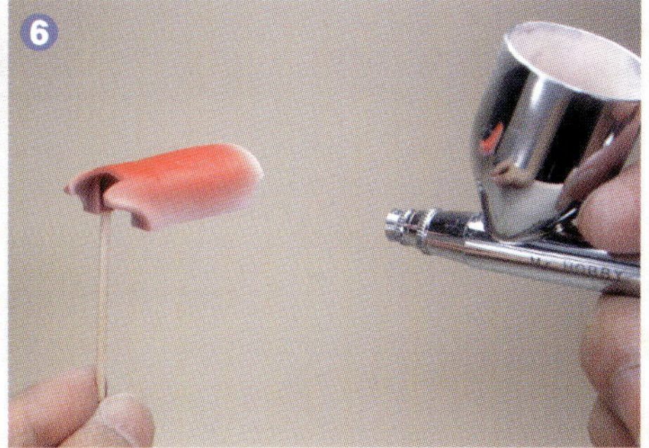

▲ 사출색이 빨간색인 부품에, 밑색으로 흰색을 뿌려주고 있다. 사출색에 그대로 빨간색을 도색하는 것보다, 이렇게 밑칠을 해 주는 쪽이 선명한 색이 나오게 된다.

CHECK POINT

### ●빛의 투과를 막자

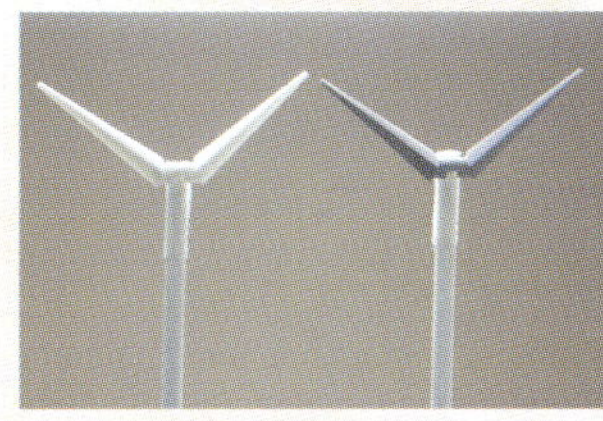

◀ 밑칠 없이 그대로 칠했을 때는, 얇은 부품의 경우, 사진 왼쪽처럼 빛이 투과되어버리는 경우가 있다. 이래서는 아무래도 장난감처럼 보이게 되어 실감이 부족해진다. 서페이서나 밑색의 효과 가운데 하나로 이러한 투과를 막는 점을 들 수 있다.

# 도색의 순서

건담의 가슴 부품을 예로 들어 실제 에어브러시 도색의 진행 과정을 살펴보자. 요철이 있는 부품은 칠하기 힘든 곳을 먼저 칠한 뒤에, 전체에 색을 입혀주는 느낌으로 진행한다. 가늘게 뿌리기, 넓게 뿌리기를 잘 구분해서 사용하자.

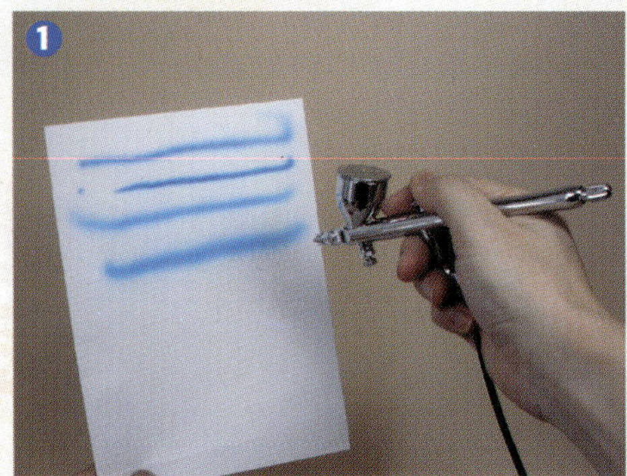

▲ 부품에 뿌리기 전에 시험 삼아 뿌려지는 정도를 확인해 두자. 도료의 농도와 아울러 매끄럽게 뿜어 나오는지는 물론, 손의 버튼 조작이나 거리, 손을 움직이는 속도를 바꿔가며 느낌을 파악하도록.

▲ 처음에는 가늘게 뿌려서 얇게 칠해주는 느낌. 가장자리 뒷면 부근부터 시작하면, 트러블이 생겨도 피해가 적다. 한 곳에만 집중적으로 칠하는 것이 아니라 캔 스프레이와 마찬가지로 멈추지 않고, 가로와 세로로 이동시키면서 뿌려주자.

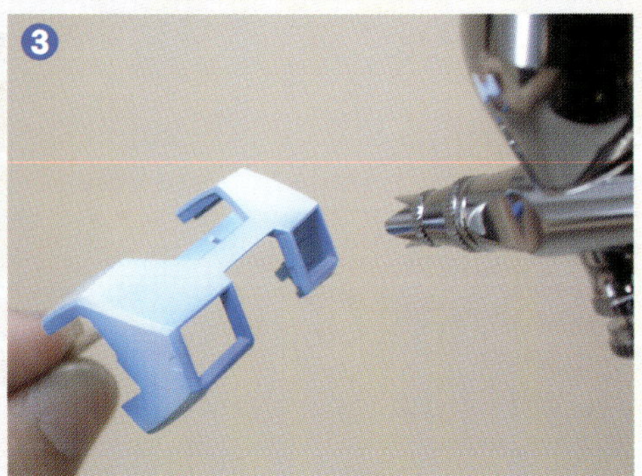

▲ 계속해서 부품 표면의 테두리와 각진 모서리, 뚫린 곳의 안쪽 등을 칠해준다. 뿌리는 폭은 가늘게. 도료가 부품 표면에서 금방 말라버릴 정도의 상태. 깔깔한 느낌이 없는 느낌으로 칠하는 것이 중요하다.

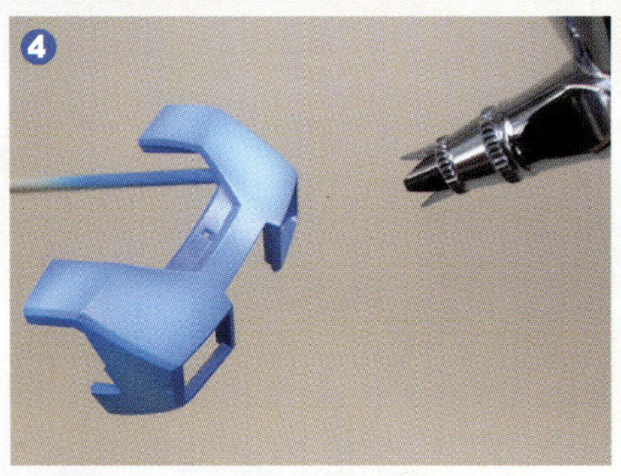

▲ 부품의 가장자리가 점점 진해졌다. 이렇게 먼저 칠해두는 것에 의해 나중에 전체를 칠할 때에 각이나 가장자리에 도료를 많이 입힐 필요가 없어진다. 도료가 흐를 걱정도 덜 수 있다.

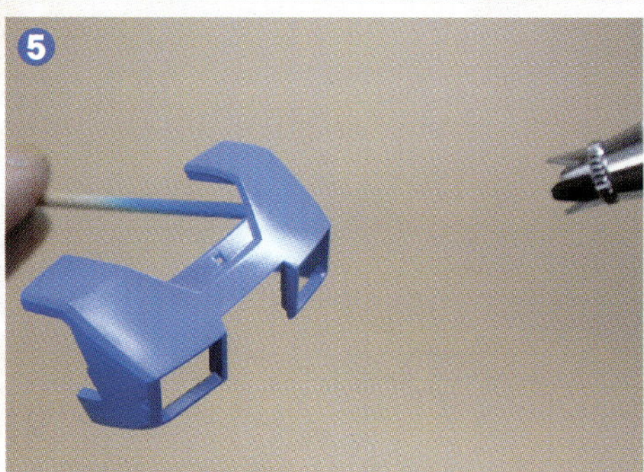

▲ 색이 옅었던 면의 중앙까지 농도가 같아지도록 뿌리는 폭을 넓게 해서, 전면에 뿌려준다. 이 상태에서는 색이 같아졌지만, 표면에는 약간 거친 느낌이 있다. 무광이라면 이대로 건조시켜도 눈에 띄지 않는다.

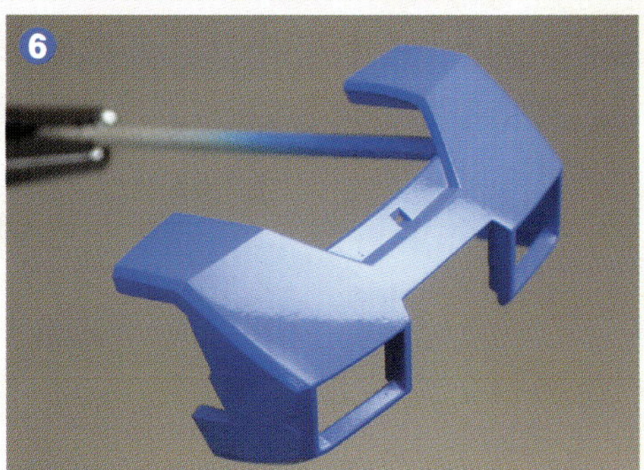

▲ 유광이나 반광의 경우에는, 전체에 한번 더 덧칠을 해 준다. 사진처럼 표면이 젖어있고, 금방 마르지 않는 정도가 되면 OK. 그대로 건조를 기다린다. 이렇게 칠할 수 있게 되면, 어느 부품이라도 칠할 수 있을 것이다.

## ● 나쁜 예

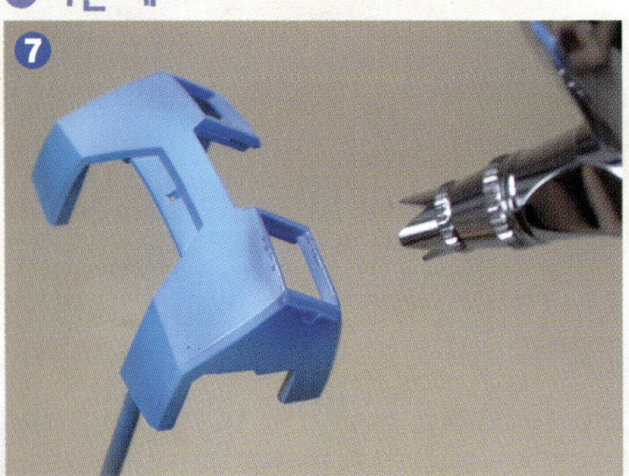

▲ 오목한 곳이나 뚫린 곳의 도색에서는, 안쪽에만 신경을 쓰다 보면, 주위에 도료가 너무 많이 입혀져서 실패하기 쉽다. 그렇게 되지 않도록, 처음에는 약간 마른 느낌으로 조금씩 칠해주는 것이 좋다.

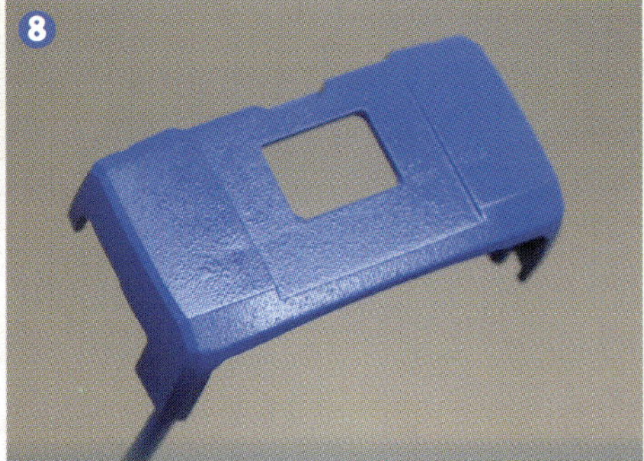

▲ 도색면이 거칠어진 상태. 이것은 진한 도료를 뿌렸을 때에 일어나기 쉽다. 도료를 좀더 희석해서 깔끔한 입자로 뿌려주자. 하지만 반대로 일부러 이렇게 해서 거친 표면을 연출하는 기법도 있다.

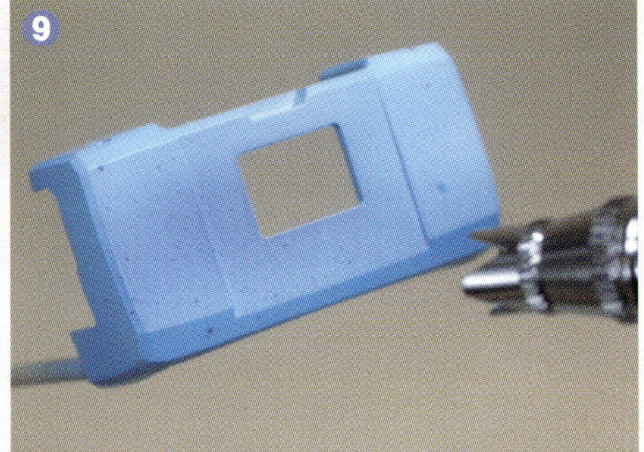

▲ 도료 덩어리가 튀어버렸다. 일단 이런 자국이 생기면 그대로 덧칠을 해도 없애기 힘들다. 이렇게 된 원인은 뿌리기 시작하면서 노즐을 부품쪽으로 향했을 경우, 또는, 노즐 캡에 도료가 고여 있었을 경우이다.

## CHECK POINT

### ● 도색면에 주의

▶ 단순히 색이 입혀지기만 해서는 깔끔한 도색으로 보이지 않는다. 뭉친 느낌이 없이 매끈한 상태가 되어야 깔끔하게 보이는 것이다. 그러기 위해서는, 퍼진 곳이 깔끔한 상태가 되는 입자로 뿌릴 것. 사진의 예는 왼쪽은 조금 뭉친 느낌이 있지만 오른쪽은 매끄럽게 분사된 것을 알 수 있다.

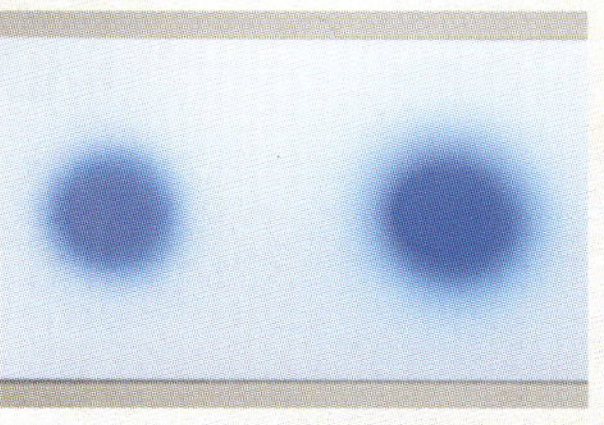

### ● 도막을 평활하게 해주기 위해

▶「Mr. 리타더 마일드」를 도료에 섞어주면, 건조를 지연시켜 도료의 퍼짐을 좋게 함으로써 매끈하게 칠해줄 수 있다. 오른쪽의「Mr. 레벨링 신너」는 도색면을 평활하게 해 주는 희석액. 반광 도장에서 사용해도 촉촉한 마무리가 된다.

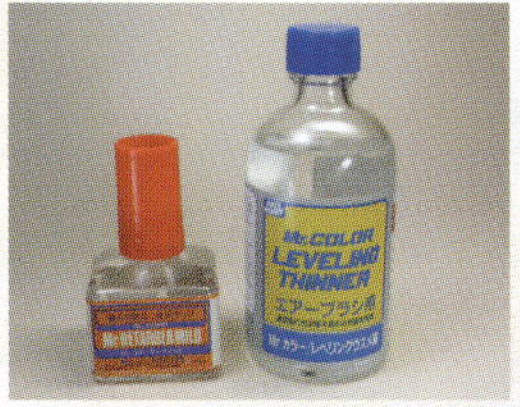

# 작은 부품의 도색

에어브러시라면 가늘게 뿌릴 수 있으니 작은 부품도 간단히 칠할 수 있을 것 같지만, 의외로 그렇지도 않다. 안이하게 뿌리면 도료를 너무 많이 입혀서 흘러버리기 쉽다.

▲ 작은 부품의 도색은 자기도 모르게 에어브러시를 가까이 대게 된다. 갑자기 가까이 대면 너무 많이 뿌리게 되니 주의하자. 낭비하는 도료가 많아도 조금 이격시키고 부품에 도료가 약하게 닿도록 칠하자.

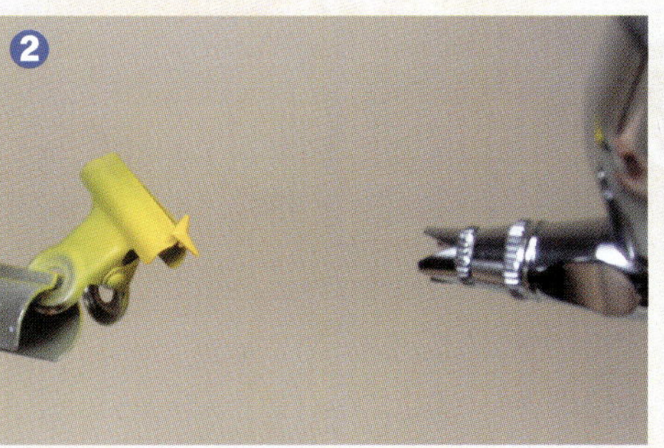

▲작은 부품은 말하자면 각 부분만 칠하는 것이다. 도장면이 항상 건조한 느낌이 들도록 겹쳐 칠해서, 서서히 색이 입혀지도록 한다. 다만 이 경우에는 도장면이 거칠어지기 쉬우므로 주의.

▲ 앞의 상태에서 색이 입혀지면 그 정도 선에서 끝내도 좋지만, 표면에 욕심을 낸다면, 마무리로 마지막에 스윽~ 하고 젖은 것 같은 상태로 뿌려주고 끝내도록 하자. 여기서 너무 뿌리지 않는 것이 포인트다.

# 클리어 컬러의 도색

클리어 컬러는 투명감이 있는 도료. 클리어 부품의 투명감을 살린 채로, 색을 입히는데 사용된다. 사용상 주의해야 할 점과 완성된 모습을 소개한다.

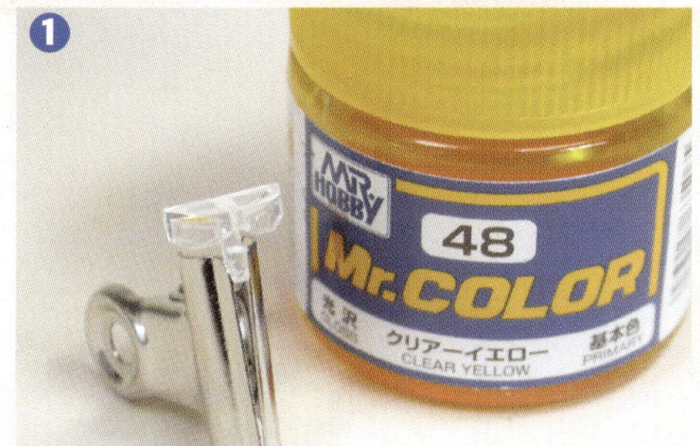


▲ 클립으로 고정한 것은 MG 건담 Ver.2.0의 눈 부품. 클리어 부품이라는 점을 살려서 통상의 노랑이 아닌, 클리어 옐로우로 칠해보자.

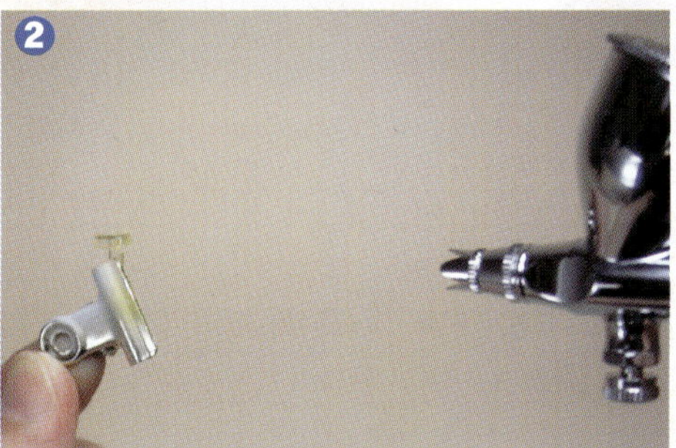

▲클리어 부품의 도색은 밑색의 서페이서를 뿌리지 않기에, 보통 부품의 도색보다 흐르기 쉽다. 작은 부품의 도색과 마찬가지로 처음에는 떨어뜨려서 하고, 금방 마를 정도로 겹칠 해 준다.

▲클리어 옐로우로 완성된 부품. 이런 클리어 컬러 도색은 뒷면에서 빛의 반사를 받도록 해 주면 효과적. 아래의 「메탈릭 도색」이나 P.82의 완성 상태를 참조.

# 메탈릭 도색

금속 질감을 도료로 표현하는 메탈릭 도색. 반짝이는 입자가 포함된 도료를 균일하게 칠하는 것은, 에어브러시의 전매 특허라고 할 수 있다. 「금색」을 표현한 도색 사례를 통해 주요한 사용법을 소개하겠다.

▲금속색의 도색. 샘플은 Mr. 컬러 골드. 금속 입자가 표면에서 반짝이는 느낌으로, 금속 소재처럼 보이게 되었다.
이런 금속색은 소재에 맞춰 여러 가지 색이 발매되어 있다.

▲ 메탈릭 컬러 위에 클리어 컬러를 덧칠해서 도색. 밑색의 실버가 반사면이 되어 금속 질감을 표현한다. 위의 클리어 옐로우는 여기에 색감과 깊이를 더한다. 투명 부품처럼 보이는 방법으로도 사용된다.

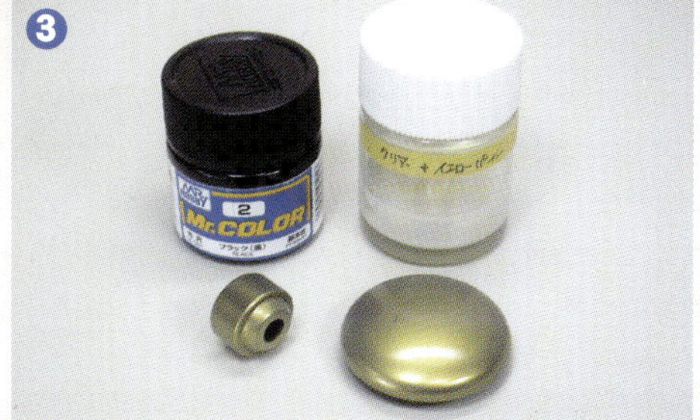


▲ 검정색 위에 펄 안료를 섞은 클리어 도색. 밑색의 검정은 빛을 흡수하므로 위에 칠한 옐로우 펄은 안료의 반사만이 뚜렷이 나타나서, 아름다운 금색이 된다. 화이트 펄이면 실버의 느낌이 된다.

CHECK POINT

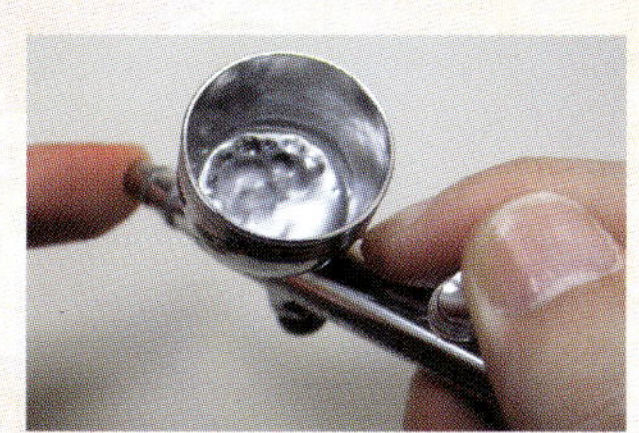

### ●금속색은 컵 안에서도 섞어주자

◀도료 안의 금속 입자는 통상의 안료보다 쉽게 침전된다. 컵에 들어간 상태에서도, 자주 「가글」을 해서, 섞어주면서 사용하면 좋다. 가글 방법은 P.73을 참조.

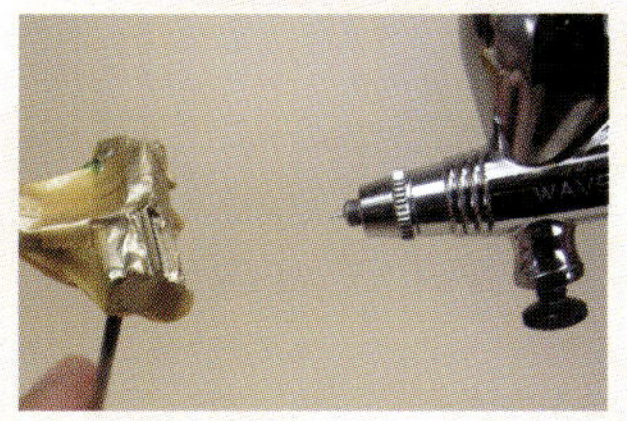

### ●부드럽게 뿌리는 요령

◀ 금속색을 칠할 때에 도색면에 압축 공기가 강하게 닿으면 입자가 움직여서 고르지 못하게 된다. 가능한 부드럽게 뿌리고 싶다면 니들캡을 벗기고 확산시켜서 뿌리도록 하자. 단, 니들이 훤히 드러나면 파손 등의 위험이 있으니 취급에 주의하자.

# 4. 구분 도색

건프라는 대부분이 색상별로 부품이 분할되어 있지만, 그렇게 되지 않은 경우도 있다. 저 가격의 키트나 오래된 키트는 더욱 그렇다. 그런 경우를 포함해서 컬러링을 재현하기 위해 구분 도색을 마스터 하자. 에어브러시 도색에서 구분 도색을 하기 위해서는「마스킹」이라는 작업이 필요하다. 이것은 먼저 칠한 곳을 테이프를 붙이거나 해서 가려주고, 다른 색을 겹쳐 칠하는 방법. 마스킹은 구분 도색 선이 어떤지에 따라 난이도가 달라진다. 복잡한 곡선이나 요철이 있는 부분은 특히 번거롭다. 하지만 귀찮아도 꼼꼼히 작업하는 것이 중요하다. 여기서는 그런 마스킹과 그 수정 방법, 안에 끼우는 관절의 구분 도색 테크닉을 소개한다.

## 마스킹을 해서 도색하자

구분 도색 선이 확실한 경우에는 테이프로 마스킹해서 칠하는 것이 좋다. 마스킹은 구분 도색의 테두리만이 아니라, 도료 입자가 닿지 않도록 부품 전체에도 필요하다. 마스크를 벗길 때까지의 과정을 보자.

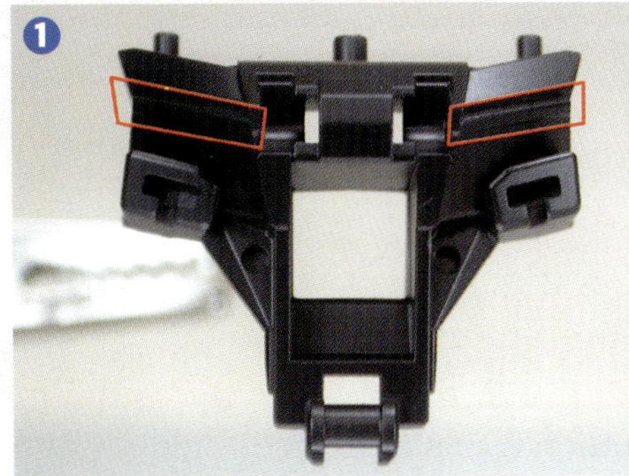

▲ MG 시난주의 부품을 예로 구분 도색을 해 보자. 이 부품은 이미 검은 색으로 도색을 했고, 붉은 선으로 둘러싼 부분을 금색으로 구분 도색 한다. 에어브러시로 겹쳐 칠할 테니 그 외의 부분은 전부 마스킹 한다.

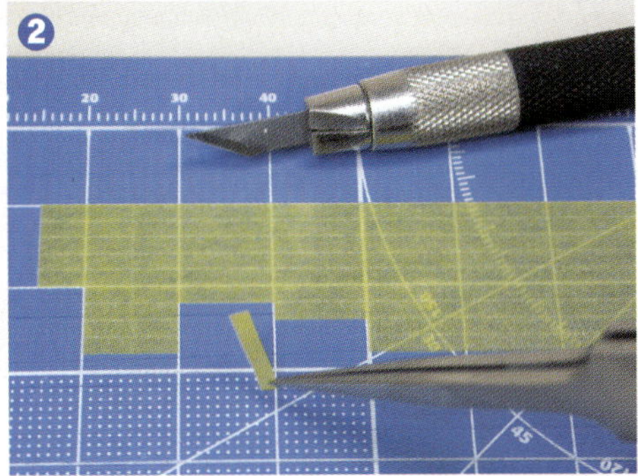

▲ 사용하는 것은 마스킹 테이프. 테이프의 가장자리를 그대로 도색 부위를 구분하는 선으로 붙이는 것이 아니라, 자를 대고 나이프로 깨끗한 직선으로 자른 것을 사용한다. 작게 마스킹 하려면, 잘게 자른 테이프를 준비해 두면 편리하다.

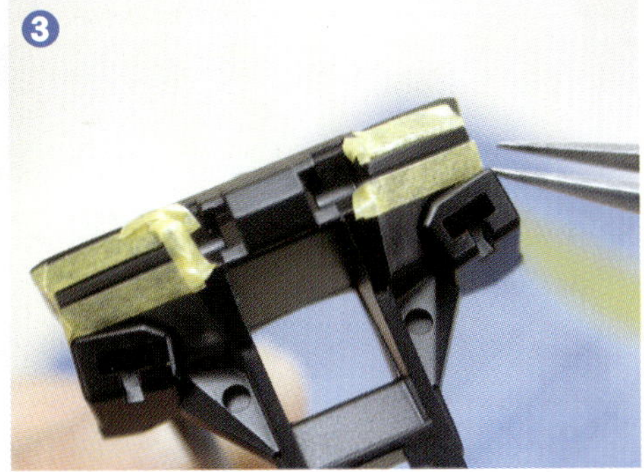

▲ 구분 도색 하고 싶은 라인을 따라서 잘게 자른 테이프를 붙여준다. 테이프가 뜨지 않도록 밀착 시키는데, 테이프를 무리하게 당기거나 누르거나 하면 시간이 지난 뒤 결국 다시 뜨게 된다. 꼼꼼히 붙이는 것이 중요.

▲ 전체를 마스킹 한 모습. 구분 도색 선 이외는 넓은 테이프를 붙였다. 녹색 부분은「마스킹 졸」을 발랐다. 고무 형태로 굳으니 틈새가 생길 것 같은 곳은 이것으로 메우는 것이 확실.

▲ 금색을 겹칠한 상태. 마스킹 해서 도색할 때는 도료가 고일 정도로 뿌리지 말 것. 도료가 고이면 벗겨낼 때에 단차가 생기거나, 테이프에 붙어서 피막이 벗겨지는 일도 있다.

▲ 도료가 마르면 마스크를 벗겨준다. 이때에도 테이프를 한번에 벗기지 말고, 꼼꼼히 벗겨주자. 완성된 상태를 확인해서 문제가 없다면 좋지만, 삐져나온 부분이 있으면 수정하자.

**CHECK POINT**

### ●복잡한 형태의 마스킹

▶①이것도 마찬가지로 마스킹을 해서 구분 도색을 했지만, 이 곡선을 마스킹 하는 것은 마스킹 테이프를 잘라 붙이는 방법으로는 어렵다. ②그래서 접착력이 있고, 샤프하게 잘리는 스카치 테이프를 사용. 붙인 뒤에 부품의 모양을 따라 나이프로 잘랐다.

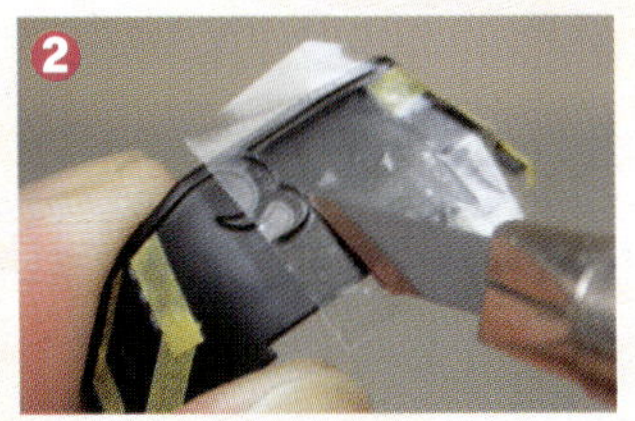

## 삐져나온 부분의 수정

확실히 마스킹을 했다고 해도 테이프를 벗겨 보면 라인이 기울어져있거나, 테이프의 틈으로 도료 입자가 들어가는 등의 일은 실제로 자주 일어난다. 그런 때는 아래와 같이 수정 해 주자.

▲ 삐져나온 곳이 크지 않다면, 밑색을 붓으로 칠해서 수정한다. 이 경우는 덧칠하는 것이 검정이라서, 삐져나온 색을 감추기 쉽다. 반대로 밑색이 밝을 때에는 이 방법 대신 눈이 가는 사포로 살살 긁어내는 방법을 쓰기도 한다.

▲ 락커계 도료를 덧칠해서, 마스크의 틈으로 도료 입자가 새어 들어간 케이스. 옅게 입혀진 정도라면, 면봉에 에나멜계 도료의 용제를 조금 묻혀서 문지르면 지워진다. 일종의 꼼수다.

▲ 새어 들어간 부분만 닦아내서 깨끗해졌다. 단순히 새어들어간 정도가 아니라 제대로 칠해져 버리면, 이 방법으로는 닦아낼 수 없다. 너무 문지르면 밑의 도색까지 벗겨져 버리니 주의!

## 사이에 끼워 넣는 관절의 구분 도색

구분 도색 하고 싶은 관절의 부품이 다른 부품의 사이에 끼워져 있는 예. 구분 도색을 어떻게 할지 고민되는 부분으로, 조립한 뒤에 관절을 칠하는 방법, 먼저 칠한 뒤에 조립하는 방법의 두 패턴이 있다.

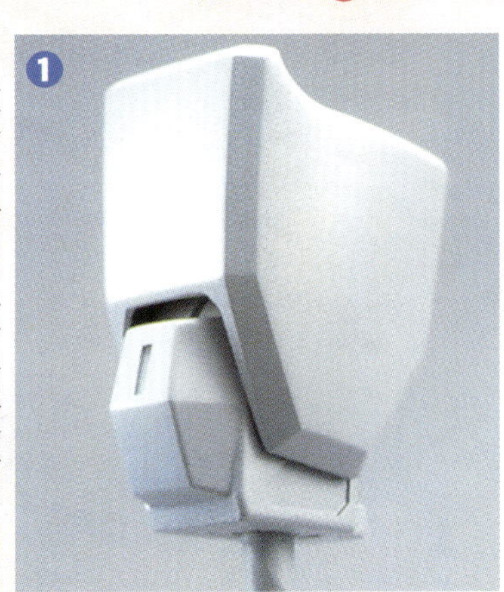

▶부품을 조립한 뒤에 구분 도색하는 방법. 이미 외장 부품은 접착해서 접합선 수정까지 완료. 전체를 흰색으로 칠했다. 이 뒤에 아래쪽의 관절 블록을 회색으로 도색 한다.

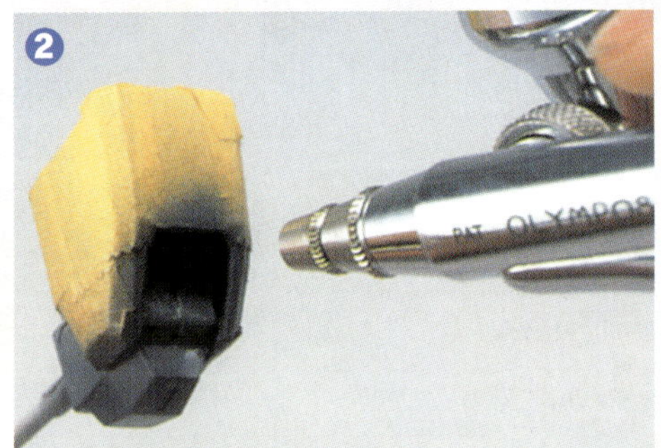

▲먼저 흰색을 남길 부분을 마스킹한다. 관절 부근의 가장자리까지 꼼꼼히 덮어주고, 관절부에 회색을 뿌려준다. 끼워진 안쪽까지 칠하는데, 너무 뿌려서 흐르지 않도록 주의.

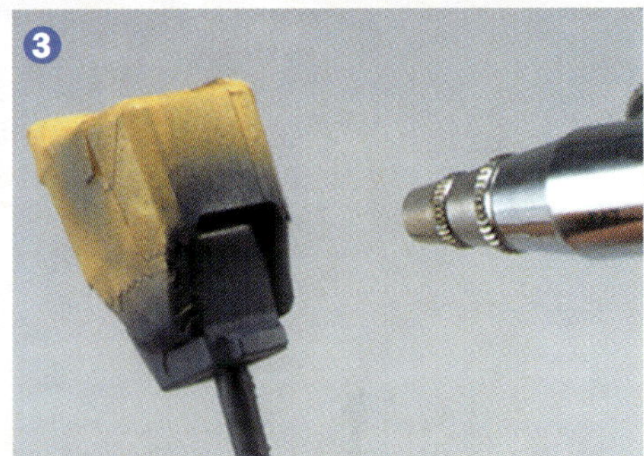

▲마르면 관절의 각도를 바꿔서, 칠해지지 않은 부분을 마찬가지의 방법으로 칠해준다. 각도를 바꿔서 세 번 정도 해주면 칠해지지 않은 부분은 없을 것이다. 조금씩 각도를 바꿔서 여러 번 하는 쪽이, 먼저 칠한 곳과의 차이가 덜 나타난다.

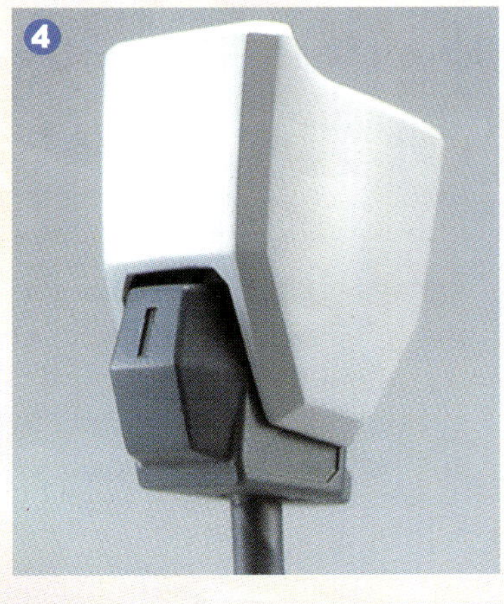

▶마스킹을 벗기고, 구분 도색이 완성된 부품. 이 방법은 부품의 다듬기와 도색 단계를 확실히 알 수 있으니, 작업 자체는 하기 쉽고, 순서도 알기 쉬울 것이다.

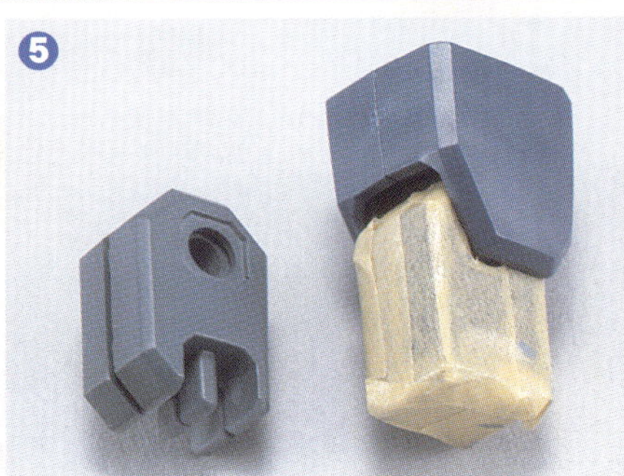

▲이것은 먼저 관절 부품을 칠하는 방법. 왼쪽이 끼워 넣을 관절부품으로, 이미 회색으로 칠해뒀다. 이 부품 전체를 마스킹 한 뒤, 외장 부품을 조립한 것이 오른쪽 상태. 여기서 접착과 접합선 수정을 한다.

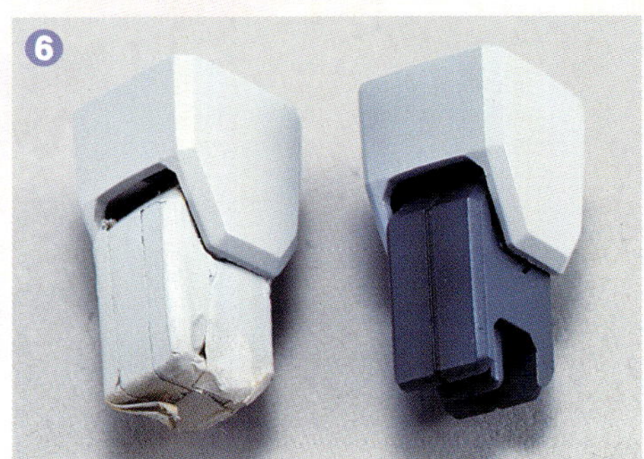

▲왼쪽이 외장 부품을 하얗게 칠한 상태. 오른쪽은 건조 후에 관절 블록의 마스킹을 벗겨서 완성된 상태. 이 방법이라면, 끼워진 부분까지 깔끔하게 구분 도색 할 수 있다. 하지만, 약간 번거롭다.

**CHECK POINT**

### ●닦아내기의 응용으로 구분 도색

◀부품의 요철을 따라서 구분 도색을 한다면 락커계 도료로 칠한 뒤에 수성 도료를 덧칠해서 튀어나온 부분의 수성 도료를 닦아내는 것으로 구분 도색을 할 수도 있다. 도료의 성질에 대해서는 P.41의 그림을 참조.

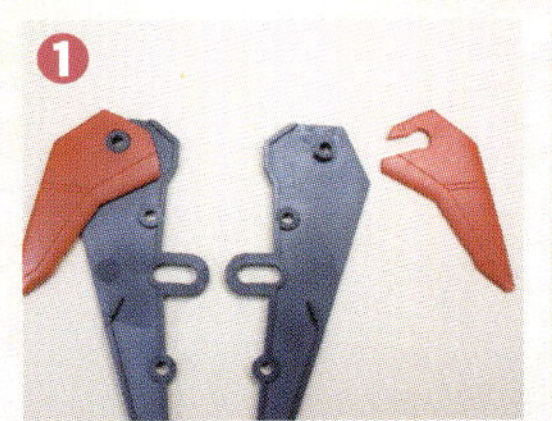

### ●구분 도색을 위한 후가공

◀①날개의 구멍을 직선 모양으로 가공한 것. ②핀 구멍을 잘라내서 관절을 아래쪽에서 끼워넣을 수 있게 가공한 것. 각각의 도색이 끝난 뒤에 조립할 수 있게 한 개조 사례이다.

# 5. 그라데이션을 활용한 도색

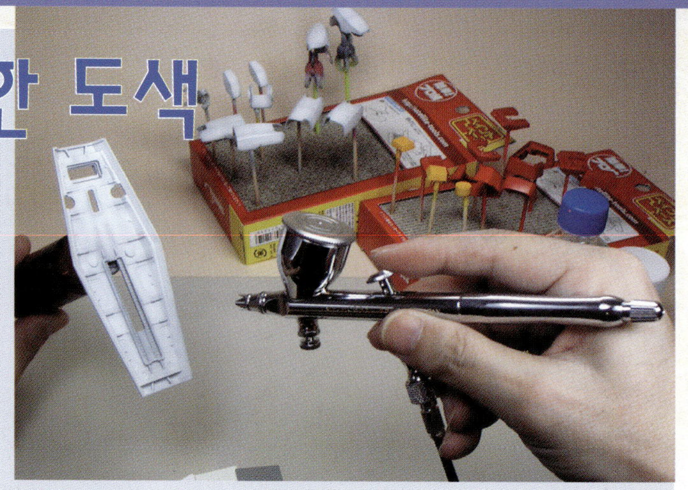

에어브러시 도색의 큰 특징인「그라데이션」. 좁은 범위에 안개같은 입자가 뿌려지는 것이므로 칠한 범위에 그라데이션이 생기는 것은 물론, 거기에 더 겹쳐 칠하거나 색을 바꾸는 것으로, 색의 변화를 줘서 칠하는 것도 가능하다. 본 챕터에서는 그런 그라데이션을 활용한 도색 테크닉을 소개하겠다.

건프라에서 자주 사용되는 것은, 기체를 단색으로 칠하는 것만이 아니라 각이나 면의 중앙 등, 형상을 따라 색조를 변화 시키는 그라데이션 도색. 칠하는 방법에 따라 입체감을 강조하거나 웨더링 효과를 내어 완성도에 깊이를 더해줄 수 있는 것이다. 또한 부분적인 표현으로도, 다양한 곳에 그라데이션 도색을 응용할 수 있다.

## 그라데이션 도색

그라데이션 도색에는 다양한 방법이 있는데 우선은 건담의 흰색을 예로 들어보겠다. 회색을 베이스로, 밝은 색을 겹쳐서 흰색으로 만들어 가는 방법으로 칠해 보자.

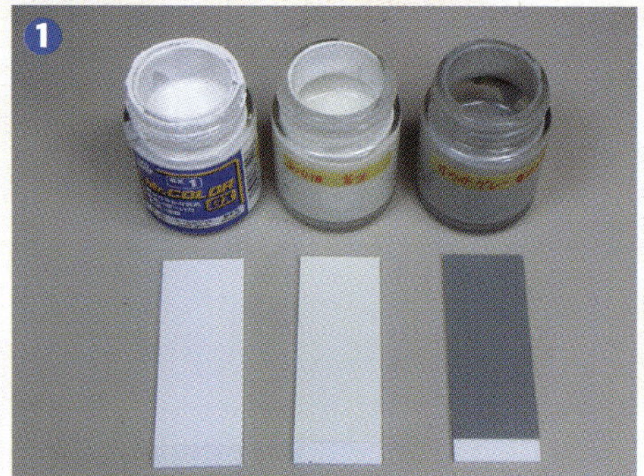

▲ 흰색 부분의 도색에 준비한 세가지 색. 왼쪽부터 Mr.컬러 GX1 쿨 화이트, 건담 컬러 화이트 18(MG 건담 Ver.2.0용), 밑색용으로 조색한 회색. 이 세 가지 색을 겹쳐서 칠한다.

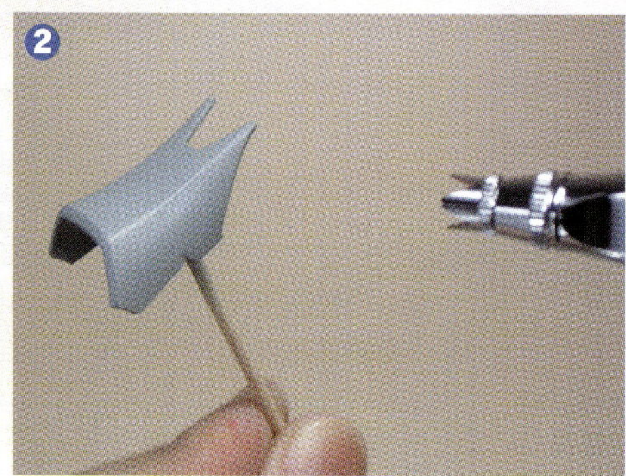

▲ 밑색용의 회색을 뿌린다. 이것은 전체적으로 균일하게 칠한다. 오목한 부분이나 몰드도 빠뜨리지 말고 칠하자. 이 회색은, 부품의 뒷면 등의 "그림자가 되는 부분의 색"으로 남기게 된다.

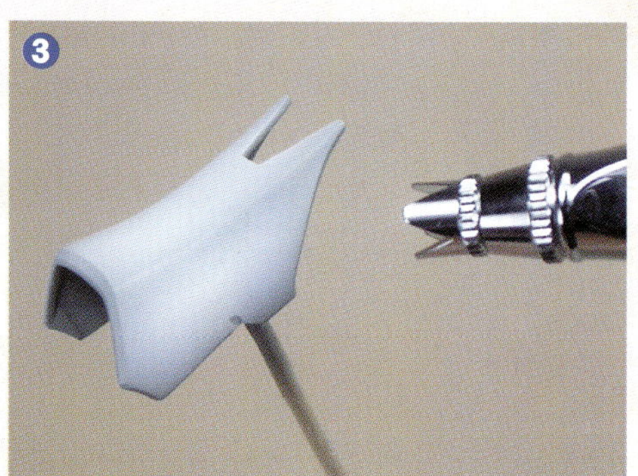

▲ 이어서 화이트 18을 가늘게 뿌려서, 각 면의 중앙에서부터 펼쳐가며 칠하는 느낌으로 겹칠 한다. 좁게 뿌리는 것을 계속 하면서, 각과 가장자리 근처에 밑색의 회색을 남기는 느낌으로, 색조의 변화를 준다.

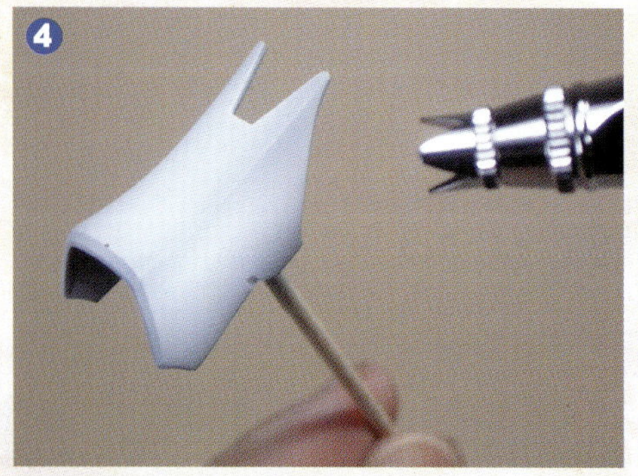

▲ 화이트 18을 덧칠해도 기체색의 원래 색인 흰색의 발색은 되지 않으니, 거기에 순백에 가까운 쿨 화이트를 뿌려, 전체의 명도를 올려준다. 전체적으로는 기체색의 인상이 되어, 가장자리와 모서리 부분은 무게감이 있는 색으로 변화해 간다.

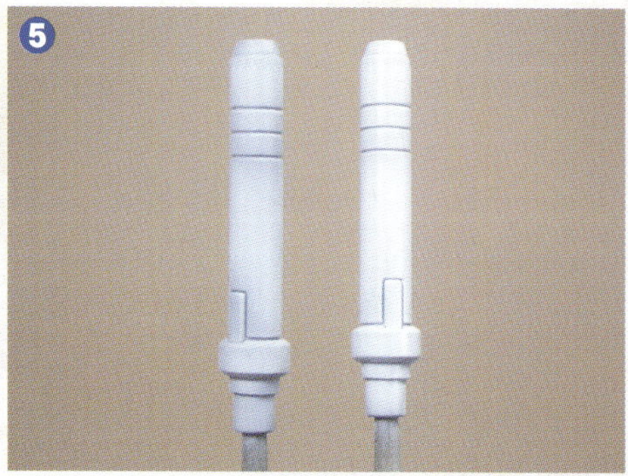

▲빔 사벨의 그립. 2단계(왼쪽)과 3단계(오른쪽)을 비교해보자. 왼쪽의 경우 몰드 부근은 어둡고, 그 중간이 밝게 표현되었다. 여기에 화이트를 덧칠해서, 명도를 높인 것이 바로 3단계.

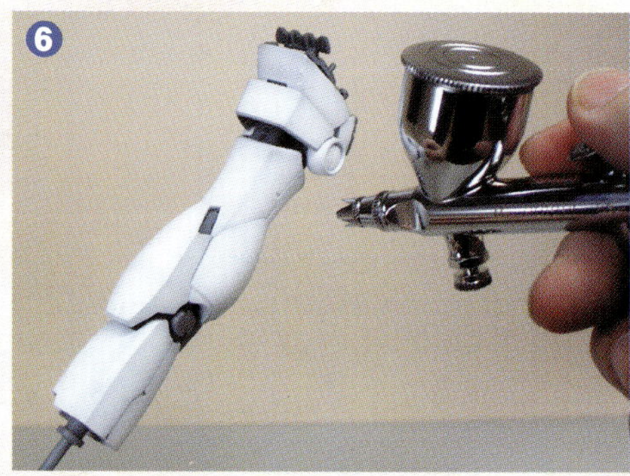

▲ 이런 도색을 부품 하나씩 하다 보면, 각 부품을 조립했을 때에 전체 색의 상태가 맞지 않으니, 도중에 프레임에 조립해서 상태를 정리하면 좋다. 이런 것이 가능한 것도 스냅 핏 키트만의 이점.

### CHECK POINT

#### 진한 색부터 칠하면

▶기체 색을 먼저 칠한 뒤에 가장자리에 회색을 칠한 예. 이런 방법도 있지만, 진한 색이 겹쳐지면 그라데이션 부분이 더럽게 보이기 쉽다. 그런 경우에는 회색 도료의 농도를 좀더 진하게 해서, 조금씩 덧칠 하듯이 작업하자.

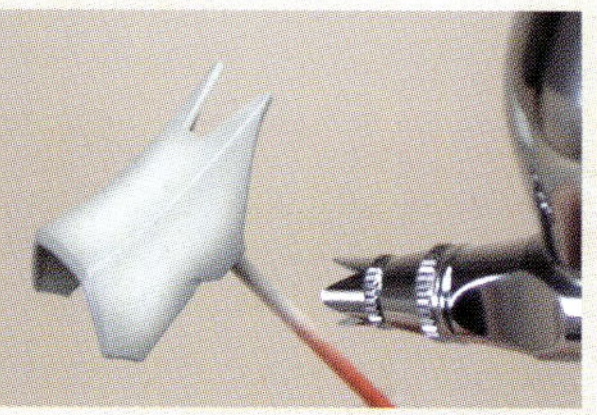

# 음영 부위의 도색

모서리나 몰드, 오목한 부분 등에, 그림자가 있는 것처럼 강조하는 「음영 부위의 도색」. 단색 도색에 이것을 더해 주는 것만으로도 입체감이 나와서 실감이 높아진다. 또한, 웨더링적인 요소도 더할 수 있다.

▲ 그림자에 사용하는 색은 기체의 색에 맞춰서 바꾸는 방법도 있지만, 이 예는 하나의 색으로 전체에 대응하기 쉽도록, 클리어 컬러를 혼색한 것을 사용. 사진에서는 갈색으로 보이지만, 실은 거의 "스모크".

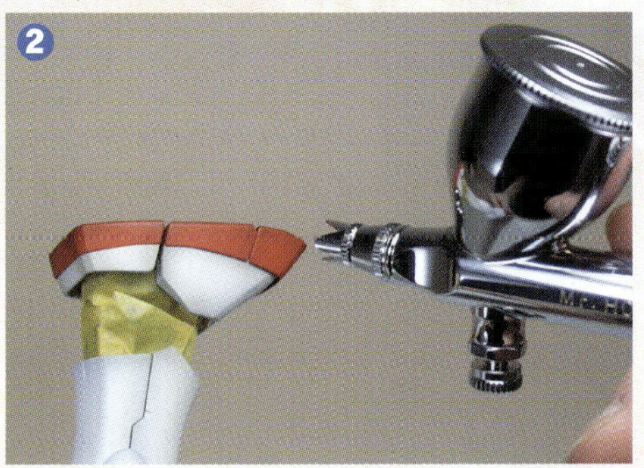

▲ 발 부품에 그림자를 넣는다. 부품의 가장자리나 분할 부분을 따라서 가늘게, 가늘게. 부품을 향해서 너무 뿌리지 않도록 목표를 향해 비스듬하게 에어 브러시를 대는 것도 요령이다.

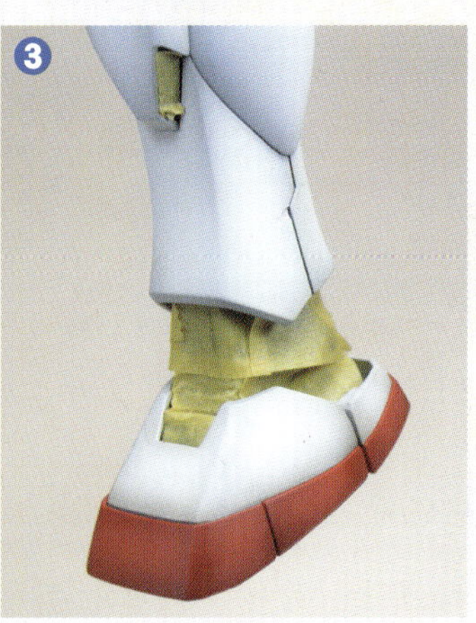

◀ 그림자를 넣은 발 부분. 빨간 부분의 가장자리, 분할 부분에 그림자가 들어가 어둡고 침착한 느낌이 되었다! 흰색 부분도 그라데이션이 들어간 부분과는 다른 색감이 더해지면서 보다 그럴듯한 분위기가 연출된 것을 정강이 부위와의 비교를 통해 알 수 있을 것이다.

# 그라데이션을 활용한 도색의 예

하이라이트 도색이나 빛을 표현하는 도색. 오염의 흐름, 열에 그을린 것 등을 더하는 웨더링. 또한 입자의 분무 정도를 조절한 사례 등, 그라데이션을 활용한 도색 예를 소개한다.

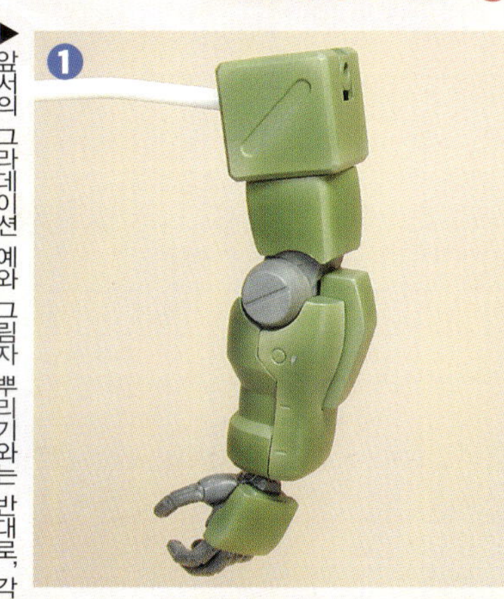

▶앞서의 그라데이션 예와 그림자 뿌리기와는 반대로, 각 부분에 부품색 보다 밝게 하이라이트를 넣은 도색 예! 이렇게 부품 형상을 강조하는 것으로, 더욱 입체감을 살린다!

▲빔사벨이 발광하는 느낌을 그라데이션 도색으로 표현한 예. 밑색으로 흰색을 칠한 뒤, 끝과 뿌리 쪽에서 클리어 레드를 뿌려서, 중간부분을 향해서 그라데이션을 줬다.

▲ 기체 표면에 오염이 흐른 듯한 표현. 에어브러시로 상하로 선을 긋듯이 칠했다. 처음에는 옅고 가늘게 뿌려주고, 이를 수차례에 걸쳐 반복하여 점차 진하게 칠하도록 한다.

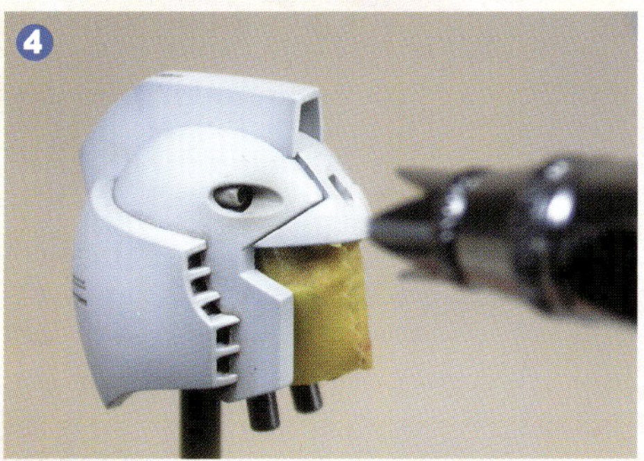

▲ 머리 총구 부분의 오염. 이곳은 집중해서 그라데이션을 넣고 싶지만, 너무 뿌리거나, 덩어리가 튀는 것은 피하고 싶다. 역시 에어브러시를 움직이면서 U턴 시키는 듯한 동작으로 칠했다.

▲버니어 노즐에서 분사된 화염이 닿는 부분에 그을은 듯한 효과를 넣은 작례. 원래 노즐이 분사되는 방향에서 뿌려주고 있다. 도료의 색은 클리어 컬러를 섞어서 만든 갈색 계열.

▲ 이것은 도료 입자를 일부러 자잘한 덩어리 형태로 튀게 해서 모래가 묻은 느낌의 웨더링을 한 모습. 도료가 진하지 않아도 분출되는 공기의 압력을 낮게 조절하면 이런 식으로 덩어리가 된다.

CHECK POINT

### ●농도 변화에 주의

◀ 그라데이션 도색으로 가늘게 뿌리기를 한동안 하다 보면 컵 안의 용제가 휘발되어 농도가 짙게된 탓에 가늘게 뿌리기가 잘 되지 않게 된다.
뿌리는 상태가 달라졌다고 생각되면 희석액을 넣어서 섞어주자. 진해진 도료가 전부 뿜어질 때까지 허공에 부린 뒤에 작업을 재개할 것.

# 6. 완성

## 에어브러시를 구사한 MG 건담의 완성

도색 전의 밑색 처리부터 욕심을 내서, 본격적으로 도색을 한 MG 건담 Ver.2.0 그라데이션과 음영 부위 등의 도색 표현에 의해 존재감이 있는 완성도가 되었다. 초보자에게 있어 어려운 것은 각 부분의 구분 도색이지만 그 점에서도 「MG(마스터 그레이드)」 시리즈는 색상 별로 부품이 분할되어 있어서, 「본격적인 도색에 도전하자」라고 생각하는 사람에게 추천한다. 물론, 건프라의 도색 완성은, 키트의 지정색을 칠하는 것만이 아니다. 지금까지 소개한 다양한 테크닉을 이용해서 자신의 취향에 맞는 오리지널 컬러로 칠해서 즐기는 것도 좋을 것이다.

▲머리는 클리어 옐로우로 도색한 카메라 아이의 안쪽에 금속 씰을 붙여서, 깊이가 있는 반짝임을 연출했다. 정수리의 카메라는 클리어 레드로 도색.

▶거의 전체가 에어브러시 도색으로, 빨간색만 캔 스프레이를 사용. 흰색 이외는 단색의 도색으로, 모서리와 가장자리에 그림자를 넣었다.

**MG 건담 Ver.2.0**
●발매원/ 반다이 하비 사업부 ●1:100 스케일 플라스틱 키트, 전고 18cm ●정가/ 4,410엔 ●2008년 7월 발매 ●등장 작품/ 『기동전사 건담』

RX-78-2 GUNDAM
BANDAI 1:100 scale plastic kit "MG"

▲ 실드는 아래쪽에만 갈색조의 그림자를 강하게 넣어서 웨더링을 겸한 느낌으로, 라이플은 각 부분에 그림자 색을 뿌려서 형상을 강조했다.

▲ 기체 각 부분의 마킹은 키트에 포함된 것이 아닌, 별매의 습식 데칼 「건담 Ver.2.0」용을 사용했다. 붙인 뒤, 클리어를 뿌려서 보소했다.

▲ 팔꿈치도 크게 구부려지는 등, 원래 가동 범위가 넓은 키트. 거기에 조금 더 손을 대서, 가운데~새끼 손가락도 독립해서 움직이도록 개조했다.

▲백팩 아래의 노즐 주변에는 분사구에서 나오는 열에 변색된 것 같은 표현을 더해줬다. 기체색의 위에, 갈색 계통으로 혼색한 클리어 컬러를 뿌렸다.

◀ 그라데이션 도색에 더해, 그림자를 칠해준 다리. 각 부분이 어둡게 되어서, 각 면의 경계가 강조되고 있다.

◀ 내부 프레임은 메탈릭 그레이로 도색. 금속색이기에 몰드가 더욱 강조되었다. 소재의 특성상 ABS부품은 그다지 도색을 권하지 않기 때문에 최소한의 작업으로 그쳤다.

# MSN-06S SINANJU

BANDAI 1:100 scale plastic kit "MG"

## 「폴리싱」으로 광택 도색 완성

**MG 시난주**

제작/ 노모토 켄이치

「폴리싱polishing」이란 도색면을 연마해서 거울처럼 광택이 있는 표현으로 만드는 기법. 통상의 광택 도색에서도 남게 되는 아주 작은 수축이나 파도 무늬를 1000번 이상의 고운 사포로 갈아서 평활하게 하고 여기에 미세한 흠집을 없애기 위해 컴파운드로 연마해 주는 방법이다. 연마하기 위해서는 본 도색 위에 클리어 층을 두텁게 만들 필요가 있다. 아무래도 손이 많이 가는 작업이니, 이것을 기체 전체에 하는 것은 그리 추천하지 않지만, 이 MG 시난주에서는 이 자체를 하나의 도전으로 작업했다. 그 완성도의 일단을 감상해보자. 「월간 하비 재팬」 2009년 3월호 게재.

**MG 시난주 [Ver. Ka]**

●발매원/ 반다이 하비 사업부 ●1:100 스케일 플라스틱 키트, 전고 22cm ●정가/ 7,350엔 ●2008년 12월 발매 ●등장 작품/『기동전사 건담 UC』

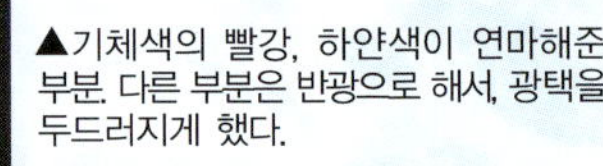
▲기체색의 빨강, 하얀색이 연마해준 부분. 다른 부분은 반광으로 해서, 광택을 두드러지게 했다.

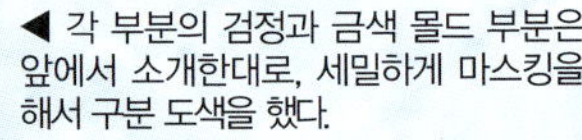
◀ 각 부분의 검정과 금색 몰드 부분은 앞에서 소개한대로, 세밀하게 마스킹을 해서 구분 도색을 했다.

ADDITION

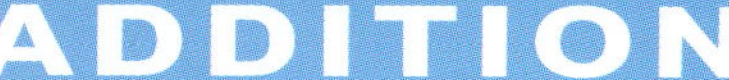

OLD KIT

# 조금 오래된 건프라를 만들어 보자

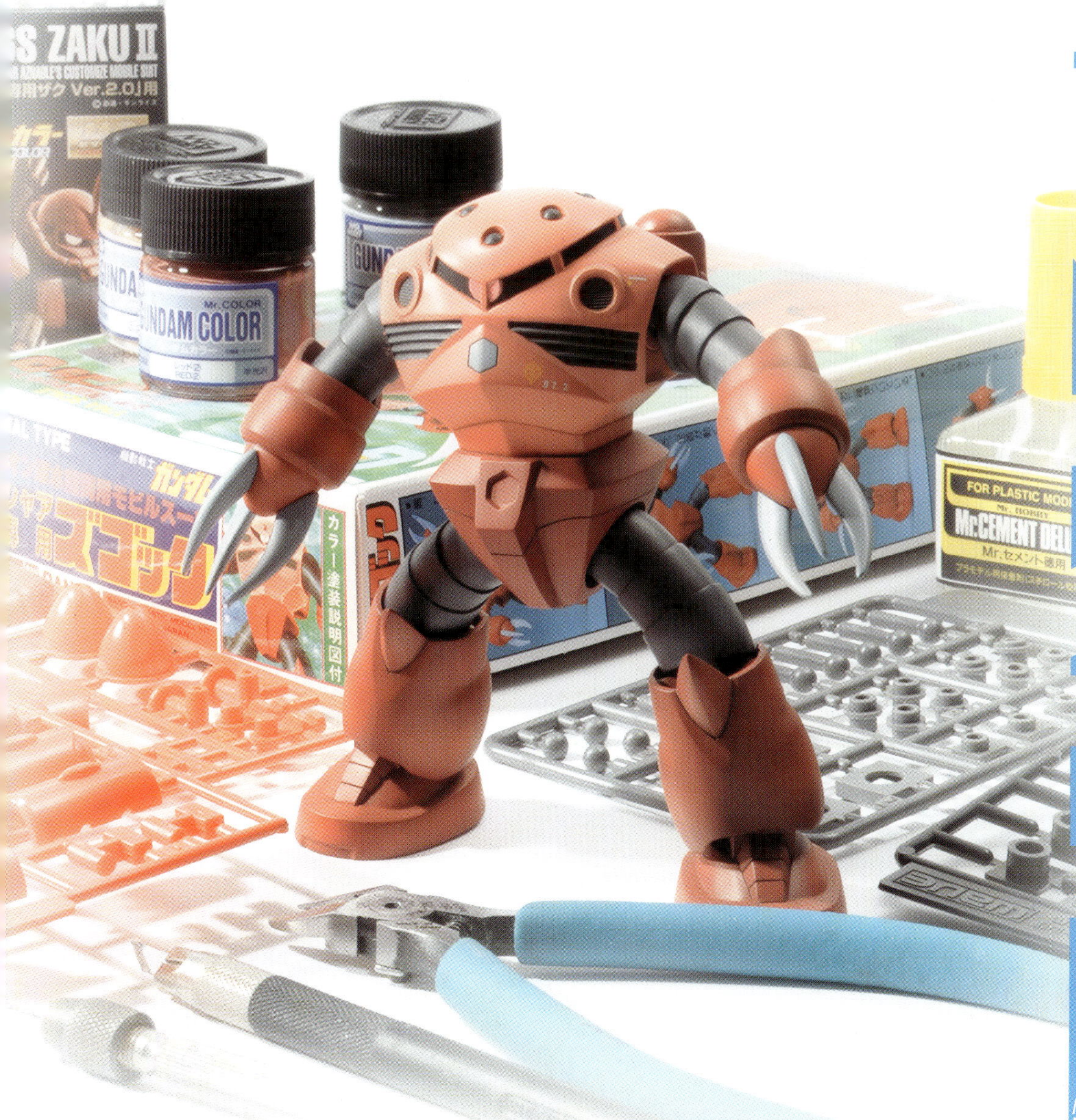


MSM-07
Z'GOK
BANDAI 1:144 scale plastic kit

# 구판 1:144 즈곡크의 제작

조립하기 쉬우면서 완성도도 높고, 다양한 포즈를 취할 수 있는 최근의 건프라. 거기에 비해 초창기의 건프라는 부품은 접착식에 색 구분은 없고, 포즈도 마음대로 취할 수 없는 그런 물건이었다. 하지만 당시에는 접착해서 조립하고 스스로 색을 칠하는 것이 당연했다. 모두들 그런 키트를 만들면서「건프라」에 불탔던 것이다. 이번 스텝에서는 그런 구판 키트의 내용을 한번 돌아보면서, 그 제작 방법과 주의 사항, 거기에 "지금 만든다면 이렇게 해야지"라는 포인트를 담아서 만들어 보겠다. 구판 키트라도 조금만 손을 봐주면 아직 제법 괜찮은 물건도 있게 마련이다. 건프라 30년의 온고지신 그 진화를 다시 한번 느껴보도록 하자.

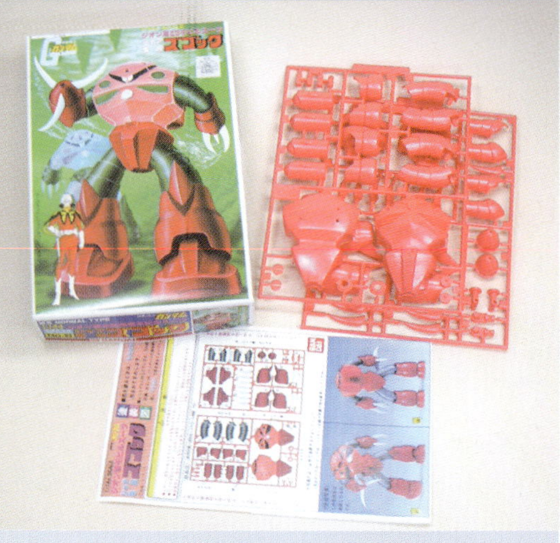

▶ 건프라 초기의 1:144 샤아 전용 즈곡크. 사출색은 한 가지뿐이고 런너는 달랑 2장. 설명서의 색 지시는 런너에 도색한 사진을 사용하고 있다. 조립 그림은 뒷면.

## 가조립

접착식 키트를 조립할 경우, 부품을 떼어냈으면 바로 접착하지 않고, 우선 「가조립」을 해서 키트의 상태를 확인하자. 그리고 조립과 도색의 단계를 생각하고, 본격적으로 제작에 들어간다.

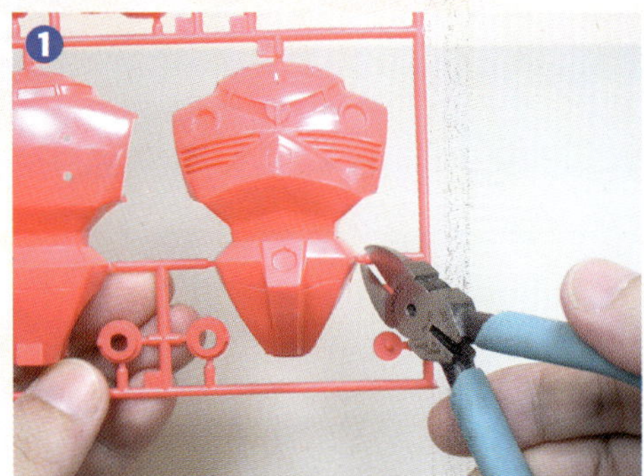

▲ 부품을 떼어내는 것은 최근의 키트와 마찬가지로, 니퍼로 게이트를 잘라주면 된다. 게이트 부근이 굵은 경우에는, 런너채로 자른 뒤, 나중에 다듬는다.

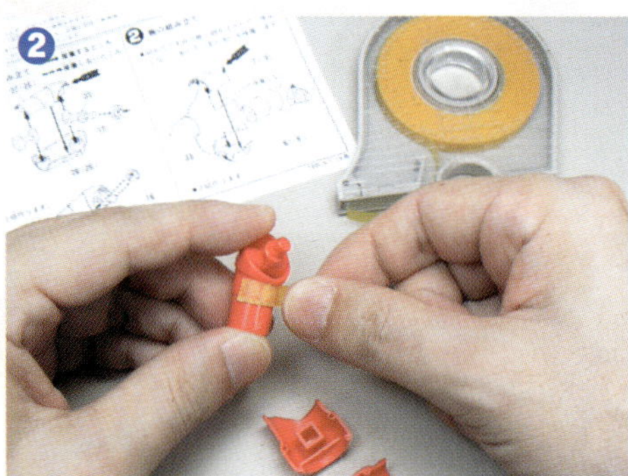

▲ 이 단계에서는 부품을 접착하지 않으니, 테이프 등으로 임시로 고정하면서 설명서대로 조립한다. 스카치 테이프도 좋지만 마스킹 테이프 쪽이 떼어내기도 좋고 접착제가 남지 않으니 이쪽을 추천한다.

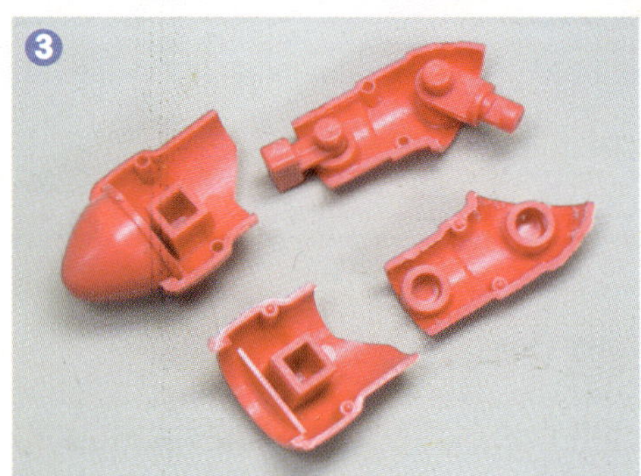

▲ 팔 부품으로 접착식 키트의 구조를 살펴보자. 부품 뒤의 큰 구멍은 고정용 구멍이 아니라 플라스틱제 관절 부품을 끼워 넣는 곳. 부품의 가장자리가 접착제를 바르는 면. 그리고 결합 위치를 맞춰주는 작은 핀이 달려있다.

▲ 손톱을 붙이는 곳은 별 다른 가이드도 없이 그냥 평평한 면에 그대로 붙이도록 되어있다. 파팅 라인이 있어서 그대로 붙이기 힘드니 평평하게 다듬을 것. 가조립이라고는 해도 간단한 정형은 미리 해 두는 쪽이 나중에 편해진다.

▲손톱을 양면 테이프로 붙여준다. 간단하게 조립하고 싶으면, 순간 접착제 등을 조금 발라서 임시 고정하는 방법도 있다. 단지 그 경우에는, 떼어낸 뒤에 다듬을 필요가 있다.

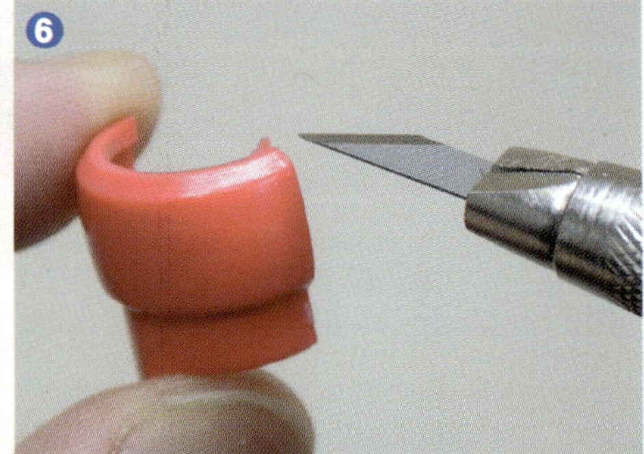

▲부품의 가장자리에 붙어있는「지느러미(burr)」. 이것은 금형의 접합면으로 수지가 삐져나와 생기는 것. 역시나 오래된 키트답게 여러 곳에 이런 곳이 있었다. 바로 잘라낼 수 있을 정도니 문제는 없다.

### CHECK POINT

**●가조립에 사용하는 것**

▶가조립은 테이프로 고정하면 편리하다. 추천하는 것은 벗겨내도 접착제가 잘 남지 않는 마스킹 테이프, 붙이는 면이라면 양면 테이프. 스카치 테이프를 사용할 경우에는 떼어낸 뒤에 남은 접착제를 잘 제거하도록.

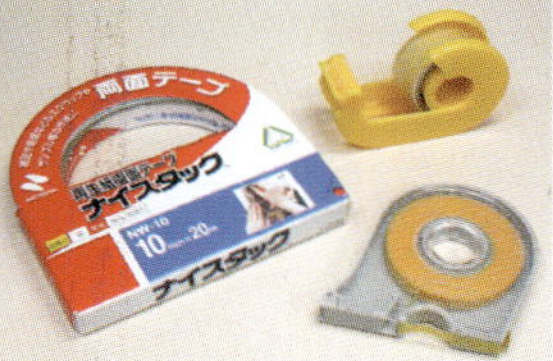

**●관절의 마모**

▶플라스틱제 관절은 움직이다 보면 마모되어 헐겁게 되기 십상이다. 접착한 뒤에는 분해할 수 없기에 나중에 다시 조정하는 것은 극히 어렵다. 이런 점 때문에 마모가 적은 폴리캡이나 ABS가 사용되게 된 것이다.

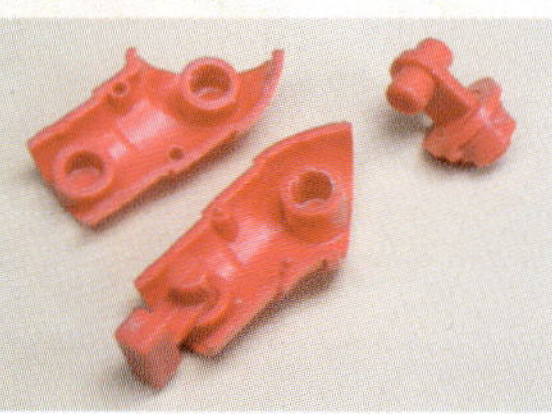

▲ 팔, 다리를 가조립 후의 모습. 몸통은 앞뒤로 분할되어있어 다른 부품과 마찬가지로 결합이 필요하다. 다리의 뿌리 부분을 몸통 안에 끼워 넣게 된다. 팔은 어깨 관절에 달린 링을 몸통 안쪽에 접착하는 방식.

▲ 몸통까지 조립해서 가조립 완료. 역시 옆에서 보면 팔과 몸통 등의 접합선이 눈에 띈다. 더욱 여러 방향에서 바라보거나 관절을 움직여서 포즈를 취해 보면서, 어떻게 만들어 갈지 검토한다.

# 즈곡크의 제작 플랜

●가조립을 거쳐 결정한, 즈곡크의 제작 방침. 부품의 외관은 살린 채 관절 부분에 손을 대서 가동 범위를 넓히는 것과 함께 「후조립 가공」을 해서 구분 도색이 용이하게 하기로 했다.

**●관절의 자작**

관절을 폴리캡으로 변경해서 가동 범위를 넓힌다. 또한 각 관절에서 부품을 뺄 수 있게 한다.

**●접착해서 접합선을 수정한다**

각 부품의 접합에는 접착이 필요하다. 접합선도 깔끔하게 다듬는다.

**●손톱은 금속 핀으로 고정**

손톱은 접착만으로는 떨어지기 쉬우니, 보강과 결합 가이드를 겸해서 황동선을 심어준다.

**●부품을 샤프하게**

몰드가 희미해진 부분을 다시 파주고 각 등을 샤프하게 깎아서 다듬어준다.

**●에어브러시로 구분도색**

에어브러시를 사용해서 본격적으로 도색. 세세한 부분도 마스킹을 해서 확실하게 구분 도색 한다.

**●데칼을 추가**

키트에는 데칼이 포함되어 있지 않아서, 다른 키트에서 유용해서 액센트를 준다.

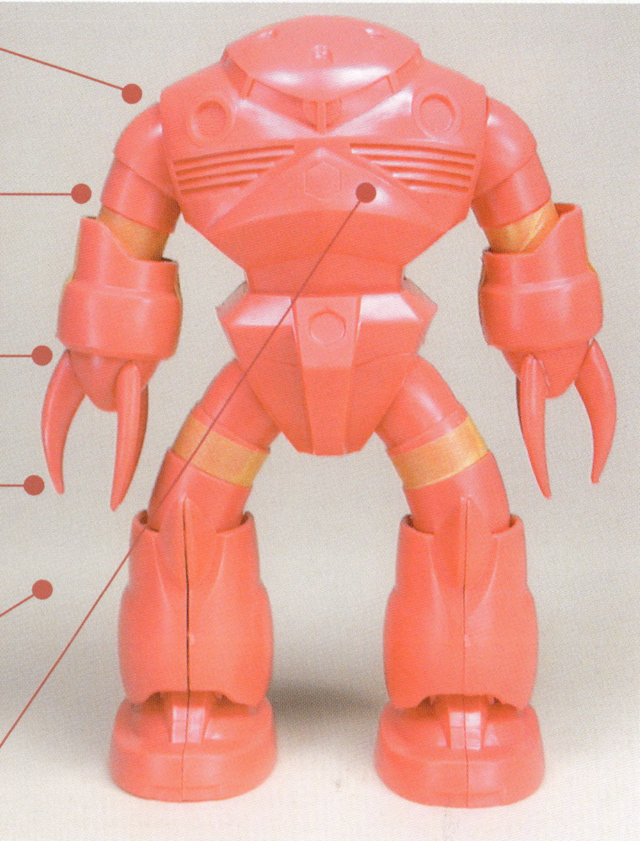

# 부품의 접착과 다듬기

지금부터가 진짜 제작. 접착식 키트를 조립할 때에는 키트의 접착과 함께, 눈에 띄는 곳에 있는 "접합선"도 제거해야 한다. 오래된 키트이니 부품이 잘 맞지 않는 곳도 있게 마련이다. 그런 때에는, 접착면을 깎아서 맞춰주자.

▲ 등의 탱크 모양 부품. 결합면(접착면)에 밀핀 자국 등이 있어서, 부품이 그리 잘 맞지 않는다. 사포로 접착면을 조금 깎아, 평평하게 다듬어서 딱 맞게 해주면 좋다.

▲ 프라모델용 접착제를 발라서 접착한다. 여기는 「접합선 수정」(P.60)과 같은 요령으로. 접착제는 너무 삐져나오지 않게 하면서 부품 안쪽에서 바깥쪽을 향해 칠해주자.

▲ 맞춘 뒤에 접착제가 굳으면 사포질. 최근의 키트처럼 접착제 정도로는 접합선이 메워지지 않으니, 단차나 빈틈은 퍼티나 순간 접착제로 메워주고, 다시 한번 다듬어 주자.

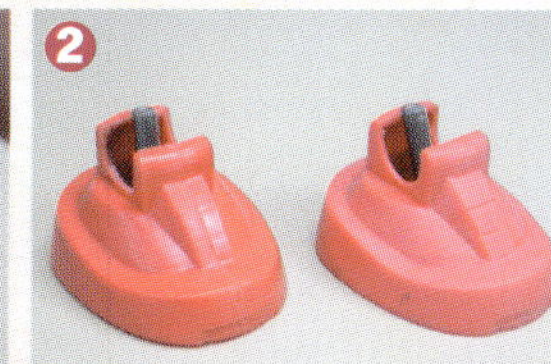

**●부품 다듬기**

◀ 접합선 이외에도 부품의 형상을 샤프하게 만드는 가공을 했다. ①무릎 장갑의 뿌리 부분이 확실히 두드러지도록 나이프로 깎았다. ②부품 표면의 왜곡을 정리하고 몰드를 깔끔하게 이어준 발.

CHECK POINT

**●최근의 키트라면…**

◀ 이런 식으로 손발은 관절채로 나눠서 조립하고, 그 뒤에 몸통에 접속할 수 있도록 되어있을 것이다. 이렇게 되면 구분 도색도 하기 쉽다. 그러기 위해 다음 페이지에서는 관절 부분을 새로 만들어 보도록 하겠다.

# 관절의 자작·후조립 가공

현재는 여러 형태, 소재의 「관절 부품」이 발매되어 있다. 이것들을 사용해서 즈곡크의 관절을 새로 만든다. 폭넓은 포즈를 취할 수 있고, 거기에 도색 후 각 관절을 접속할 수 있도록 제작해 보았다.

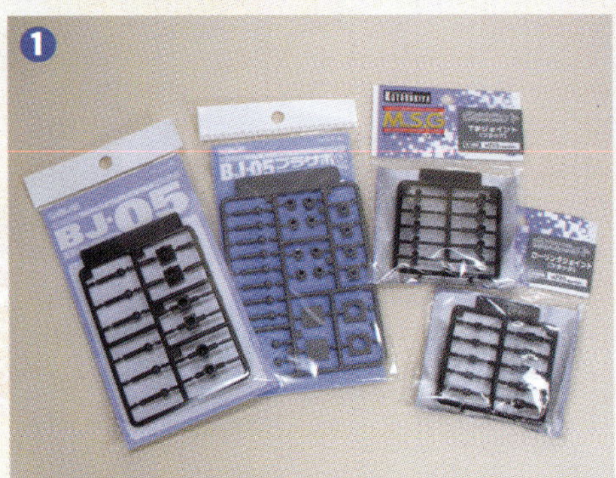


▲준비한 관절 부품. 왼쪽부터 「BJ-05」, 「프라 사포 BJ-05①」(각 210엔, 315엔/ 웨이브), 「T자 조인트」, 「롤링 조인트」 (각 210엔/ 고토부키야). 「프라 사포」만 플라스틱제이며, 다른 것은 폴리에틸렌제.

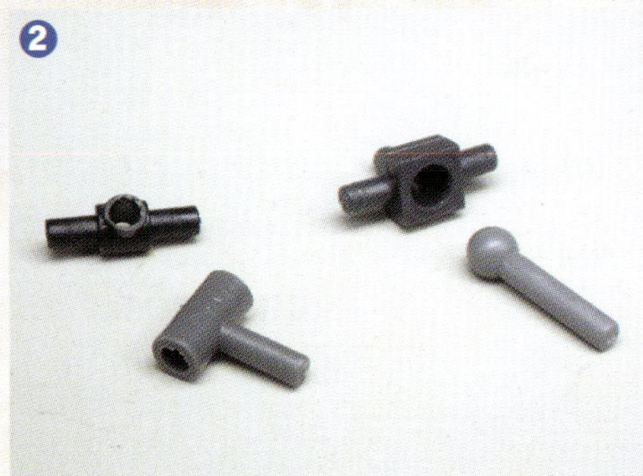

▲ 주로 사용하는 관절 부품의 형상. 왼쪽의 「롤링 조인트」 「T 조인트」는 축과 축받이 부분이 교차해서, 빼고 꽂는 것도 가능하다. 오른쪽은 「BJ-05」의 볼 받이와 「프라사포」의 볼 축. 여러 방향으로 기울일 수 있다.

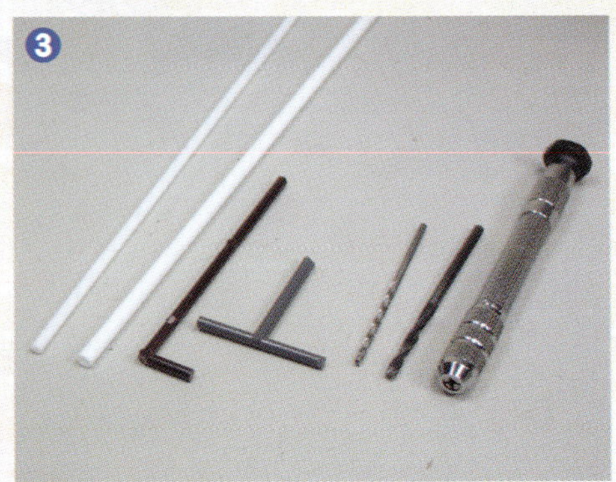

▲ 이런 관절 부품을 짜 넣을 때에는, 끼워 넣는 부분을 스스로 가공할 필요가 있다. 거기에는 드릴이나 핀 바이스가 필수. 또한 축이나 축받이 부분에는 플라스틱 봉이나 프라 파이프, 런너를 사용한다.

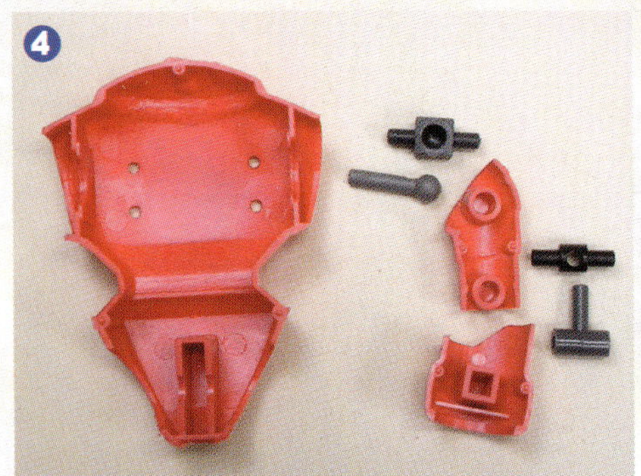

▲ 팔에 짜 넣을 관절 부품의 배치. 어깨는 팔 쪽에 볼 받이, 몸통 쪽에 볼 축을 끼워 넣도록 한다. 팔꿈치는 위팔 쪽에 「롤링」, 아래팔 쪽에 「T자」. 「T자」의 축을 「롤링」에 꽂아서 연결한다.

▲폴리캡은, 키트의 관절 위치를 이용해서 끼우기로 했다. 사진은 위팔에 폴리캡을 넣을 공간을 확보하기 위해, 키트의 축받이 부분을 얇게 깎아주는 모습.

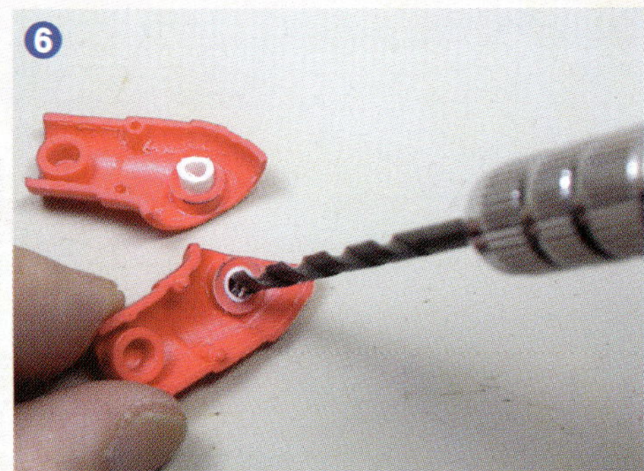

▲ 다음으로 키트의 축받이 구멍이 너무 커서, 일단 프라 파이프로 메우고, 직경이 폴리캡에 맞도록, 드릴로 구멍을 내 준다. 이 예는 전부 직경 3mm. 실수해서 관통해버리지 않도록 주의하자.

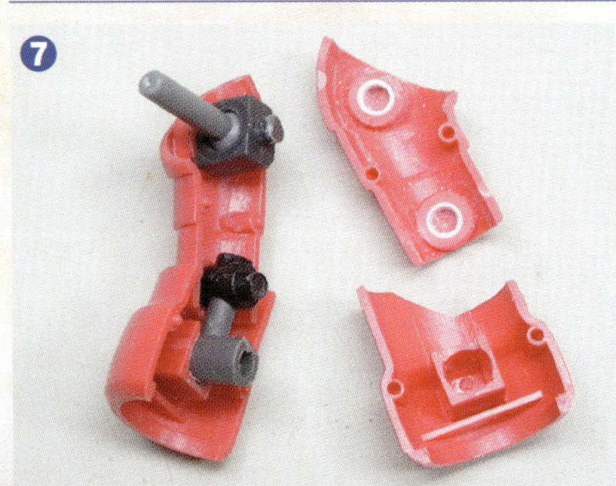

▲위팔 부품의 팔꿈치 관절도 안쪽을 마찬가지로 가공해서 「롤링」을 끼워넣는다. 아래팔의 「T자」의 사각형 돌기에 둥근 구멍을 내서, 거기에 들어가도록 했다. 이걸로 팔꿈치는 이중 관절이 되고, 빼고 꽂는 것도 가능하다.

▲각부의 완절을 끼워 넣은 모습. 다리의 관절부도 팔에 사용한 부품의 응용이다. 허벅지 부품의 위쪽에는 볼, 무릎 쪽에는 아래로 향한 축뿐이다. 정강이 부품은 위 아래에 「롤링」을 배치. 발은 안쪽에 볼을 설치했다.

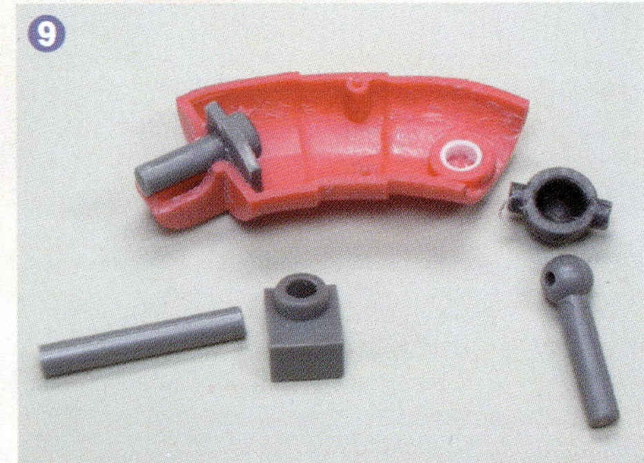

▲ 허벅지 부품의 안쪽. 허벅지 관절은 볼관절로, 가공도 구조도 어깨와 마찬가지이다. 무릎 쪽은 관절 축을 잘라낸 뒤에, 정강이 쪽에 꽂을 축을 넣는다. 여기는 프라 사포의 런너와 축받이 부품을 이용했다.

**CHECK POINT**

## ●폴리캡을 자를 때는

▶ 폴리캡은 공간에 맞춰서 축을 짧게 잘라서 사용할 수 있다. 자를 때는 부드럽고 일그러지기 쉬우니, 부품을 확실히 고정할 것. 이 예에서는 축 아래에 두꺼운 종이를 깔고 부품이 기울지 않도록 했다.

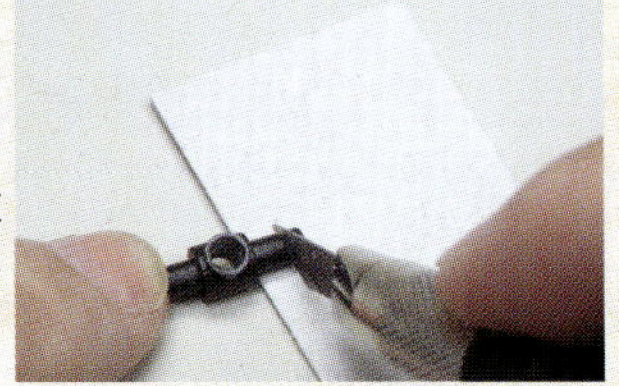

## ●폴리캡의 접착

▶폴리캡은 접착할 수 없지만, 축 주변에 플라스틱의 남은 부스러기를 채우고, 순간 접착제를 떨어뜨려서 굳히면, 확실하게 고정할 수 있다. 즈곡크의 사타구니 관절은 「T자」를 이렇게 해서 고정했다.

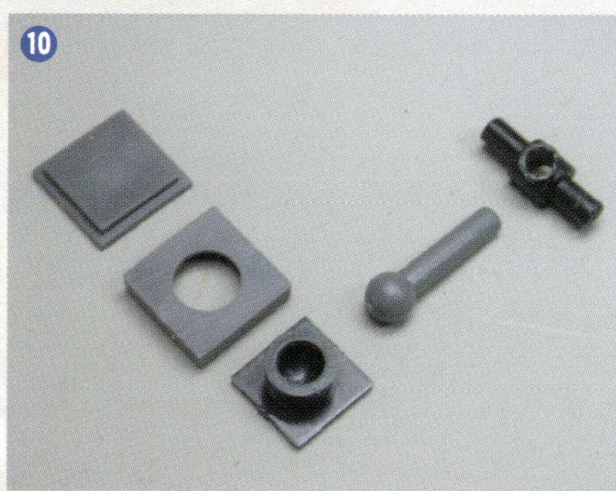

▲ 접지에 중요한 발 관절에 사용한 부품. 안쪽에 설치하는 볼 부분은 베이스가 달린 것으로「프라 사포」의 틀에 끼워서 고정한다. 볼 축은 정강이 쪽에 들어가는「롤링」과 접속. 앞뒤로 기우는 폭도 크고, 각 방향으로 기울어진다.

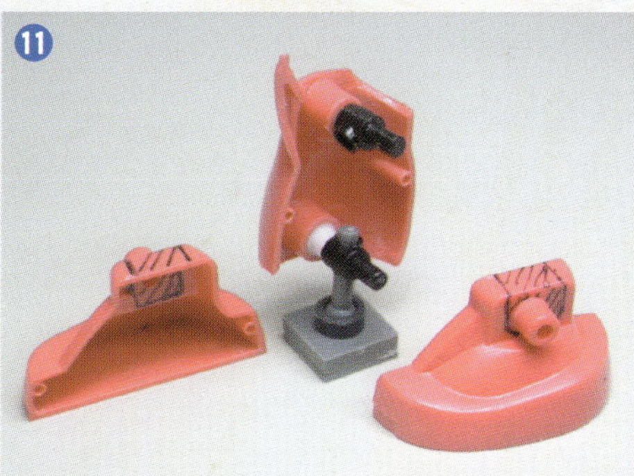

▲ 그 관절을 넣기 위해서는, 발 부품의 일부(검은 빗금 부분)을 잘라낼 필요가 있다. 정강이와 발을 접속하면, 이곳에 정강이 쪽의「롤링」이 들어간다. 크게 잘라내면 가동 범위도 넓어진다.

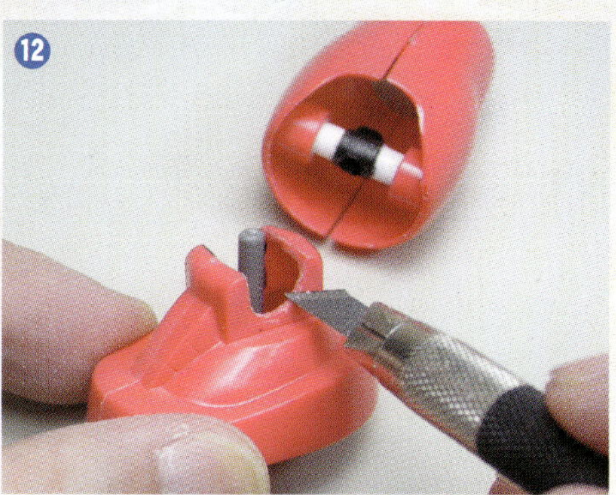

▲ 하지만, 너무 넓게 자르면 포즈를 취했을 때에 틈이 보여서 보기에 좋지 않다. 적당한 정도를 찾기 위해, 가조립 해서 움직여 보고, 조금 깎아내는 과정을 반복한다.

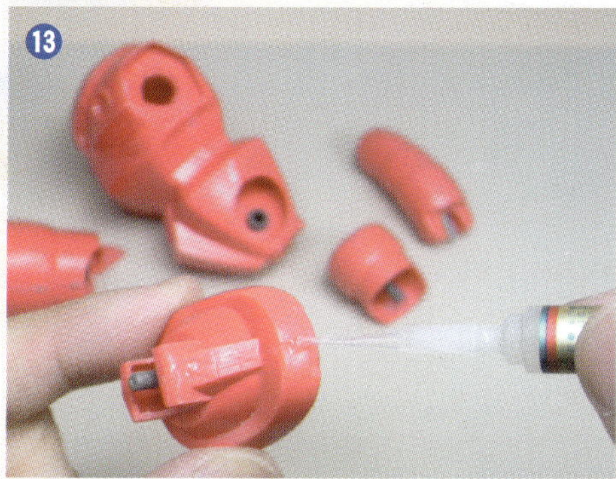

▲각 관절 부위의 가공이 끝났으면, 부품을 결합한다. 여기서는 순간 접착제를 사용해서 확실히 고정하는 것이 좋다. 관절을 끼워넣었기에 부품에도 부하가 걸리기 때문이다. 접합선을 없애는 데도 좋다.

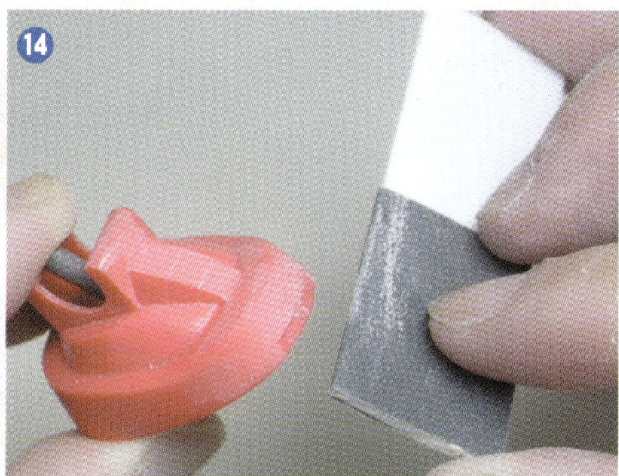

▲ 오래된 키트에서는 접합선에 단차가 생기기도 하니, 그곳도 순간 접착제로 메우고, 완만하게 다듬어 준다. 메워져 버린 몰드는 나이프나 P커터 등으로 살려주자.

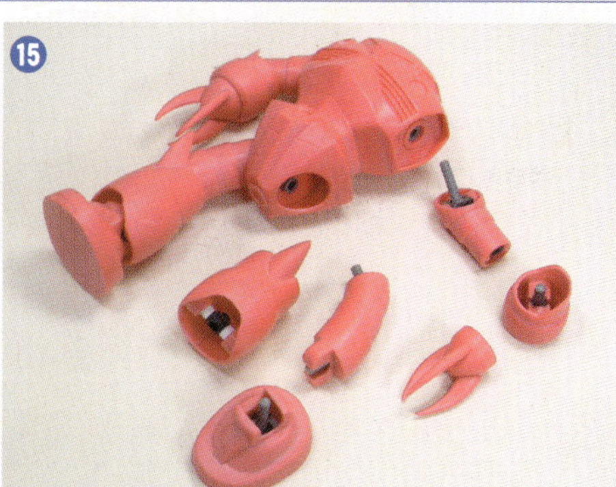

▲ 관절 부품을 넣어주고, 접착과 정형을 마친 부품. 수축 등의 표면의 왜곡도 다듬고, 전체적으로 사포질을 했다. 각 관절은 이처럼 빼고 꽂는 것이 가능하게 만들어졌다.

## 표면 처리

각 부품의 표면에 서페이서를 뿌려서, 자잘한 흠집을 없애고, 접합선 등 각부의 마무리 상태를 확인한다. 이 서페이서 작업은 각 부품에 손잡이를 붙이고 칠하는 것으로, 어떤 의미에서는 이미 도색 단계의 시작이기도 하다.

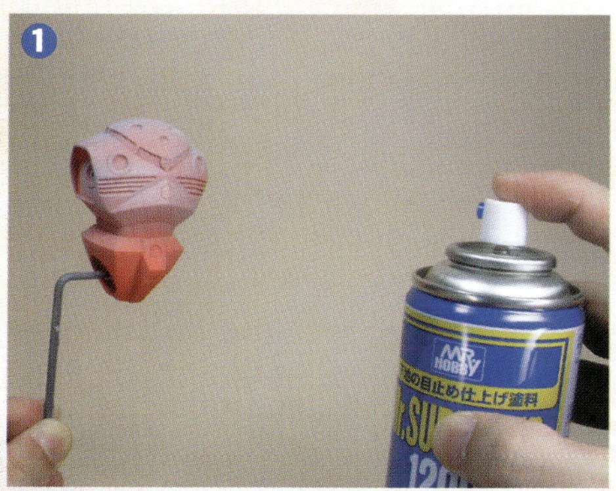

▲ 표면의 마무리를 확인하기 위해 서페이서를 뿌린다. 상당히 가공을 했기에, 부스러기 등을 먼저 확실히 제거한 뒤에 뿌릴 것. 조립한 관절 덕분에 손잡이를 달기 쉬워졌다.

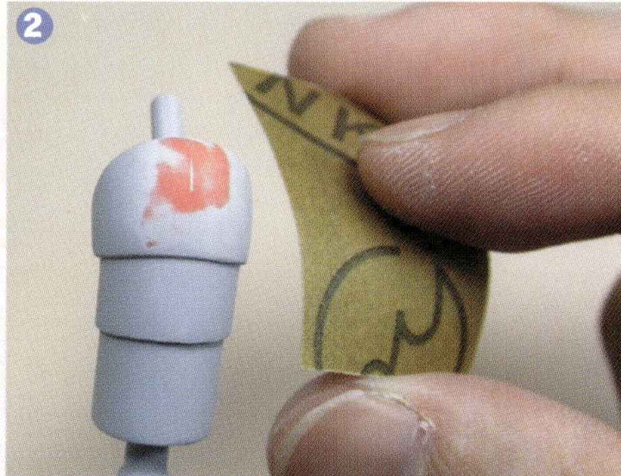

▲서페이서를 뿌렸더니, 확실히 메워지지 않은 접합선을 발견. 그리고 커다란 사포 자국도 남아있었다. 이런 곳은 퍼티 등으로 메우고, 다듬어서 다시 서페이서를 뿌린다.

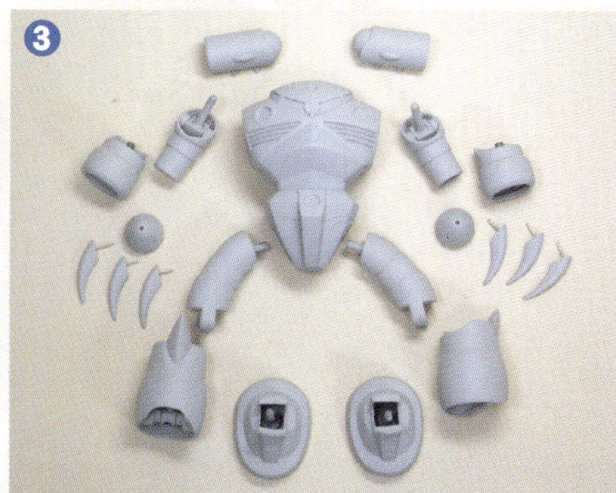

▲ 이걸로 모든 부품의 표면 처리가 끝났다. 서페이서가 전체를 덮어서, 플라스틱이나 순간 접착제 등, 다른 소재의 질감을 정리하는 동시에, 도료의 정착성도 높여준다.

CHECK POINT

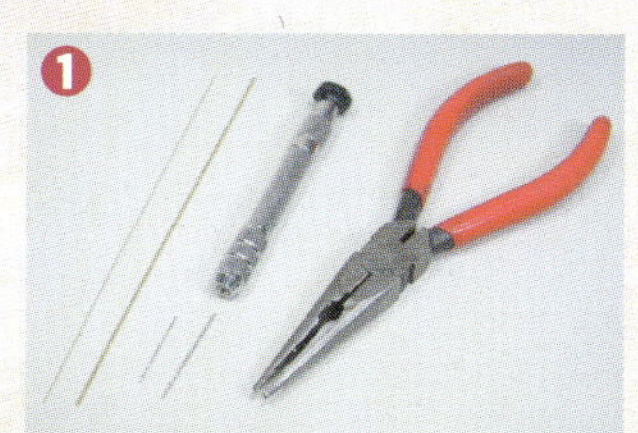

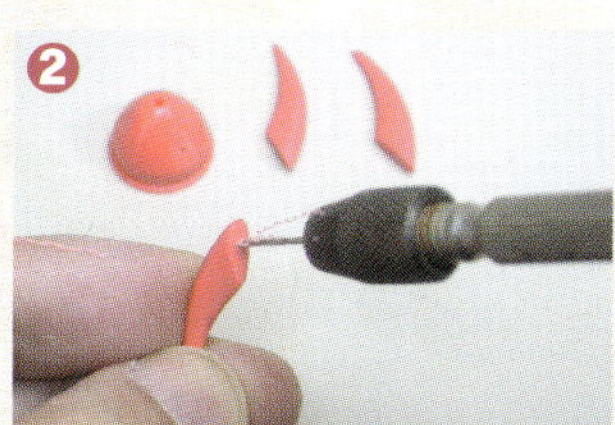

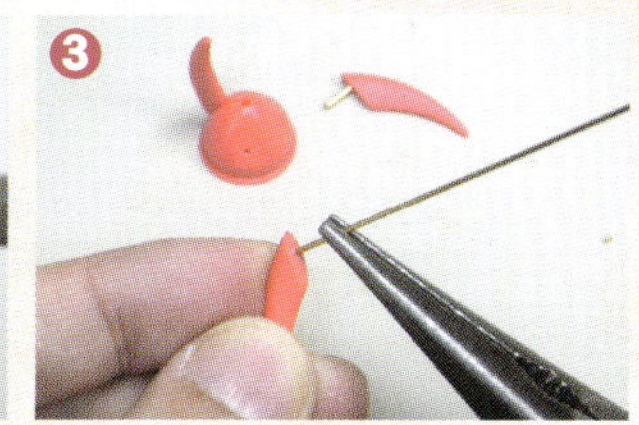

### ●황동선을 이용한 고정

◀가는 부품을 확실히 고정하기 위해 금속선(황동선)을 관통시킨다. ①왼쪽이 황동선. 여기서는 굵기 0.8mm를 사용. 그 외에 드릴 날과 그것을 세트해서 사용하는 핀 바이스, 그리고 롱노즈 플라이어가 있으면 편리. ②꽂을 부분에 드릴로 구멍을 낸다. 꽂는 쪽에도 위치를 맞춰서 구멍을 낸다. ③황동선을 롱 노즈 플라이어로 꽂아 넣고 절단.

# 도색

도색은 에어브러시를 사용해서 본격적으로 한다. 후조립 가공에 의해 관절 부분은 구분 도색이 쉬워졌지만, 자잘한 부분은 그렇게 되지 않는다. 이곳은 기본대로 꼼꼼한 마스킹 작업이 필요하다.

▲ 도색은 설정대로의 컬러링을 목표로. 여기서 건담 컬러의 MG 「샤아 전용 자쿠 Ver.2.0」용을 베이스로 조색했다. 침착한 색조이니 조금 오렌지에 가깝게 되도록, 빨강, 핑크를 조색했다.

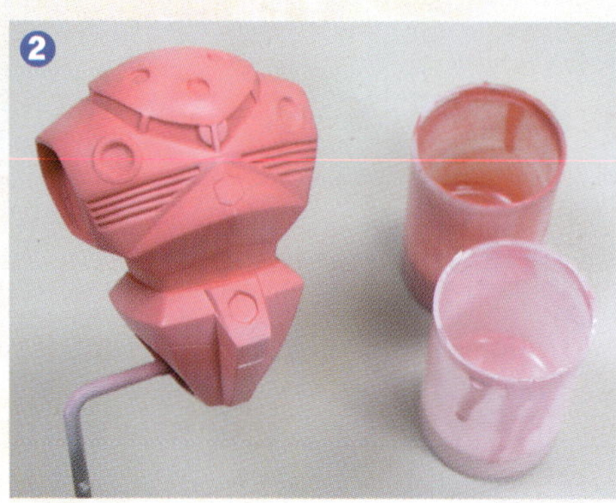

▲ 상반신의 핑크 도색. 서페이서의 회색을 감추지 위한 것도 있어, 기체색 보다 하얀 느낌의 핑크를 도색. 그 뒤에 기체색을 전체에 도색했다. 그리고, 면의 중앙 등에 밑색인 핑크를 덧칠해 주었다.

▲손의 빨강도 두가지 색으로으로 표현. 그 전에 핑크를 밑색으로 뿌려서 서페이서의 회색을 감춘다. 다음으로 진한 레드를 전면에 도색한 뒤, 에지 부분 등에 살짝 남겨 준다는 느낌으로, 밝은 빨강을 면 중앙에 덧칠했다.

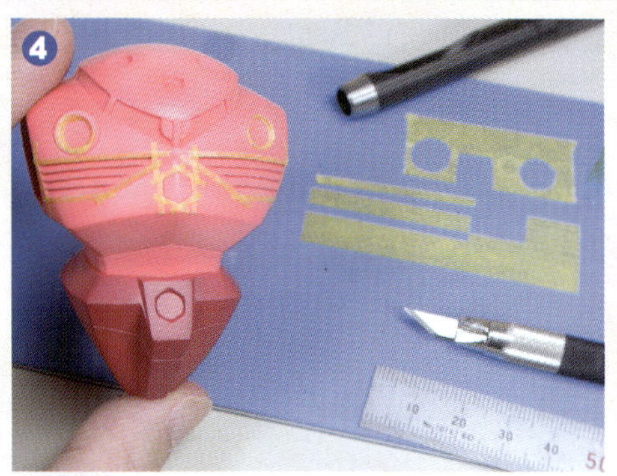

▲ 다음으로 상반신 세부의 구분 도색. 직선 부분은 마스킹 테이프를 1~2mm 정도로 가늘게 자른 것으로, 둘러싸듯이 붙여준다. 둥근 덕트의 가장자리는 테이프를 펀치로 뚫은 것을 사용.

▲모노아이의 레일 부분은 마스킹 테이프로는 정착시킬 수 없으니, 밀착시키기 쉬운 셀로판 테이프를 사용. 기둥과 위아래에 확실히 정착시킨 뒤에, 나머지 부분을 나이프로 잘라낸다.

▲ 남은 범위를 마스킹 테이프와 마스킹 졸로 메워서, 마스킹 완료. 장소에 따라서 칠하는 색도 다르니, 먼저 밝은 회색을 칠한 뒤에 그곳을 마스킹, 다음에 어두운 회색을 칠해서 그곳을 마스킹, 이라는 순서가 된다.

▲ 그리고 남은 모노아이 레일의 검정을 도색 중. 가늘게 뿌려서 조금씩 움직이면서 칠해준다. 너무 뿌리지 않도록 도색면의 상태를 보면서, 그리고 챙이나 기둥의 그림자에 칠하지 않은 부분이 남지 않도록 도색한다.

▲ 마스킹을 벗기고, 주요 구분 도색이 끝난 몸체 부품. 모노아이 레일의 마스킹도 거의 잘 된 것 같다. 좌우의 핑크 주위나 둥근 덕트의 가장자리 등도 삐져나온 곳 없이 깔끔하게 칠해졌다.

▲모노아이는 좌우로 나뉘어져 있어 칠하기 힘든 곳이기에 건담 마커의 형광 핑크를 붓으로 칠했다. 이미 마킹 씰도 붙인 상태로, 이것은 다른 키트의 데칼 유용.

## CHECK POINT

### ●에나멜 도료로 먹선

▶ "건프라에 에나멜 도료로 먹선을 넣는 것은 금물!?"이라고 지금까지 소개해 왔지만, 이것은 스냅핏 키트가 아닌 구판 키트이기에, 갈라질 위험도 적다고 판단해서 에나멜 도료로 먹선을 넣었다.

### ●폴리캡에 묻은 도료

▶관절의 폴리캡에 도료가 묻은 경우, 관절을 움직일 때에 벗겨지면서 주변이 지저분해진다. 조립하기 전에 벗겨내는 쪽이 좋을 것이다. 스카치 테이프를 붙여서 떼어내자.

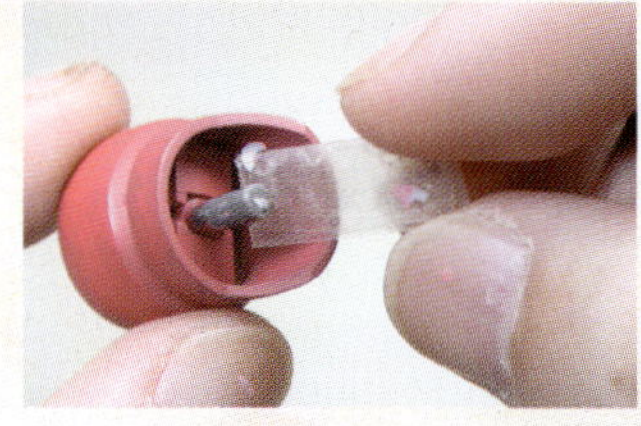

# MSM-07S Z'GOK CHAR'S CUSTOM TYPE

BANDAI 1:144 scale plastic kit

## 완성

숨은 명작 키트,「1:144 샤아 전용 즈곡크」가 부활했다. 이런 식으로 관절을 가공해서 멋진 포즈를 취할 수 있게 되면 구 키트도 아직 (10년은) 싸울 수 있을 듯! 접착이나 정형 등의 공작, 도색 테크닉을 충실히 익혀 두면 오래된 키트도 이렇게 완성도를 높일 수 있다.

▲작은 몰드 등이 없어서, 형상에 맞춰서 기체색에 그라데이션을 넣어 주는 것으로, 단조로운 인상이 되는 것을 피하고 있다.

▲관절의 변경으로 대담한 포즈를 취할 수 있게 된 즈곡크. 손톱은 두 종류를 준비해서, 편 상태를 교환식으로 표현.

◀전체의 프로포션은 구 키트 그대로지만, 발 끝을「八」자로 벌린 것만으로 스탠딩 포즈가 멋지게 살아난다.

**샤아 전용 즈곡크**

●발매원/ 반다이 하비 사업부 ●1:144 스케일 플라스틱 키트, 전고 13cm ●정가/ 315엔 ●1981년 7월 발매 ●등장 작품/『기동전사 건담』

트러블이나 의문이 생겼다면 여기를 체크!

NOMOKEN流

# 실패했을 때의 대처법

trouble shooting

- 부품의 트러블
- 조립・접착의 트러블
- 씰의 트러블
- 붓칠의 트러블
- 스프레이・에어브러시의 트러블

이 페이지에서는, 건프라 제작에서 흔히 있는 실패와 그 대처법을 소개한다. 뭔가를 만든다는 것은, 잘 될 때도, 안될 때도 있다. 설령 실패해도 거기에 잘 대처하면 실패가 아니다. 곤란할 때에는 여기를 읽어보자.

## 부품에 흠집이 생겼다…

### ➡사포로 다듬어서 흠집을 없애자.

조금 긁힌 정도라면, 그냥 사포로 다듬으면 OK. 가능한한 고운 사포로 끝는 것이 좋다. 사포의 흠집이 남을 것 같으면, 더욱 고운 사포로 다듬거나, 컴파운드로 연마하고, 클리어 도장이라는 방법이 있다(→P.22「게이트 자국 처리」를 참조).

깊은 상처나 파먹힌 경우는 순간 접착제로 메운 뒤, 사포로 다듬어서 평평하게 해 주자. 접착제의 색도 투명이니 사출색 완성이라도 눈에 띄지 않게 할 수 있다. 다만, 플라스틱보다 단단하기 때문에, 거친 사포부터 순서대로 바른 자리를 확실히 깎아주자(→P.62「수축의 처리」를 참조).

나중에 도색을 할 생각이라면, 퍼티로 메워도 좋다(→P.61「사출핀 자국을 메우자」를 참조). 마지막에 서페이서를 뿌려서 흠집이 메워졌는지를 체크하자.

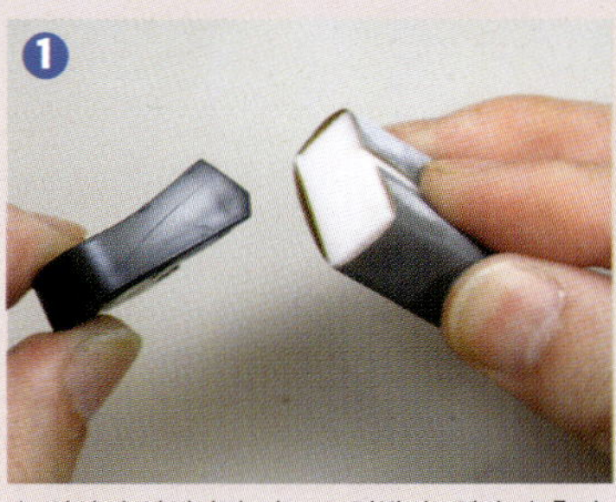
❶ ▲ 약간의 상처라면 사포로 없앨 수 있다. 수축의 처리 등과 같은 요령이다.

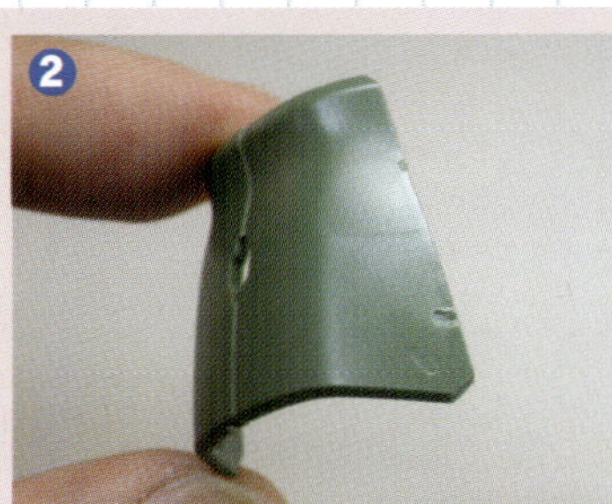
❷ ▲게이트 자국이 깊이 파인 예. 이렇게 되면 뭔가로 메운 뒤에 다듬을 필요가 있다.

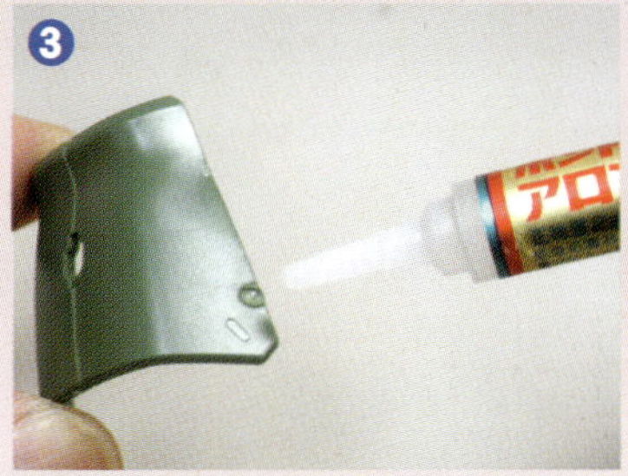

❸ ▲이런 경우에는 순간 접착제가 편리하다. 색이 투명한 것도 이점. 점을 찍듯이 바른 뒤 경화하기를 기다리자.

❹ ▲굳으면 사포로 다듬는다. 도색할 경우에는 서페이서를 뿌려서, 마무리를 체크.

## 가는 부품이 부러졌다…

### ➡금속선으로 보강해서 접착하자.

안테나 등 별다른 부하가 걸리지 않는 곳이라면 부러진 곳을 프라모델용 접착제로 접착하면 된다 (→P.60「접합선 수정」을 참조). 확실히 붙지 않는 경우는 황동선을 심으로 끼워 넣거나, 플라스틱 자재를 덧대는 등 보강한 뒤에 접착하자 (→P.89「황동선을 이용한 고정」을 참조).

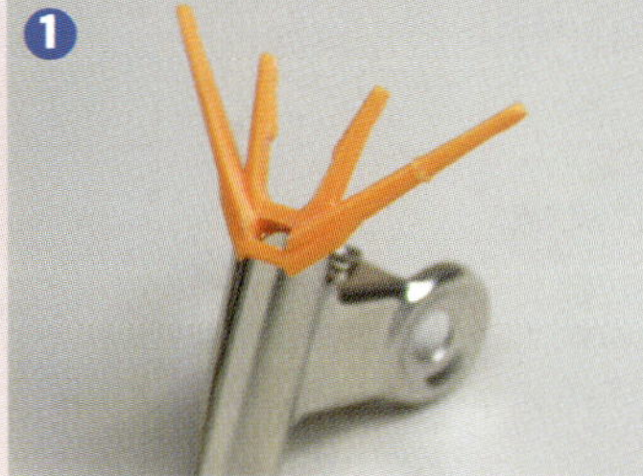
❶ ▲ 부러진 안테나를 접착제로 접착. 삐져나온 부분을 다듬으면 원래대로 된다.

❷ ▲ 확실히 이어주고 싶을 때는 황동선을 넣어서 보강. 순간 접착제로 고정한다.

## 부품이 휘어졌다면…

### ➡열을 가해 부드럽게 해서 수정한다.

얇은 부품의 경우 런너에 붙어있는 상태에서 휘어있는 경우도 있다. 그런 부품은 힘으로 휘거나 해선 안된다. 우선 뜨거운 물(화상을 입지 않을 정도)에 담가서 데운 뒤에, 천천히 바로잡아 주면 된다. 이 때 한 곳만을 휘지 말고 힘을 가하는 곳을 분산시키는 느낌으로 하는 것이 좋다.

❶ ▲ 휜 곳을 수정하기 위해, 우선 뜨거운 물에 담근다. 화상을 입지 않도록 조심하자.

❷ ▲그 뒤에 천천히 바로 잡는다. 뜨거운 물에 담근 상태에서 수정해도 좋다.

## 클리어 부품의 상처나 오염은…

### ➡ 연마해 주면 흠집이나 흐림은 사라진다.

클리어 부품에 흠집이 나거나, 접착제로 표면을 녹여버린 경우. 우선 사포로 다듬어서 표면의 흠집과 요철이 없는 상태로 만든다. 그 뒤에는 서서히 사포의 번호수를 올리며 고운 눈으로 갈아서 부품 표면의 사포 자국이 곱게 되도록 한다. 기준은 400~800~1200번 정도. 여기까지 오면 표면은 사포 자국이라기보다는 그냥 부옇게 흐려진 상태에 가까운 모습이 된다.

그 후에는 컴파운드(연마제)를 천에 묻혀서, 부품 표면을 연마해 주자. 이걸로 흐려진 것도 사라져서, 투명해질 것이다. 사포로 다듬을 때에 괜한 상처를 늘리지 않도록 하는 것이 요령이다.

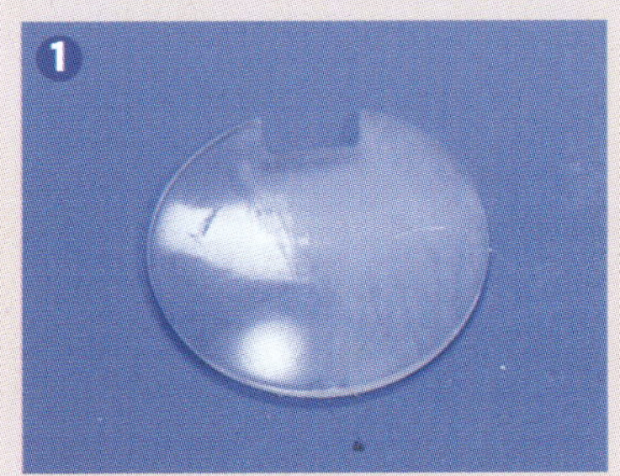
▲흠집을 없애기 위해 사포로 다듬으면, 주변에 자잘한 사포 자국이 나게 된다.

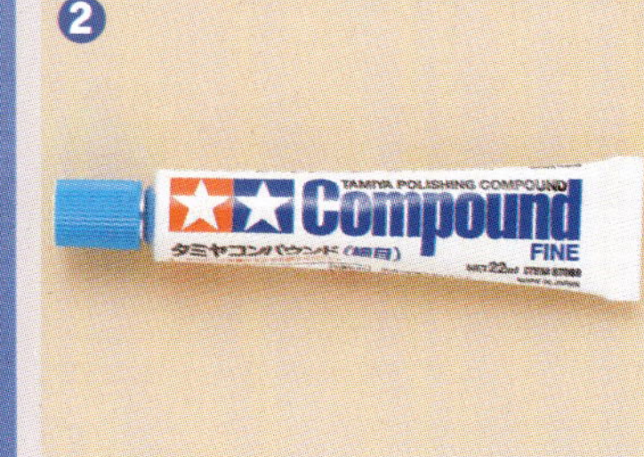

▲ 자잘한 사포 자국은, 컴파운드로 연마해서 없앨 수 있다.

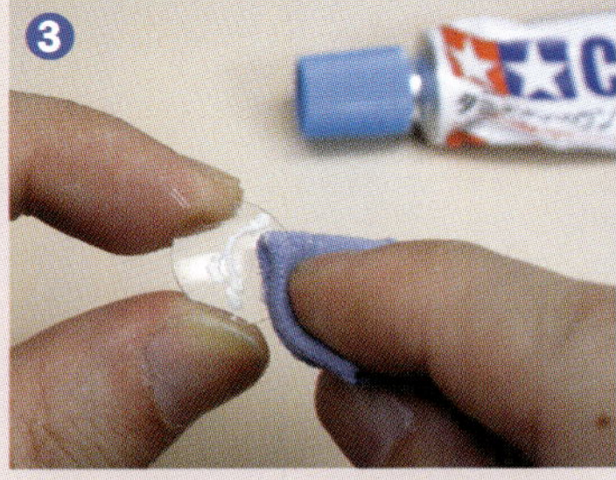
▲컴파운드를 묻힌 부드러운 천으로 연마한다. 힘을 주지 말고, 표면을 미끄러지는 정도로.

▲ 연마해서 투명하게 돌아오고, 흠집도 흐림도 없어진 클리어 부품.

## 도금 처리된 부품에 상처가 났다면…

### ➡ 도료나 씰로 리터치 해 주자.

도금된 부품의 마무리는 보통의 도색과는 달리 특수한 처리가 된 관계로 원래대로 복구하기가 그리 쉽지 않다. 부분적인 흠집이라면 비슷한 색의 금속색을 칠하는 것이 좋을 것이다. 이 방법은 게이트 자국 등, 부품의 가장자리라면 눈에 띄지 않겠지만, 면의 중앙 등에서는 조금 눈에 거슬리는 법이다. 이런 경우에는 해당 면을 금속 테이프로 덮어버리는 것도 하나의 요령이다.

또한, 부품의 도금을 벗겨내고, 새로 칠해서 완성하는 방법도 있다. 도금을 벗겨내는 방법은 락스 등 표백제에 담그는 것이 일반적이지만, 건프라는 도금의 위에 보호를 위한 클리어가 코팅되어 있어서 표백제에 담그는 것만으로는 도금이 벗겨지지 않는다. 락커계 희석액으로 꼼꼼하게 문질러 주자. 상당히 손이 가는 것은 각오해 둘 것.

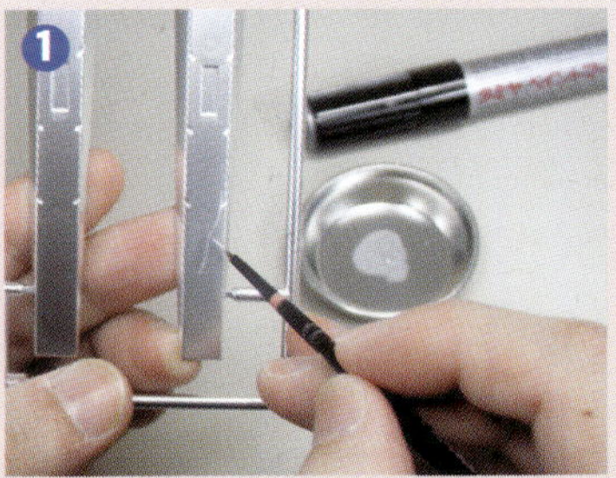
▲도금 부품에 생긴 상처를 도료로 리터치. 비슷한 색을 찾는 것이 포인트.

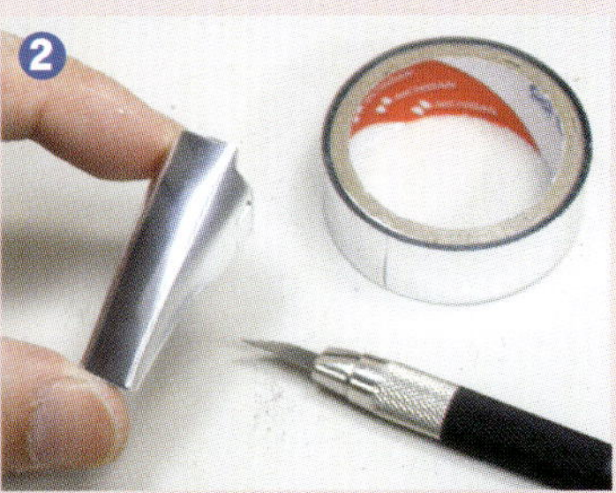
▲ 상처가 생긴 면을 전부 금속 테이프로 덮는 것도 간편한 방법이다.

▲건프라의 도금은 클리어 코팅이 되어있어, 표백제로는 벗겨지지 않는다.

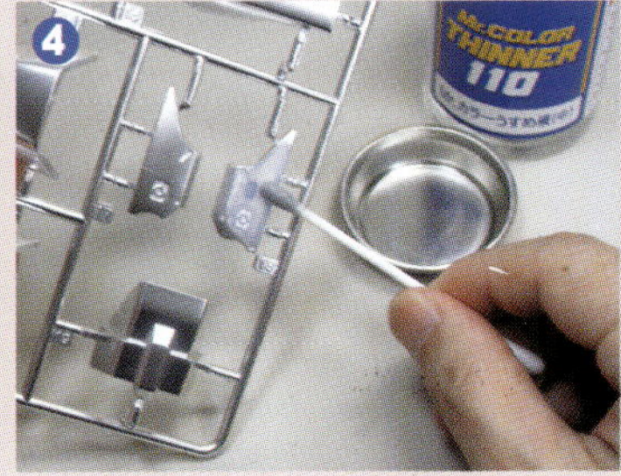

▲락커계 도료의 용제를 묻혀서, 문질러 주면 도금이 벗겨진다.

## 사포로 다듬었더니 면에 물결 무늬가 생겨버렸다…

### ➡ 버팀판을 대고 사포질을 하자.

퍼티나 순간 접착제를 바른 곳을 깎아낼 때, 손가락으로 사포를 잡고 사용하면 이렇게 된다. 요철을 다듬을 경우에는, 먼저 요철만이 깎이도록 사포에는 반드시 버팀판을 대고 사용하자. 곡면 부분에도 이것은 마찬가지다. 단, 요철이 없어지고 자잘한 사포 자국을 다듬는 단계에서는, 부드러운 버팀판이나, 손가락으로 잡고 사용하는 경우도 있다.

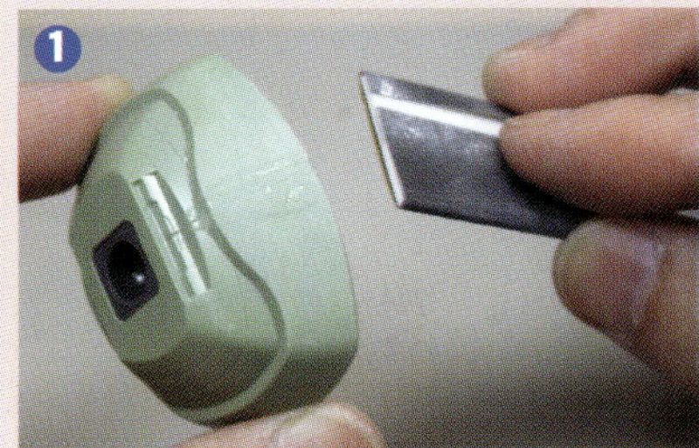
▲ 바른 곳을 깎아줄 때는 그곳에만 종이 사포가 닿도록 버팀판을 대고 하자.

## 부품을 분실했다면…

### ➡찾아도 나오지 않으면 부품 청구를.

부품을 분실했다면 주변을 정리하고 철저히 찾아보자. 그래도 찾지 못하면 제조사에 주문하면 부품을 하나씩 구입할 수 있다. 설명서의 안내를 잘 읽고 신청하자. 또한 폴리캡이라면, 다른 키트에서 남은 것을 사용할 수 있는 경우도 있다. 어느 쪽이건, 분실하지 않도록 주변을 정리해 두는 것이 우선이다.

*편집부 주 : 위의 사항은 일본 현지의 경우이며 한국을 포함한 해외에서는 아직 제공되지 못하고 있는 서비스이오니 양해 바랍니다.

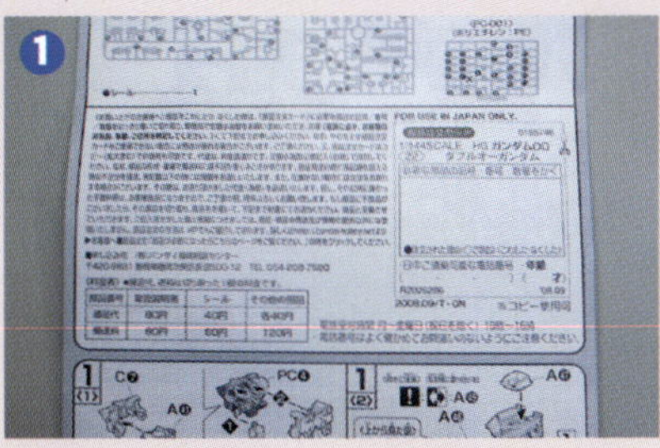

▲설명서의「부품 청구 카드」. 이걸로 주문하면, 부품 단위로 구입할 수 있다.

## 관절 축이 부러졌다…

### ➡금속선으로 보강해서 접착하자.

축이 부러졌다는 것은 상당한 부하가 걸렸다는 것. 부러진 부품을 그냥 그대로 접착하면 또 다시 부러질 것이다. 금속선(황동선 등)을 관통시켜서, 확실히 보강한 뒤에 접착하자. 또한, 프라봉이나 런너, 시판되는 관절 부품 등을 이어서 수리하는 방법도 있다.

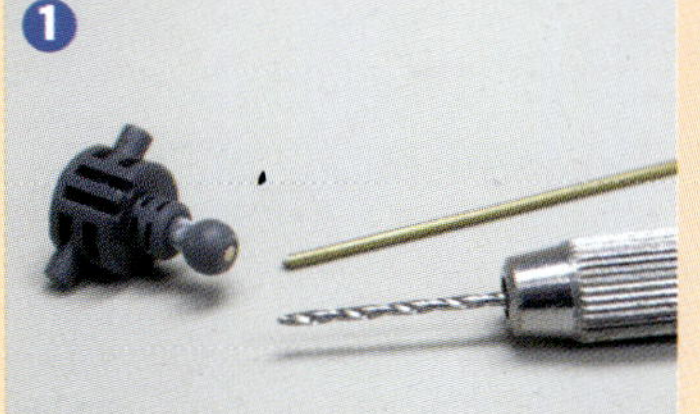

▲P.65의 파손 예. 볼 부분과 축에 황동선을 관통시킨 뒤에 접촉했다.

▲ 축의 보수 예. 부러진 곳에 드릴로 구멍을 내고, 같은 굵기의 프라봉을 접착했다.

## 폴리캡이 뭉개져 버렸다…

### ➡뭉개진 곳을 잘라내면 OK.

폴리캡을 비스듬하게 꽂거나 해서 뭉개지면 부품이 일그러지며 굵어져서 지정된 위치에 들어가기 힘들어지는 경우가 있다. 그런 때에는, 튀어나온 부분을 나이프로 잘라내주자. 또한 폴리캡을 조립할 때는 축이 구멍에 잘 들어가 있는지, 뒤틀리지 않았는지를 확인하면서 진행하자 (P.12「부품의 조립」참조).

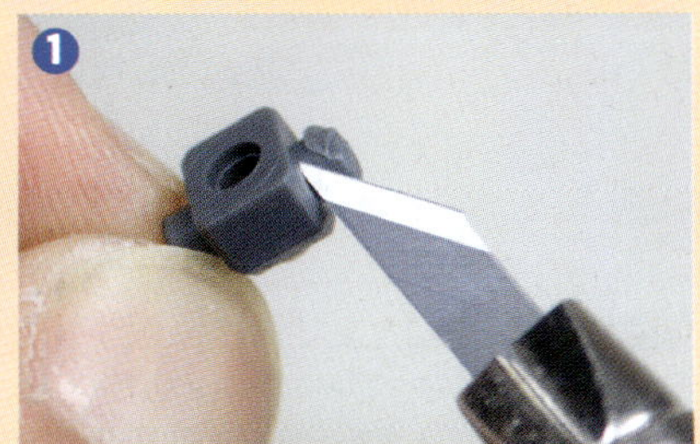

▲ 폴리캡의 일그러진 부분을 나이프로 잘라내자. 단, 너무 잘라내면 관절 부위가 헐거워지므로 주의할 것!

## 부품 표면에 접착제가 삐져나왔다…

### ➡굳은 뒤에 사포로 대처하자.

접착제가 삐져나와도, 우선은 굳기를 기다리자. 서둘러서 닦아내려고 하면 안된다. 어느 정도라면 티슈로 빨아낼 수 있지만, 닦아내면 부품 표면이 거칠어지거나, 종이가 들러붙어서 되려 지저분해 진다. 굳으면 삐져나온 곳을 사포로 꼼꼼히 다듬는다. 순간 접착제의 경우에는 깎아내 주자.

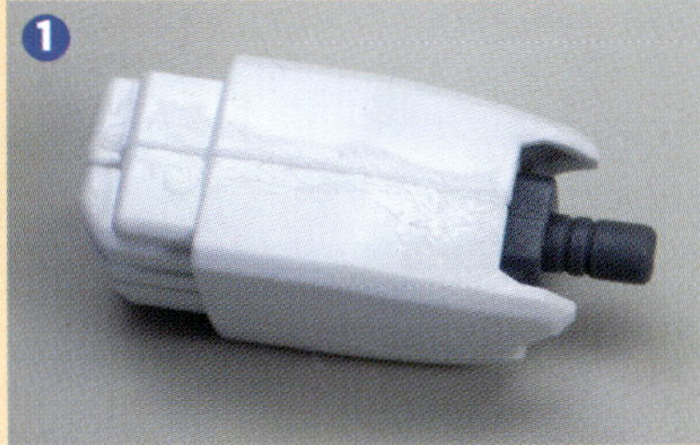

▲ 접착제가 너무 묻었으면 바로 건드리지 말고, 굳은 뒤에 복구하는 쪽이 좋다.

## 접착한 부품이 떨어졌다…

### ➡고착된 접착제를 긁어내고 재접착.

일단 접착한 곳이 떨어진 경우에는, 접착면에 요철이 생길 것이다. 그대로 접착해서는 면이 밀착하지 않고 확실히 붙지 않으니, 접착면을 평평하게 다듬고 나서 다시 접착하는 것이 정답이다. 특히 순간 접착제의 경우 그대로는 접착력을 발휘할 수 없으니, 굳어서 남아있는 부분을 깨끗이 깎아낸 뒤에 재접착 하자.

▲ 떨어진 부분을 다시 접착할 경우에는, 접착면의 요철을 다듬고 나서 접착하자.

## 씰이 떨어진 경우에는…

### ➡떨어지지 않도록 정확한 위치 조정을

일단 붙인 호일 씰을 벗기면, 접착제가 부품 표면에 남아서 깔끔하게 만들기 어렵다. 떨어지지 않도록, 우선 붙일 때에 틀어지지 않았는지 확인하고, 방향에 주의하면서 꼼꼼히 붙이자. 그래도 다시 붙여야 할 때에는, 씰이 접히거나, 표면에 상처가 나지 않도록 신중히 벗겨내서 다시 붙이는 방법뿐이다.

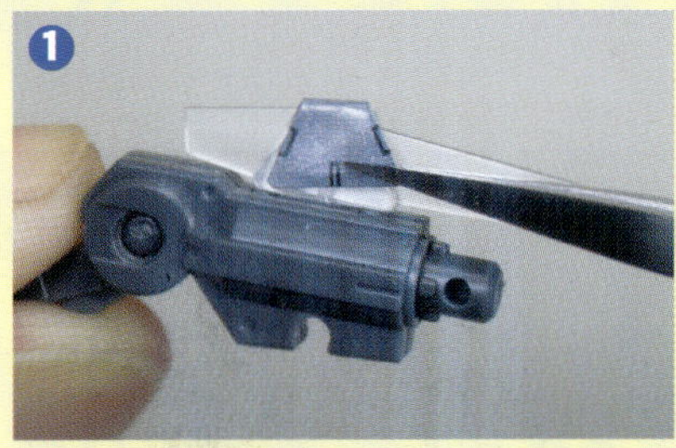

▲틀어진 씰을 벗겨낼 때에는 신중하게. 크게 비틀어지기 전에 다시 붙이는 쪽이 좋다.

## 드라이 데칼을 잘 붙이기가 어렵다면…

### ➡테이프로 위치를 잡아서 붙이자.

드라이 데칼은 붙인 뒤에 수정할 수 없으니 위치가 잘못되면 벗겨내고 다른 데칼을 다시 붙이는 방법 밖에 없다. 작은 마크의 경우에는 위치를 고정하기 위해 붙이는 스카치 테이프를 마크의 크기 정도로 작게 자른 것을 준비해두면 다루기 쉬워진다.

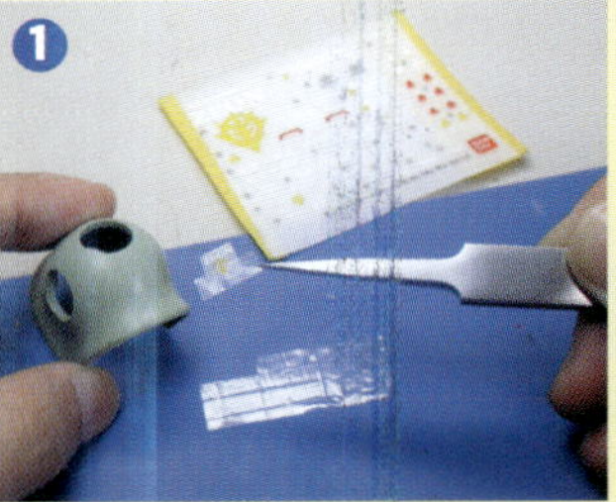

▲작은 마크의 경우에는, 위치를 잡아주는 테이프도 작게 잘라두면 좋다.

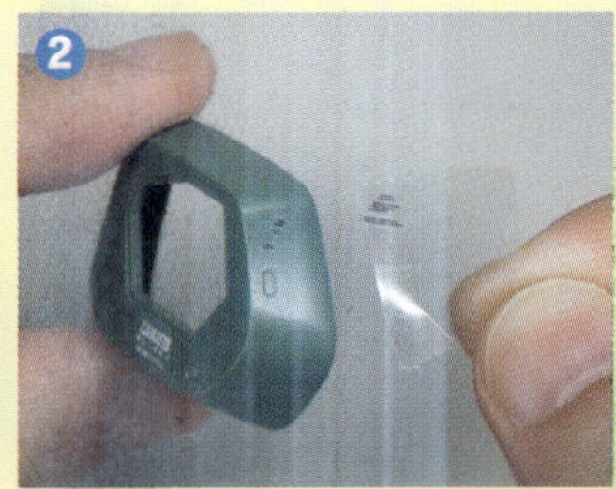

▲잘 붙지 않았을 경우에는, 스카치 테이프로 붙여서 벗겨내자.

## 데칼이 들떴다면…

### ➡다시 붙이고, 클리어를 뿌려서 보호하자.

데칼이 건조 후에 들떴다면, 다시 물을 묻혀서 붙여주자. 이때는 데칼 연화제로 밀착성을 높이거나, 접착력이 약해진 것 같으면, 접착 성분을 포함한 마크 세터를 씰과 부품 사이에 발라주는 것이 좋다. 완성 후에 건드려도 벗겨지지 않도록, 수성 클리어로 덮어서 표면을 보호하는 것도 좋을 것이다.

▲「Mr. 마크 소프터」와, 접착 성분이 들어있는 「Mr. 마크 세터」

▲수성 클리어로 코팅하면 표면의 보호도 되고, 일체감도 살아난다.

## 삐져나온 먹선이 깨끗하게 닦이지 않을 경우…

### ➡바탕이 플라스틱이라면 락커계 희석액으로 닦아내자.

마커를 이용한 먹선 넣기는 주위에 너무 많이 묻혔을 경우, 깔끔하게 닦아내기가 어렵다. 「지우개 펜」이나 수성 도료의 용제로 닦아도 흐릿하게 남을 때는, 최후의 수단으로 락커계 도료의 희석액을 묻혀서 닦아내면 지워진다. 단, 이것은 도색하지 않은 플라스틱 위에서만 가능한 것이다. 도색한 면에는 절대로 하지 말 것!

▲락커계 희석액을 사용하면, 깔끔하게 닦인다.

## 에나멜 도료로 먹선을 넣었더니 부품이…

### ➡특히 건프라에는 에나멜 도료는 엄금.

보통 프라모델에서는 「먹선」에 에나멜 도료를 사용하는 것이 기본이지만, 건프라의 경우에는 조금 사정이 다르다. 스냅핏에서 부하가 걸리는 부품에 침투성이 강한 에나멜 용제가 스며들면, 부품이 깨지기 쉬워지는 것이다. 이런 위험을 피하기 위해서는 수성 도료나 마커를 사용하도록 하자.

▲에나멜 도료와 용제. 건프라의 먹선에는 피하는 쪽이 좋다.

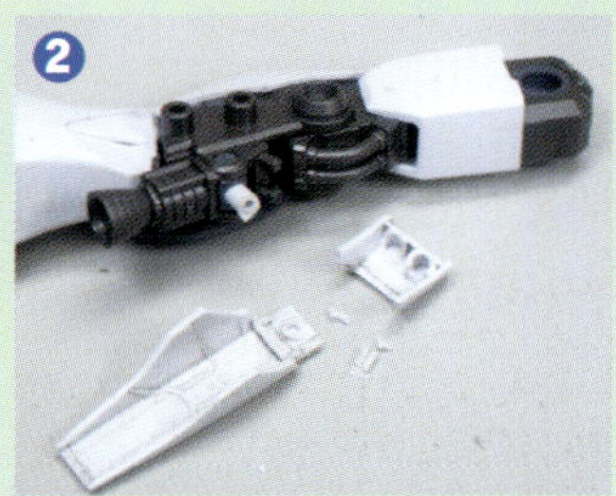

▲에나멜 도료의 먹선으로 깨진 예. 조립할 때 부하가 걸리는 부분에는 주의하자.

## 균일한 붓 도색을 위해서는

### ➡ 도료에 리타더를 섞어서 칠하자.

붓 도색을 균일하게 하는 것은 어렵다. 특히 넓은 면은 몇번이고 붓으로 칠해야 할 필요가 있으니 뭉치기 쉽다. 그런 때에는 도료의 건조를 지연시키는 첨가제「리타더」를 섞어주면 도료의 피막 형성이 좋아지고, 뭉치는 일이 적어진다. 덧칠할 때는 아래의 도료가 확실히 마른 것을 확인하고 하는 것도 중요하다.

▲ 도료의 퍼짐을 좋게 해주는 첨가제 「Mr. 리타더 마일드」(210엔/ GSI 크레오스)

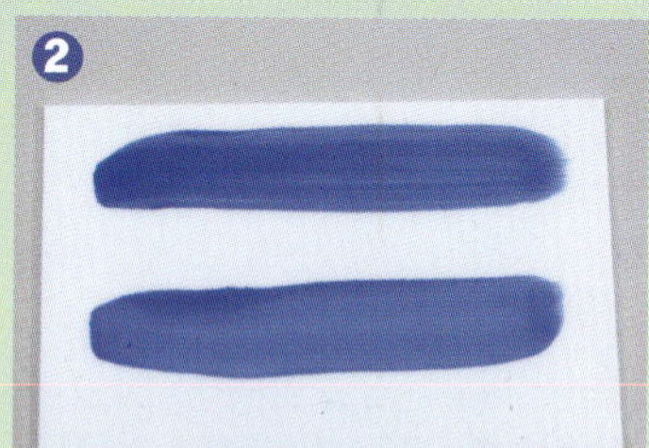
▲ 리타더 없음(위)와, 있음(아래)의 차이. 붓자국이 적은 것을 알 수 있다.

## 도색면에 지문 자국이 묻어버렸다면…

### ➡ 마를 때까지 기다려서 사포로 다듬자.

칠한 곳을 실수로 건드렸다면, 우선, 그대로 건조를 기다린 다음, 완전히 마른 뒤에 만진 자국을 사포로 다듬어주자. 뒷일은 상태에 따라서 밑색부터, 또는 표면의 색을 다시 칠하면 된다. 함부로 만지지 않도록 도색할 때는 부품에 손잡이를 달아 두도록 하자.

▲ 지문이 묻은 상태. 처치는 완전히 마른 뒤에 하는 쪽이 좋다.

## 덧칠한 곳이 삐져나왔다면…

### ➡ 밑색을 리터치 해서 수정하자.

덧칠이 삐져나온 것의 수정에는 몇 가지 방법이 있다. 가장 기본이 되는 것은 삐져 나온 곳의 표면을 조금 깎아낸 뒤에, 밑색을 덧칠 하는「리터치」. 에어브러시의 도료 입자가 튄 것 등 표면에 약간 묻은 정도라면 에나멜 용제로 닦아낸다(본 도색이 락커계인 경우). 또는 1500번 이상의 사포로 살살 깎아내는 것도 좋다.

▲ 삐져나온 부분에 밑색을 덧칠해서 수정한다. 세필을 잘 사용하자.

## 폴리 부품을 칠했는데 도료가 벗겨지고 말았다면…

### ➡ 폴리 부품은 도색할 수 없다.

폴리 부품은 모형용 도료가 잘 먹히지 않기에 도색해도 건드리면 금방 벗겨진다. 이것은 서페이서나 프라이머를 뿌려도 그리 달라지지 않는다. 어설프게 벗겨지면 보기 좋지 않으니 미리 마스킹을 해서 칠해지지 않도록 하거나, 도색 후에 벗겨내는 쪽이 좋을 것이다(→P.90「폴리캡에 묻은 도료」를 참조).

▲왼쪽은 부품에 직접, 오른쪽은 서페이서 밑칠 위에 도색한 예. 어느 쪽이고 간단히 벗겨져 버렸다.

## 무광 스프레이를 뿌렸더니 뿌옇게 되었다면…

### ➡ 한번에 너무 많이 뿌리지 않는 것이 요령.

무광 클리어를 뿌리면 무광 성분 때문에 원래 색보다 약간 뿌옇게 된다. 뿌옇게 되는 것은 너무 두껍게 뿌려서이다. 무광 클리어라도 건조 전에는 광택이 있는데 서둘러서 너무 뿌리면, 무광 성분 때문에 쓸데없이 뿌옇게 되어 버리는 것이다.

▲오른쪽이 스프레이 후. 무광 클리어를 겹쳐 칠하면, 색은 뿌옇게 되어버린다.

▲ 두껍게 뿌리면, 흘러서 고인 곳이 뿌옇고 탁하게 되어버린다.

## 클리어를 덧칠했을 때 먹선이 번져 버린다면…

### ➡ 역시 한번에 많이 뿌린 것이 원인.

마커로 먹선을 넣은 뒤에 클리어 스프레이를 뿌리면, 먹선이 번지는 경우가 있다. 이것은 처음에 너무 많이 뿌린 탓이다. 처음에는 부품 전체에 부품이 얇게 얹혀지듯 하고, 시간을 두고 다시 전체에 뿌리면 된다. 락커계가 아닌 수성을 사용하는 것도 포인트.

▲유성 마커로 먹선을 넣은 뒤, 수성 클리어를 두껍게 뿌렸더니 번져버렸다.

▲가볍고 얇게 뿌린 뒤에, 다시 클리어를 겹쳐 뿌린 것. 번지지 않았다.

## 너무 뿌려서 도료가 흘렀다면…

### ➡ 마른 뒤에 사포로 수정.

에어브러시나 캔 스프레이를 너무 뿌려서 도료가 흐른 경우. 건조를 기다린 뒤에 흐른 곳을 사포로 다듬는 것이 가장 피해가 적게 끝나는 방법. 단, 도막의 두께를 파악하고 사포로 다듬는 것은, 숙련되지 않으면 어렵다. 잘 되지 않을 때는, 도료를 벗겨내고 처음부터 다시 칠하는 방법도 있다.

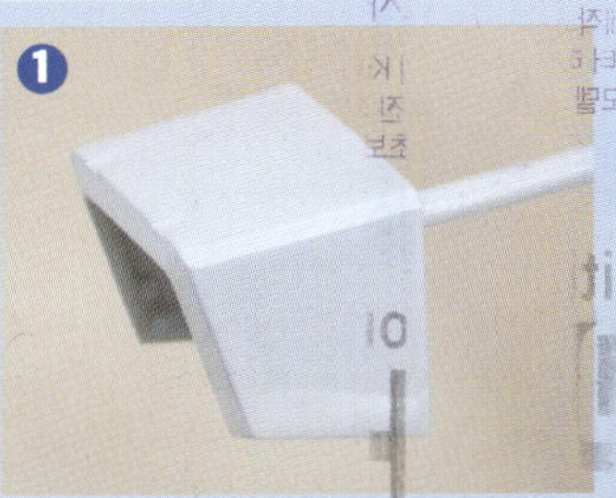
▲너무 뿌려서 도료가 흘렀다. 표면의 몰드도 도료에 묻혀버렸다.

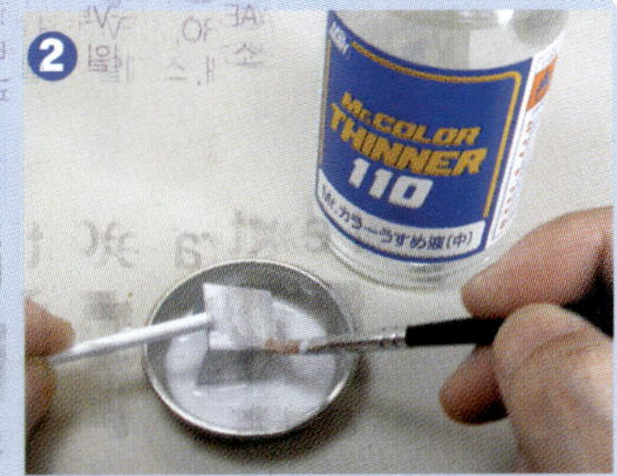

▲ 도색을 다시 할 때에는, 희석액에 담가서 도료를 벗겨낸다.

## 에어브러시에서 도료가 튄다면…

### ➡ 노즐 주변을 청소 해 주자.

에어브러시를 계속 뿌리면 노즐 캡에 도료가 고여서 원활하게 뿌려지는 것을 방해하는 경우가 있다. 그런 때에는, 니들을 당긴 뒤에, 희석액을 묻힌 면봉으로 닦아내자. 들러붙었을 때에는 캡을 벗기고, 희석액으로 청소하자. 분해할 때에는 니들을 조심해서 다룰 것.

▲노즐을 깨끗한 상태로 유지해서, 도료가 원활하게 뿜어지도록 하자.

## 유광 도료를 뿌렸더니 도색면이 탁해졌다면…

### ➡ 도료에 리타더를 섞어서 건조를 지연시키자.

이것은 습도가 높을 때에 광택 도색을 하면 일어나는, 「백화」라는 현상. 공기 중의 수분이 원인으로, 광택 도장은 날씨가 좋은 건조한 날에 하는 것이 좋다. 이 「백화」는, 도료의 건조를 지연시키는 「리타더」를 첨가해서도 막을 수 있다. 또한, 매끄러운 광택 도색을 하기 위해서는, 도막의 평활도를 높이는 「Mr. 레벨링 신너」를 사용하는 것도 효과적이다.

▲ 습기 때문에 광택 도색이 탁해졌다. 비가 오는날 등, 습도가 높은 때는 광택 도색에 좋지 않다.

## 가동부의 도색이 벗겨졌다면…

### ➡ 도막의 두께를 고려한 밑준비를.

가동시키는 부품이 서로 마주치는 곳은, 가능한 한 조립 중에 판단해서, 도막 만큼의 공간을 만들어 두면 좋다. 이것은 부품의 정밀도가 높기 때문에 발생하는 디메리트. 물론 도색을 하지 않는다면 이런 걱정은 없고, 사출색 위에 직접 도색한다면 다소 벗겨져도 눈에 띄지 않는다. 서페이서를 뿌릴지 뿌리지 않을지, 또, 도색 여부도, 결국 만드는 사람에게 달려있다 여러분도 자유롭게 건프라를 즐겨줬으면 싶다.

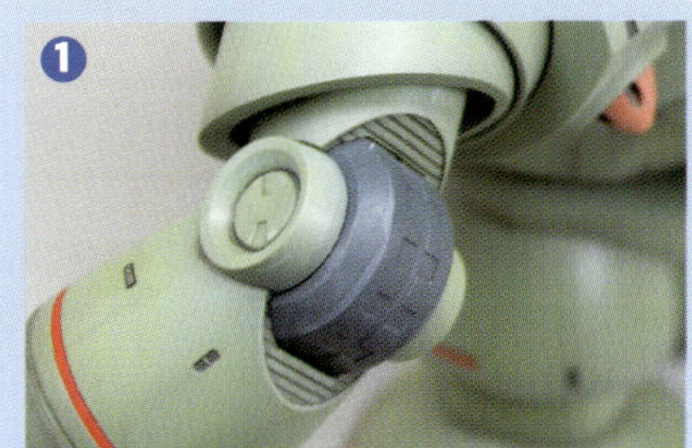
▲ 관절을 움직였더니 도색이 벗겨졌다. 방지하고 싶으면, 미리 틈을 만들어 두자.

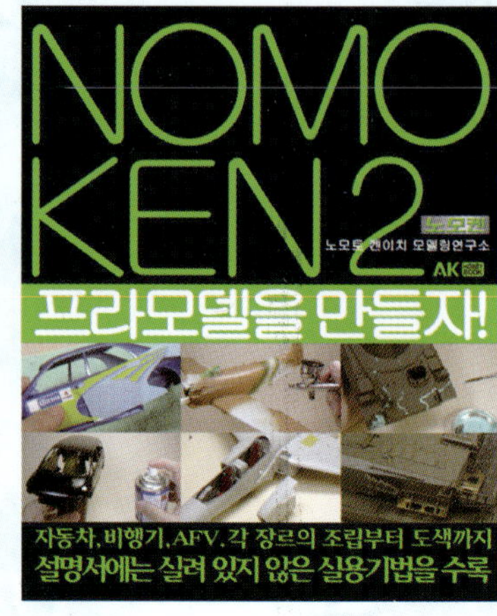

NOMOKEN extra edition HANDBOOK OF "GUNPLA" MODELING

# 건프라 입문

AK HOBBY BOOK

| | |
|---|---|
| 저자 | 노모토 켄이치 |
| 편집・커버&본문 디자인 | 이토 카츠히토 |
| 촬영 | 노모토 켄이치<br>혼마츠 아키시게(스튜디오R)<br>카와하시 마사타카(스튜디오R)<br>스튜디오R |
| 번역 | 김정규 |
| 협력 | 주식회사 반다이 하비 사업부<br>주식회사 GSI 크레오스 하비부 |
| 편집 담당 | 타카하시 리진 |
| 한국어판 편집 | 오세찬 (AK 커뮤니케이션즈) |
| 디자인 및 DTP | 이혜미 (AK 커뮤니케이션즈) |

AK HOBBY BOOK No.13
노모켄 extra edition

**건프라 입문**

개정판 1쇄 인쇄 2026년 2월 20일
개정판 1쇄 발행 2026년 2월 25일

저자 : 노모토 켄이치
펴낸이 : 이동섭
㈜에이케이커뮤니케이션즈
등록 1996년 7월 9일(제302-1996-00026호)
주소 : 08513 서울특별시 금천구 디지털로 178, B동 1805호
TEL : 02-702-7963~5 FAX : 0303-3440-2024
http://www.amusementkorea.co.kr

ISBN 979-11-274-9928-0 13630